4C 핵심역량에 기초한 미래형 교실수업

Teaching 21st Century Skills:
An ASCD Action Tool

4C 핵심역량에 기초한 미래형 교실수업

Teaching 21st Century Skills: An ASCD Action Tool

Sue Z. Beers 지음

박태호 · 공희자 · 권현선 · 오순이 · 심민희
김현정 · 이진희 · 위수지 · 진용성 편역

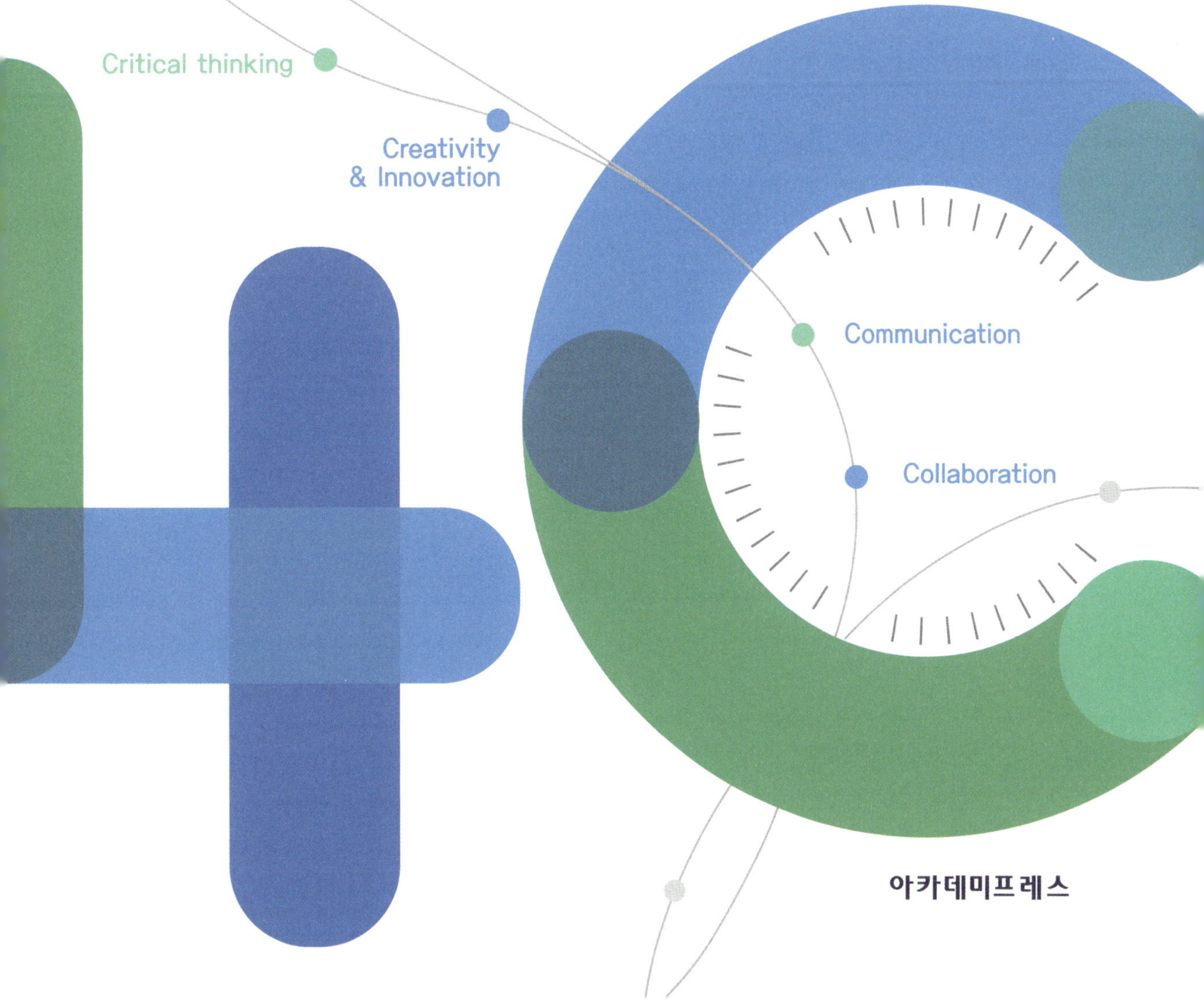

아카데미프레스

저자 서문

2027년에 내 손자는 고등학교를 졸업할 것이다. 지금 이 순간에 미래의 모습을 어느 정도 상상할 수는 있겠지만 정확히 예측하는 것은 불가능하다. 예측하건대 내 손자는 지금 존재하는 직업보다는 새로 출현한 직업에 종사할 가능성이 높다. 물론 우리는 미래 사회에 필요한 지식과 기능의 유형이 무엇인지 정확히 알 수가 없다. 그럼에도 불구하고 나는 내 손자가 미래 사회에 필요한 지식과 기능을 학교에서 배우고 있다고 생각하지는 않는다.

미래 사회에 필요한 핵심 능력을 명확히 밝힐 수는 없지만, 평생 학습 차원에서 핵심 능력의 일부를 예측할 수는 있다. 나는 내 손자가 이러한 핵심 학습 능력을 습득하여 미래 사회에서 행복한 삶을 살기를 바라고, 그 소망을 담아 이 책을 만들었다.

그동안 전국에 있는 교사 및 교육 행정가 등과 공동 작업을 하면서 학교 교육 상황을 누구보다 더 잘 알게 되었다. 매일 다양한 분야의 교육 전문가들과 함께 더 나은 교사, 더 나은 학습자에 대해 고민하면서 기쁘고 행복했다. 새로운 것을 배우면 배울수록 부족한 부분도 많이 느껴졌지만 그러한 부분을 조금씩 채워 나가는 작은 행복도 누렸다.

끝으로 이 책이 세상에 나오기까지 많은 사람들의 도움이 있었다. 먼저 이 책의 이론적 기반을 제공한 21세기 핵심역량 파트너십(P21) 위원회에 감사의 마음을 전한다(www.p21.org 참고). 아울러 4C 핵심 학습 전략 액션툴 개발에 도움을 준 ASCD 동료들과 관련 자료 사용을 흔쾌히 허락한 저자 및 출판사 관계자들에게도 감사의 말을 전한다.

역자 서문

2015년 개정 교육과정의 중요한 목적 중의 하나가 창의 · 융합형 인재 양성이다. 새로운 교육과정에서는 인문학적 상상력과 과학기술 창조력을 갖춘 창의 · 융합형 인재가 갖추어야 할 핵심역량으로 여섯 가지를 들고 있다. 여기에는 '자기관리 역량', '지식 정보처리 역량', '창의적 사고 역량', '심미적 감성 역량', '의사소통 역량', '공동체 역량'이 포함된다.

2015 개정 교육과정을 반영하여 개발된 교과서가 2017년부터 초등학교 1~2학년을 시작으로 교실 현장에 순차적으로 적용된다. 이에 따라 일선 교육 현장에서는 2015 개정 교육과정 및 교과서 활용법에 대한 연수를 진행하고 있다. 교사들은 '여섯 가지 핵심역량 신장에 기초한 창의 · 융합형 인재 양성'이라는 2015 개정 교육과정의 근본 취지에는 적극 공감한다. 그러나 여섯 가지 핵심역량을 교실 수업에서 효과적으로 신장시키는 구체적 방안에 대한 제시가 없어 교사들은 부담을 느낀다.

역자도 이와 비슷한 고민을 하다가 때마침 이 책을 만났다. 이 책의 저자는 21세기 핵심역량 파트너십(P21) 위원회에서 제안하는 4C 학습 역량을 이론적 기반으로 삼고, 각 영역별 학습 전략 액션툴을 개발하였다. P21은 21세기에 필요한 새로운 학습 능력으로 4C를 든다. 여기에는 창의성과 혁신 능력(Creativity and Innovation), 비판적 사고력과 문제 해결력(Critical Thinking and Problem Solving), 의사소통 능력(Communication), 협력학습 능력(Collaboration)이 포함된다. 4C 학습 역량이 2015 개정 교육과정에서 제시한 여섯 가지 학습 역량과 정확히 일치하는 것은 아니다. 그러나 2015 개정 교육과정의 핵심역량 중 지식 정보처리 역량, 창의적 사고 역량, 의사소통 역량, 공동체 역량을 이해하고 해석하는 논리적 기반으로 삼을 수 있다.

이 책은 3부로 구성된다. 1부에서는 핵심역량과 21세기 미래형 교육에 대해 살펴본다.* 2부에서는 4C 핵심 학습역량의 교과별 수업 적용 사례를 살펴본다. 3부에서는 4C 핵심 학습역량 액션툴에 대해 살펴본다.

이 책이 나오기까지 많은 분들의 도움이 있었다. 특히 학습지의 단순 번역과 소개에 그치지 않고, 학습 전략 하나 하나를 교실 수업에 적용하고, 이것을 다시 우리나라 교육 현장에 맞게 재구성한 역자들의 노력이 컸다. 아울러 우리들의 이러한 노력을 멋지게 꾸며 준 편집진에게도 감사의 말을 전한다.

※ 여기서 일부 내용을 역자가 수정 · 보완하였다. 가끔 원저자가 P21에서 제안한 21세기 미래 교육 요소(www.p21.org)를 다소 미흡하게 설명한 경우가 있다. 이때에는 《21세기 핵심역량》(한국교육개발원, 2013)을 주로 참고하였고, 그때마다 관련 출처를 표기하였다. 역자가 참고한 책은 P21에서 활발히 활동하고 있는 Bernie Trilling과 Charles Fadel(2012)이 그 동안의 연구 결과를 묶어서 발간한 《21st Century Skill: Learning for Life in Our Times》을 한국교육개발원에서 번역한 책이다.

차례

1부 핵심역량과 21세기 미래형 교육

2부 4C 핵심 학습역량의 교과별 수업 적용 사례

액션툴을 적용한 수업 사례

3부 4C 핵심 학습역량 액션툴

1부

핵심역량과 21세기 미래형 교육

1. 왜 핵심역량인가?

요즈음 교육계의 화두 중의 하나가 제4차 산업혁명 시대를 대비하는 교육의 변화이다. 제4차 산업혁명의 대표적인 특징은 '지능정보 사회'이다. 지능정보 사회는 지능(인공지능)과 정보(데이터 · 네트워크 기술)의 지원을 받는 기계가 인간을 대신하여 고차원적 정보처리를 하는 사회이다(미래창조과학부, 2017). 제4차 산업혁명의 등장에 대해 인류가 느끼는 위기의식을 크게 두 가지로 요약할 수 있다. 첫째, 미래 사회에서는 기계가 인간의 육체노동을 대체하는 상황을 넘어서서 지적이고 창의적인 분야까지도 대체할 수 있다는 가정에 대한 위기의식이다(김경용, 1994). 세계경제포럼(2015)에서도 2025년에는 인공지능이 인간의 지적인 노동을 대체하고, 스스로 의사를 결정하는 시기가 도래한다고 전망한 바 있다. 둘째, 과학기술의 새로운 혁명은 변화의 속도뿐만 아니라, 범위와 깊이의 측면에서도 인류의 변화를 요구하고 있다(Schwab, 2016). 세계경제포럼 회장인 클라우스 슈밥(2016)은 그의 저서 『제4차 산업혁명』에서 이러한 변화는 우리가 '무엇을', '어떻게' 하는 것의 영역을 넘어서 스스로 '누구'인가에 대해서도 고민하게 한다고 논의한 바 있다.

지식의 단순 전달을 넘어서서 미래 사회에 필요한 능력을 기르기 위해서 등장한 것이 바로 핵심역량(Key Competencies, Key Skills)이다(최상덕 외, 2014). 교사가 지식을 전달하고 학생이 지식을 수동적으로 수용하는 전통적 수업에서는 미래 사회에 필요한 핵심역량을 기를 수가 없다. 이제 학생이 실생활에서 당면하는 복잡한 문제를 직접 해결하는 미래형 교실 수업으로 방향을 전환해야 한다. OECD는 이러한 시대적 요구를 반영하여 DeSeCo(Definition and Selection of Competencies) 프로젝트를 시작하였다. 미국, 캐나다, 독일, 영국, 호주, 뉴질랜드 등을 비롯한 세계 여러 나라에서는 학생들이 미래 사회에서도 행복한 삶을 사는 데 필요한 '핵심역량'을 추출하였고, 이를 바탕으로 교육과정을 개편하였다(원진숙 외, 2014). 국내의 연구자들도 '생애능력'(유현숙 외, 2011), '핵심역량'(윤현진 외, 2007; 이광우 외, 2009) 등에 대한 연구를 지속적으로 하고 있으며, 2015 개정 교육과정에서도 핵심역량의 개념을 적극 반영하였다(황치성 외, 2014; 교육부, 2015).

〈참고자료1〉 세계경제포럼(2015)은 제4차 산업혁명 시대, 2020년에 번영해야 할 상위 10개의 능력(Skills)을 '복잡한 문제 해결 능력, 비판적 사고 능력, 창의력, 사람 관리 능력, 타인과의 협력, 정서지능, 판단 및 의사결정 능력, 서비스 지향, 협상 능력, 인지적 유연성'으로 제시하였다. [그림 1]을 살펴보면, 미래에 번영해야 할 능력의 카테고리 요소들도 시간의 흐름에 따라 변화하는 것을 확인할 수 있다.

in 2020

1. Complex Problem Solving
2. Critical Thinking
3. Creativity
4. People Management
5. Coordinating with Others
6. Emotional Intelligence
7. Judgment and Decision Making
8. Service Orientation
9. Negotiation
10. Cognitive Flexibility

in 2015

1. Complex Problem Solving
2. Coordinating with Others
3. People Management
4. Critical Thinking
5. Negotiation
6. Quality Control
7. Service Orientation
8. Judgment and Decision Making
9. Active Listening
10. Creativity

[그림 1] The 10 skills you need to thrive in the Fourth Industrial Revolution(World Economic Forum, 2015)[1]

2. 핵심역량의 개념

핵심역량의 개념은 연구자마다 다양하다. 핵심은 'Key'나 'Core'를, 역량은 'Competence', 'Skills' 등을 번역한 용어이다.[2] 흔히 Competence를 역량으로, Skills를 역량의 하위 요소로 구분하여 사용하지만, 연구자에 따라서는 이 둘을 혼용하기도 한다(김현미, 2013). 2002년에 창설된 21세기 핵심역량 파트너십(Partnership for 21st Century Skill) 위원회에서는 Skills를 역량의 의미로 사용한다.

DeSeCo 프로젝트 보고서(2005)에서는 Competencies를 '개인의 성공적인 생활과 행복한 사회 유지에 필요한 개인적 차원이나 사회적 차원에서 가치 있는 결과물을 산출할 수 있는 능력, 특정 맥락의 복잡한 요구를 성공적으로 충족시킬 수 있는 태도, 감정, 가치, 동기 등과 같은 사회적, 행동적 요소뿐만 아니라 인지적, 실천적 기술을 가동시키는 능력'이라 규정하고 있다. DeSeCo 프로젝트에서는 역량을 지식(Knowledge) 외에도 기능(Skills), 정의적 태도(Attitude) 등을 포함하는 개념으로 사용한다.

이근호 외(2012), 황치성(2014)에서는 선행연구를 종합하여 핵심역량을 다음과 같이 정의한다.

1 https://www.weforum.org/agenda/2016/01/the-10-skills-you-need-to-thrive-in-the-fourth-industrial-revolution. 2017년 7월 3일 인출.

2 핵심역량에 대한 용어는 나라마다 다르다. 영국에서는 'key skills', 호주에서는 'key competencies', 미국에서는 'generic workplace skills' 그리고 뉴질랜드에서는 'essential skills' 등을 사용한다(강명희 외, 2013).

핵심역량이란 선천적으로 타고나는 것이 아니라 후천적으로 습득할 수 있는 것이다. 핵심역량은 지적 능력, 인성(태도), 기능(기술) 등을 포괄하는 다차원적(Multidimensional) 개념으로, 향후 직업세계를 포함한 미래의 삶을 성공적으로 사는 데 필요한 필수 능력이다(이근호 외, 2012: 70; 황치성 외, 2014: 56–57).

3. OECD의 DeSeCo Poject

OECD는 1997년부터 2003년까지 약 7년간 DeSeCo 프로젝트를 진행한다. 이를 통해서 21세기 인재들이 갖춰야 할 생애 핵심역량의 이론적 기반을 마련한다(최상덕 외, 2011). 초기의 DeSeCo 프로젝트는 주로 학교 교육에 초점을 맞춘 핵심역량을 연구하였으나, 학업과 직업 역량 외에 인간의 삶까지도 포괄하는 '생애역량'의 개념으로 영역을 확장하고 있다(황치성 외, 2014). DeSeCo 프로젝트에서는 12개국[3]에서 선정한 역량 중에서 공통되는 내용을 중심으로 핵심역량을 추출하였다(소경희, 2007). DeSeCo 프로젝트에서 추출한 핵심역량은 크게 다음과 같다.

[표 1] DeSeCo 프로젝트에서의 핵심역량(OECD, 2005; 최상덕, 2014에서 재인용)

상위 범주	하위 역량
자율적인 행동역량	자신의 인생계획 · 프로젝트를 구상 · 실행하는 능력
	자신의 권리, 필요 등을 옹호 · 주장하는 능력
	전체 조직 내에서 협력적 · 자율적으로 행동할 수 있는 능력
사회적으로 이질적인 집단과의 상호작용 역량	인간관계 능력
	협동 능력
	갈등 관리 및 해결 능력
여러 도구를 상호작용적으로 활용하는 역량	언어 · 상징 · 텍스트 등 다양한 소통 도구 활용 능력
	지식과 정보를 상호작용적으로 활용하는 능력
	새로운 기술 활용 능력

DeSeCo 프로젝트는 핵심역량을 세 개의 범주로 구분하고, 각 범주별로 하위 역량을 제시하였다. 첫째, '자율적인 행동역량'은 자신의 생애를 스스로 계획 · 관리하고, 자신

3 이 프로젝트에는 오스트리아, 벨기에, 덴마크, 핀란드, 프랑스, 독일, 네덜란드, 뉴질랜드, 노르웨이, 스웨덴, 스위스, 미국 등의 12개국이 참여하였다.

의 권리와 책임을 견지하면서, 조직에서 협력적 · 자율적으로 행동할 수 있는 능력이다. 둘째, '사회적으로 이질적인 집단과의 상호작용'은 타인과의 상호작용을 강조한 것이다(OECD, 2005). 다양한 문화적 배경을 가진 사람들이 소통하고 공감하면서 협력하고, 갈등을 관리하는 능력을 의미한다. 셋째, '여러 도구를 상호작용적으로 활용하는 역량'은 개인이 환경과 효과적으로 상호작용하기 위해서 다양한 물리적, 언어적 도구를 자신의 목적에 맞게 사용할 수 있어야 한다는 것이다(OECD, 2005). 이는 다양한 기호(도구)를 활용해 상호 소통을 하고, 새로운 지식 · 정보 · 기술을 상호작용적으로 활용하는 능력을 의미한다(윤현진 외, 2007; 황치성 외, 2014). DeSeCo 프로젝트는 이 세 가지 상위 범주의 역량을 상호이질적 존재가 아닌 상호교섭의 존재로 파악한다.

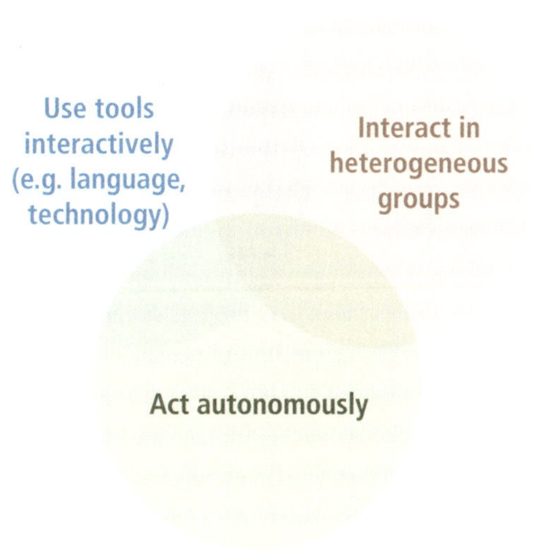

[그림 2] DeSeCo 프로젝트 핵심역량의 상호관련성[4]

4. ATC21S(Assessment and Teaching of 21st-Century Skills) 프로젝트

다국적 프로젝트인 ATC21S는 마이크로소프트, 인텔, 시스코와 같은 글로벌 기업의 후원을 받아 호주, 핀란드, 싱가포르 등의 6개국이 참가하였고, 2009년부터 2012년까지 수행되었다(황치성 외, 2014). ATC21S 프로젝트는 21세기에 필요한 핵심역량을 '사고방식, 직무방식, 직무수단, 사회생활 방식'의 상위 영역으로 구분하고, 이에 해당하는 하위

4 'THE DEFINITION AND SELECTION OF KEY COMPETENCIES'. 2017년 7월 1일 인출. www.oecd.org/edu/statistics/deseco.

역량을 '창의성 및 혁신 역량, 비판적 사고 역량 · 문제 해결 역량 · 의사결정 역량, 자기주도학습 역량, 의사소통 역량, 협업 역량, 정보 문식성, ICT 문식성, 시민의식(지역 및 글로벌), 생활 및 직업 역량, 문화적 인식과 개인적 · 사회적 책임감'으로 제시하였다(최창덕 외, 2013; 황치성 외, 2014).

[표 2] ATC21S의 핵심역량(김현미, 2013; 최상덕 외, 2013에서 재인용)

상위 범주	하위 역량
사고방식 (Ways of Thinking)	창의력과 혁신 역량
	비판적 사고 역량, 문제 해결 역량, 의사결정 역량
	자기주도학습 역량, 상위인지 역량
직무방식 (Ways of Working)	의사소통 역량
	협업 역량
직무도구 (Tools for Working)	정보 문식성
	ICT 문식성
세상 속에서의 생활방식 (Ways of living in the world)	지역 및 세계의 시민의식
	생애 발달 능력(인생 및 진로 개척)
	개인적 · 사회적 책임의식

ATC21S 프로젝트는 OECD와 P21 등이 제시한 핵심역량에 대한 논의를 체계적으로 종합하여 발전시켰다는 평가를 받는다(최상덕 외, 2011). DeSeCo 프로젝트나 P21과는 달리 상위 범주를 역량이 아닌 영역으로 범주화했다는 점에서 혼동을 피할 수 있으며, 사고와 작업과 도구의 형태로 체계적으로 제시했다는 점에서 그러하다. 이 프로젝트는 평가에 초점을 맞추고 있고, 국제 학업성취도 평가(PISA)와 국제 교육성취도 평가 협회(IEA)와 긴밀한 관계를 유지하고 있다는 점에서 향후 구체적인 핵심역량 평가기준을 마련할 가능성이 높다(최상덕 외, 2011; 황치성 외, 2014).

5. P21(Partnership for 21st Century Skills)의 미래형 교육 체계

21세기 핵심역량 파트너십(P21) 위원회는 2002년에 미국에서 창설되어 삶과 직업 능력, 매체 활용 능력, 핵심 학습 능력과 관련된 핵심역량 요소를 연구하고 있다(최상덕 외, 2013). P21은 21세기 핵심역량을 교실수업 차원에서 실천하도록 지원하기 위한 범

정부 지원망(국가 및 지역사회와 기업 등)을 구축하였고, P21의 학습지원 시스템은 프랑스, 뉴질랜드 등으로 점차 확산되는 추세이다.

P21 위원회에서는 기존의 교과 교육(국어, 수학 등) 체계로는 미래 사회에 필요한 유능한 인재를 양성할 수 없다고 판단한다.

이에 기존의 핵심 교과 교육 외에도 당대의 현안이나 특정 주제에 대한 학제적 접근 능력, 삶과 직업 능력, 정보통신기술 활용 능력, 4C 핵심 학습 능력을 추가한 21세기 미래형 교육 내용 체계를 아래와 같이 제안하였다(http://www.p21.org).

가. 교과 교육 및 21세기 학습 주제

현대의 교육 이론가들은 전통적 학교 교육을 '전달식 교육', '암죽식 교육', '은행 적금식 교육'이라 부르면서 이를 강력히 비판한다. 전통적 교육에서는 국어, 수학, 사회, 과학 등의 주요 교과에 내재한 객관적 지식 전달을 중시하였다. 이때에 교사는 교과의 객관적 지식을 학생의 머릿속에 주입하는 전달자의 역할, 암죽을 만들어 아기에게 이유식을 먹이는 엄마처럼 학생에게 지식을 세분화하고 가공하여 떠 먹이는 역할, 고객의 돈을 예치하는 은행원처럼 학생의 머릿속에 지식을 차곡차곡 쌓아 주는 역할을 주로 하였다.

그러나 이러한 전통적 교과 교육만으로는 지식기반 사회, 정보화 사회의 다양한 사회적 현안과 요구를 제대로 반영할 수 없다. 이로 인해 21세기 미래 사회에서 요구하는 핵심 인재를 양성하지 못하는 한계를 지닌다. 최근에는 이러한 한계를 극복하고자 당대의 주요 현황이나 문제 혹은 간학문적 주제를 학습 내용으로 다루어야 한다는 의견이 강력하게 대두되고 있다. 여기에는 국제 이해(다문화 및 다언어에 대한 인식), 환경 소양(에너지 자원에 대한 생태학적 접근), 금융 지식(경제와 경영 및 기업에 대한 지식), 건강 지식

(보건, 영양, 예방 의학 등), 시민 소양(시민 참여, 서비스, 윤리 의식, 사회 정의 구현 등) 등의 사회적 현안이나 간학문적 내용이 포함된다. 이것을 간단히 정리하면 아래와 같다.

- 국제 이해
- 환경 소양
- 금융 지식
- 건강 지식
- 시민 소양

나. 21세기에 필요한 핵심 능력

'20년 후의 미래 사회 모습을 예측하라.'라는 요청에 대해 사람들은 현재의 사건과 이슈, 도전을 바탕으로 미래 사회를 다음과 같이 전망하였다(한국교육개발원, 2013: 34~35).

- 과학 기술과 교통수단의 발달로 더욱 가까워진 지구촌
- 지식과 정보의 홍수 및 분별력 필요
- 물과 식량, 에너지 위기와 해결 방법 필요
- 환경 문제와 국제 협력 필요
- 사생활 보호 필요 및 테러리즘 우려
- 국가 경쟁력 혁신과 경제적 지원 필요
- 언어, 문화, 지역, 시간의 장벽을 극복한 상호협력 필요
- 시간, 인력, 자원, 프로젝트 관리의 개선 방안 필요

위에 제시된 항목들은 과학과 기술의 혁신적 발달, 정보통신기술(ICT)과 매체의 발달, 의료 기술의 발달, 급속한 환경오염, 테러리즘 확산에 대한 우려 등 현재 우리 삶의 모든 분야와 밀접한 관련이 있다. 미래 사회에서는 과학기술의 혁신적 발달로 더욱 풍요로운 삶을 살 수도 있지만, 여전히 해결되지 않은 언어와 문화 및 종교 갈등과 자원 및 빈부 격차 등으로 인해 더욱 불행한 삶을 살 수도 있다. 이에 대해 미래 학자들은 학생들이 미래 사회에서 행복한 삶을 영위하는 데 필요한 핵심 능력(역량)으로 학습과 혁신 능력(4C), 디지털 리터러시 활용 능력, 삶과 직업 능력을 든다.

학습과 혁신 능력(4C)

- 창의성과 혁신 능력(Creativity and Innovation)
- 비판적 사고력과 문제 해결력(Critical Thinking and Problem Solving)
- 의사소통 능력(Communication)
- 협력학습 능력(Collaboration)

디지털 활용 능력

- 정보 리터러시
- 미디어 리터러시
- 정보통신기술(ICT) 리터러시

삶과 직업 능력

- 유연성과 적응력
- 진취성과 자기주도성
- 사회성과 타 문화와의 상호작용 능력
- 생산성과 책무성
- 리더십과 책임감

1) 4C 학습 능력

미래 지식기반 사회에서는 지금까지와는 다른 새로운 형태의 업무 능력을 요구한다. 단순한 육체노동이나 간단한 사고 능력을 요구했던 직업들이 점차 사라지고, 고등사고 능력 및 의사소통 능력, 범교과/간학문적 전문성에 기초한 비판적 사고력 및 문제해결 능력, 창의적 사고 및 혁신 능력을 요구하는 직업이 신설될 것이다. 한국교육개발원(2013: 51)에 따르면, 현재의 학생들은 18세에서 42세 사이에 약 11개 이상의 직업에 종사할 것으로 예상되고, 여기에 42세 이후부터 기대 수명까지의 직업을 추가하면 약 22개 이상의 직업에 종사하게 될 것이라고 한다.

21세기 미래 사회에서는 단순 반복 업무는 대부분 로봇이 수행하고, 창의적 업무는 대부분 인간이 수행할 것이다. 이때에 필요한 능력이 바로 새로운 지식을 신속하게 습득하고 적용하는 능력, 문제를 창의적으로 해석하고 적용하는 능력, 문제를 비판적으로 해석하고 수용하는 능력, 효과적으로 소통하고 협력하는 능력이다. 이것을 학자들은 4C 핵심 학습 능력이라고 한다.

창의력과 혁신 능력(Creativity and Innovation)

- 독창적이고 기발하게 업무를 처리한다.
- 동료와 새로운 아이디어를 소통한다.
- 범교과 혹은 간학문적 방식으로 지식을 창출한다.

비판적 사고력과 문제 해결력(Critical Thinking and Problem Solving)

- 합리적으로 사고한다.
- 분석적으로 사고한다.
- 타당하고 유용한 정보를 활용하여 문제를 해결한다.

의사소통 능력(Communication)

- 생각과 아이디어를 명료하게 표현하고 이해한다.
- 생각과 아이디어를 다양하게 표현하고 이해한다.
- 생각과 아이디어를 효과적으로 표현하고 이해한다.
- 생각과 아이디어를 풍부하게 표현하고 이해한다.
- 생각과 아이디어를 목적에 맞게 표현하고 이해한다.

(1) 창의성과 혁신 능력

지식기반 시대(Knowledge Age)의 후속 시대는 혁신 시대(Innovation Age)이다. 이 시대에는 새로운 방식의 문제 해결력(녹색에너지 이용), 신기술 발명(바이오나 나오기술 등), 기존 기술을 대체한 새로운 기술(전기자동차, 태양열 패널) 등 발명과 발견에 기초한 창의력과 혁신력이 필요하다(한국교육개발원, 2013: 100). 21세기 핵심역량 파트너십(P21) 위원회에서는 창의성과 혁신 능력을 창의적 사고, 창의적 협동, 혁신 실행의 세 부분으로 구분하였다.

창의적 사고

- 창의적 사고 기법을 활용하여 새로운 아이디어를 생성한다(마인드 맵, 브레인스토밍, 육색사고 기법 등).
- 참신하고 기발하며 개발할 가치가 있는 아이디어를 생산한다(새롭고 혁신적인 개념).
- 기존 아이디어의 수정과 분석 및 평가 결과를 활용하여 새로운 아이디어를 생성한다.

다른 사람과의 창의적 협동

- 새롭고 다양한 관점을 열린 마음으로 수용하고 이것을 과제에 적극 반영한다.
- 과제 수행의 창의성을 입증해야 하고 이것을 현실에 적용할 때의 어려움도 인식한다.
- 실패를 배움의 기회로 삼는다. 창의성과 혁신은 장기간에 걸쳐서 작은 성공과 실패가 주기적으로 반복되는 과정의 산물이라는 것을 인식한다.

혁신 실행

- 혁신이 필요한 분야에 대한 창의적인 아이디어를 제시하고 실행에 옮긴다.

21세기를 맞이하여 핀란드와 싱가포르 등 세계 여러 나라는 학생의 창의성과 혁신 능력을 최우선 교육과제로 선정하고 국가의 모든 역량을 투입하고 있다. Willingham(2007)에 따르면, 학생들은 무에서 유를 창조할 수는 없다. 창의와 혁신은 기본 배경지식에 대한 심층적 이해로부터 출발한다. 학생들은 교과 관련 내용에 대한 배경지식을 충분히 쌓고, 그것을 보다 심층적으로 이해하면 할수록, 더욱 분석적이고, 실험적이며, 창의적인 사고 활동을 하게 된다(Costa, 2008: 27).

창의성과 혁신을 가능하게 하려면 먼저 창의적 교실 환경을 조성해야 한다. 학생들은 창의적 교실 환경에서 다양한 아이디어를 열린 마음으로 수용하고, 실수와 오류를 허용하며, 상대를 비난하지 않는다. 또한 새로운 아이디어에 적극 도전하고, 결과에 집착하지 않으면서 편안한 마음으로 과제를 수행한다. 창의적인 교실에서는 학생의 호기심을 촉진하는 다양한 질문들이 넘쳐난다. 학생들은 "만약 ~라면 어떤 일이 일어날지 궁금하다."나 "만약 ~처럼 하면 어떨까?"와 같은 탐구형 발문들을 활용해서 서로의 생각을 자연스럽게 소통하고 공감하며 발전시키고 혁신을 한다.

학생의 창의성과 혁신 능력을 신장시키려면 다음의 사항에 유의해서 지도해야 한다.

- 교과 내용에 대한 풍부한 배경지식을 바탕으로 창의적인 아이디어를 생성하게 한다.
- 혁신의 필요성과 상황 및 문제 상황을 명확하게 이해하게 한다.
- 상황이나 문제 상황을 다양한 관점에서 검토하게 한다.
- 정보를 추가로 수집하거나 연구를 진행하여 관련 문제를 명확히 이해하게 한다.
- 발견이나 발명을 바탕으로 문제 해결 방안을 제시하게 한다.
- 아이디어나 해결 방안을 동료에게 제시하게 한다.

(2) 비판적 사고력과 문제 해결력

최근의 인지과학 연구에서는 '지식을 활용하기에 앞서 내용을 먼저 숙지해야 한다.'는 전통적 교육의 핵심 명제 중 하나를 폐지하였다(한국교육개발원, 2013: 92~95). 그동안 학교 교육에서는 Bloom의 '학습목표 분류학'을 이론적 기반으로 삼고, 순차적인 학습 설계를 장려하였다. 먼저 학생들이 학습 내용에 대한 배경지식을 바탕으로 이해를 하고, 이해한 내용을 과제 상황이나 실생활에 적용하고 분석하며 종합한 다음에, 마지막으로 평가하는 활동을 최적의 학습 활동으로 인정하였다. 그러나 최근에는 이러한 순차적 학습 활동의 획일적 적용에 대한 반론도 만만치 않다. 이에 '개정된 학습목표 분류학'에서는 '기억하다, 이해하다, 적용하다, 분석하다, 평가하다, 창조하다'와 같은 학습 활동 요소들을 동시에 사용하거나 역순으로 활용하는 것 또는 이것을 통합적으로 활용하는 것을 허용하고 장려한다. 여기서 '분석하고 해석하며, 요약하고 종합하는 능력'이 바로 비판적 사고력과 문제 해결력이다.

21세기 핵심역량 파트너십(P21) 위원회에서는 비판적 사고력과 문제 해결력을 효과적 추론 능력, 체계적 사고, 합리적 판단과 결정의 세 부분으로 구분하여 그 특징을 아래와 같이 설명한다.

효과적 추론

- 상황에 맞게 합리적으로 추론한다(연역이나 귀납).

체계적 사고

- 각각의 부분적 요소들이 복잡한 체계 안에서 어떤 상호작용을 하면서 하나의 전체를 만들어 내는지 분석한다.

판단과 결정

- 주장과 근거, 논쟁, 신념을 효과적으로 분석하고 평가한다.
- 특정 관점에 대한 주요 대안들을 분석하고 평가한다.
- 정보와 주장을 종합하고 연결한다.
- 최상의 분석 결과를 바탕으로 정보를 해석하고 결론을 도출한다.
- 학습 경험과 과정에 대해 비판적으로 평가한다.

모든 학생들이 정보를 비판적으로 판단하고, 관련 문제를 해결하는 능력을 구비하는 것은 아니다. 이러한 고등 정신 능력은 전문 교사로부터 장기간에 걸쳐 체계적인 지도를 받을 경우에만 획득할 수 있다. 학생들의 비판적 사고력과 문제 해결력을 신장시키려면 다음의 항목을 중점 지도해야 한다.

- 협력학습을 하기 전에 스스로 관련 정보를 탐색하고 해결 방안을 모색하게 한다.
- 타인의 해결 방안을 열린 마음으로 수용하되 비판적 관점을 가지고 충분히 검토하게 한다.
- 서로 격려는 하되 과도한 칭찬은 피하고, 자신의 판단은 신뢰하되 근거를 제시하게 한다.
- 의사 결정 내용이나 과정의 적절성에 대해 스스로 점검하고 성찰하게 한다.
- 모둠 활동을 하면서 자신의 역할과 모둠에 대한 기여도를 성찰하게 한다.
- 문제의 구조와 원인을 분석하고 정확히 파악하게 한다.
- 다양한 관점에서 해결 방안을 탐색하고, 적절성과 실현 가능성을 평가한다.
- 최적의 해결 방안을 선정하고 실행한다.

(3) 의사소통 능력

지식기반 사회에서는 다양한 구성원들이 열린 시간과 장소에서 다양한 매체나 정보통신기술을 활용하여 업무를 수행한다. 이들은 휴대전화나 인터넷 전화, 개인 휴대 정보단말기(PDA), 이메일이나 문자, 웹사이트, 원격화상회의 등을 활용한 온라인 공동 작업을 수행하면서 업무의 효율성과 신속성, 정확성과 타당성을 높인다. 이때에 필요한 능력이 의사소통 능력이다. 이들은 문자나 시각 자료 혹은 음성이나 동영상 자료 등을 활용하여 온라인에 정보를 탑재하고, 서로의 아이디어를 열린 마음으로 수용하며, 다양한 언어와 문화 차이를 존중한다.

21세기 핵심역량 파트너십(P21) 위원회에서는 의사소통 능력의 하위 요소를 다음과 같이 제시한다.

명확한 의사소통

- 다양한 소통 목적과 유형에 맞게 도구(말과 글, 몸짓, 매체)를 활용하여 생각을 분명하게 표현한다.
- 상대의 이야기를 경청하고 의미(지식과 가치 및 태도의 의도 등)를 분명하게 이해한다.
- 다양한 소통 목적(정보 전달, 비판적 분석과 설득 등)에 맞게 표현한다.
- 다양한 매체와 정보통신기술의 효과적 활용 방안 및 교육적 효과를 평가한다.
- 다양한 환경(다문화 및 다언어 환경 등)을 고려하여 효과적으로 소통한다.

다양한 상황에서 화자와 청자를 고려하면서 여러 가지 도구를 활용하여 목적에 맞게 소통하는 것은 쉽지 않다. 물론 이러한 원활한 의사소통 능력은 전문 교사로부터 체계적인 지도를 받은 경우에만 가능하다. 학생의 의사소통 능력을 효과적으로 신장시키려면 다음의 항목에 유의해야 한다.

- 공유하려는 메시지나 정보, 소통 목적이 무엇인지 명확히 알게 한다.
- 청자 요인과 메시지가 청자에게 어떤 영향을 미치는지 파악하게 한다.
- 화자의 의도를 가장 잘 전달할 수 있는 소통 도구와 방식(정보통신기술과 매체)이 무엇인지 고려하게 한다.
- 소통 의도를 분명하게 드러내는 메시지를 작성하게 한다.
- 메시지가 청자에게 미치는 잠정적 효과를 평가하게 한다.

(4) 협력학습 능력

기존의 학교 교육에서는 개별학습과 경쟁학습 환경을 조성하고, 읽기와 쓰기 및 말하기 위주의 개별학습을 바탕으로 정해진 학습목표에 도달하게 하였다. 그러나 지식 정보화 사회에서는 소집단 협력학습에 기초한 공동의 문제 해결 과정이나 창조적 재생산 과정을 중시한다. 학생들은 동료와 협력학습을 하면서 특정 이슈나 개념에 대해 보다 비판적으로 생각할 수 있고, 보다 나은 해결 방안을 모색할 수 있으며, 합리적인 아이디어를 제시할 수 있다. 아울러 공동체의 한 구성원으로서 사회적 상호작용에 필요한 담화관습도 자연스럽게 익히게 된다.

21세기 핵심역량 파트너십(P21) 위원회에서는 협력학습 능력을 다음과 같이 제시한다.

타인과 협력

- 상호존중과 신뢰를 바탕으로 협력 과제를 수행한다.
- 필요하다면 서로 타협하고 합의하면서 공동의 목표 달성을 위해 노력한다.
- 협력학습의 비전과 방향, 긍정적 결과를 공유하며 협력 과제를 수행한다.
- 공동의 과제 수행과 책임량, 구성원들 간의 기여도를 명확히 평가한다.

특정 개인이 정치, 경제, 사회 및 문화적 배경이 다양한 구성원들과 상호 우호적인 분위기에서 공동으로 과제를 수행하는 일은 결코 쉽지 않은 일이다. 때로는 상대방의 의견을 열린 마음으로 들어야 하고, 공동 수행 과제의 긍정적 결과에 대한 비전을 공유해야 하며, 공동으로 정한 규칙을 준수해야 한다. 이러한 협력학습 능력은 전문 교사로부터 체계적으로 지도를 받은 경우에만 가능하다. 협력학습 능력을 기르려면 다음의 사항에 유의해야 한다.

- 상대방의 의도를 정확히 이해하며 경청하게 한다.
- 화자의 메시지가 청자에게 미치는 효과를 평가하게 한다.

- 타인의 의견과 활동을 존중하고 긍정적 가치를 부여하게 한다.
- 새로운 아이디어, 관점, 정보를 열린 마음으로 수용하게 한다.
- 대상을 타인의 입장이나 관점에서 바라보고 해석하게 한다.
- 집단의 규칙을 준수하게 한다.
- 집단의 갈등 상황을 효과적으로 처리하게 한다.
- 집단의 합의를 바탕으로 공동의 목표를 설정하게 한다.
- 집단에서 차지하는 개인별 책임량과 기여도를 명확히 파악하게 한다.

2) 정보, 미디어, 정보통신 활용 능력

오늘날의 학생들은 급격하게 변하고 지속적으로 발전하는 정보통신기술(ICT)과 미디어의 홍수 속에 살고 있다. 과거의 교육이 정보의 소유를 중시하였다면, 과학 기술과 미디어가 혁신적으로 발달하는 지식 정보화 사회에서는 정보를 탐색하고 활용하며 공유하는 능력을 더욱 중시한다. 최근에는 학교 교육에서도 정보통신기술과 매체를 활용한 지식 탐색과 관리 및 활용 교육을 강조하고 있다.

21세기 핵심역량 파트너십(P21) 위원회에서는 정보통신기술과 미디어를 효과적 활용하려면 다음의 세 영역을 고려해야 한다고 한다.

- 정보 리터러시: 정보를 탐색하고 평가하며 활용하고 관리하는 능력
- 미디어 리터러시: 메시지를 제작하고 분석하는 능력
- 정보통신기술(ICT) 리터러시: 정보통신 매체를 선택하고 활용하는 능력

(1) 정보 리터러시

정보 리터러시란 원하는 정보를 찾아내어 평가하고 적용하며 관리함과 동시에 정보의 출처를 적절하고 효과적으로 활용하는 능력이다. 정보 리터러시는 정보 접근과 평가, 정보 활용과 관리의 두 측면으로 구분할 수 있다.

정보 접근과 평가

- 효율적이고(시간), 효과적인(자원) 정보 접근
- 비판적이고 능숙한 정보 평가

정보 활용과 관리

- 당면 과제 또는 이슈에 대한 정확하고 창의적인 정보 활용
- 출처가 다양한 정보의 흐름 관리

• 정보의 접근과 활용을 둘러싼 윤리적/법적 문제에 대한 근본적 이해와 적용

오늘날 정보에 대한 접근보다 중요한 것이 올바른 정보 탐색과 효과적 활용이다. 학생들 스스로 올바른 정보를 찾아서 정리하고 소통하게 할 때 다음의 성찰 질문을 활용하면 도움이 된다.

• 찾으려는 정보는 무엇인가?
• 이 정보를 왜, 어떻게 찾을 것인가?
• 이 정보의 출처는 어디인가?
• 이 정보의 신뢰성을 어떻게 판단할 것인가?
• 이 정보를 어떻게 조직해야 가치가 있는가?
• 이 정보를 소통하는 가장 효과적인 매체는 무엇인가?

(2) 미디어 리터러시

미디어 연구의 출발점은 메시지에 대한 이해이고, 종착점은 이러한 메시지가 화자나 청자의 생각과 신념에 어떤 영향을 미치는지에 대해 알고 실천하는 것이다. 학생들은 단순히 미디어 메시지를 분석하고 해석하는 활동을 넘어 미디어를 활용한 효과적인 의사소통 방법도 배워야 하고, 다양한 관점의 차이를 인정하고 수용할 수 있는 열린 마음도 지녀야 한다. 미디어 리터러시는 미디어 분석과 제작의 두 측면으로 구분할 수 있다.

미디어 분석

• 미디어 메시지를 제작하는 이유와 목적 및 방법을 이해한다.
• 개인이 메시지를 서로 다르게 해석하는 방식, 개인이 소중하게 생각하는 가치와 관점을 메시지에 포함시키거나 배제하는 방법을 살펴본다.
• 미디어가 개인의 신념과 행동에 미치는 영향 등을 살펴본다.
• 미디어의 접근 및 활용에 대한 윤리적이고 법적인 문제를 면밀히 따지고 행동한다.

미디어 제작

• 가장 적절한 미디어 저작 도구와 특성 및 관례를 이해하고 활용한다.
• 다문화 환경에 적합한 표현과 해석 방식을 이해하고 효과적으로 활용한다.

(3) 정보통신기술(ICT) 리터러시

정보통신기술(ICT)은 21세기 핵심 수단이다. 디지털 원주민이라고 부를 수 있는 넷 세대는 어린 시절부터 리모컨과 컴퓨터 마우스, 휴대전화를 손에서 놓지 않고 살았다. 이

들은 정보통신기술을 활용하여 원하는 정보를 자유롭게 검색하고 조직하며, 평가하고 전달한다. 아울러 법과 윤리를 준수하면서 정보통신기술을 활용해야 한다는 것도 안다.

정보통신기술의 효과적 적용

- 정보통신기술을 활용하여 정보를 탐색하고 조직하며, 평가하고 소통한다.
- 지식기반 사회의 정보를 효과적으로 탐색하고 관리하며, 통합하고 평가하기 위해 디지털 기술(컴퓨터, PDAs, 미디어 플레이어, GPS 등), 커뮤니케이션/네트워킹 도구, 소셜 네트워크를 적절하게 활용한다.
- 정보통신기술에 대한 접근 및 활용에 관한 윤리적 · 법적 문제를 정확히 이해하고 적용한다.

지식 정보화 시대에서는 새로운 정보통신기술들이 출현하거나 사라지는 일이 빈번하다. 정보통신기술의 사이클이 짧기 때문에 학생들은 특정 정보통신기술의 학습에만 초점을 맞추기보다는 자신들이 활용할 정보통신기술의 종류와 유형을 파악하고, 그것을 일상의 생활에 활용하는 방법을 배워야 한다. 학생들은 다음의 사항에 유의하며 정보통신기술 활용 방법을 배워야 한다.

- 접근: 디지털 정보 탐색 및 재탐색 방법을 안다(검색 엔진이나 웹브라우저 활용).
- 관리: 다양한 정보통신기술을 활용하여 정보를 조직적으로 관리한다(위키 만들기, RSS feeds 사용하기, 소셜 북마킹 등).
- 통합: 조사한 자료를 통합하고 요약하며, 비교하고 분류한다(차트, 표, 스프레드시트 등).
- 평가: 정보의 질, 관련성, 타당성 외에 정보 탐색 목적에 대한 부합성도 판단한다(평가기준을 활용한 평가).
- 창조: 기존 정보를 각색하거나 적용하여 새로운 아이디어를 창안한다. 정보를 새로운 방식으로 제시하는 것도 해당된다(추천문 쓰기, 비디오 제작하기, 표 만들기 등).
- 소통: 적절한 정보통신기술을 활용하여 청중과 정보를 공유하고 소통한다(페이스북, 트위터, 블로그 등).

위에서 언급한 정보통신기술에 대한 학습 외에도 중요한 것이 또 있다. 정보통신 활용 방법에 대한 교육이다. 학생들은 특정 디지털 도구나 애플리케이션을 활용하여 정보를 효과적으로 찾고, 효율적으로 소통하는 방법을 배워야 한다. 대표적인 방법 중의 하나가 아래에 제시된 '5A'이다.

- 질문(Ask): 질문을 만들고 그에 따른 탐구 계획을 수립한다.
- 대답(Answer): 관련 정보와 질문을 대조하면서 정보의 타당성을 평가한다.
- 분석(Analyze): 종합하고 분석하면서 정보의 가치와 의미를 파악한다.
- 적용(Apply): 기존의 학습 방법이나 배경지식을 활용하여 새로운 내용을 학습한다.
- 평가(Assess): 학습 활동 중에 사용한 조사 방법, 매체, 사고 활동 유형 등을 평가한다.

3) 삶과 직업 능력

21세기 미래형 핵심 능력에는 4C 학습 능력, 디지털 활용 능력 외에도 삶과 직업 능력이 있다. 이 능력에는 공동의 목표를 달성하기 위해 다른 사람의 장점을 활용하는 능력, 대인관계 기술을 활용해서 다른 타인의 능력을 계발하는 능력, 새로운 지식과 기술을 지속적으로 습득하는 능력, 삶과 직장에서의 시간과 업무를 효과적으로 처리하고 관리하는 능력, 개인보다는 공동체의 이익을 먼저 생각하는 능력 등이 포함된다.

- 융통성과 적응력
- 진취성과 자기주도성
- 범사회적이고 문화적 능력
- 생산성과 책무성
- 리더십과 책임감

(1) 융통성과 적응력

과학과 기술의 급속한 발전으로 인해 의사소통 환경, 학습 환경, 작업 환경 등도 급속도로 변화하고 있다. 새로운 과제를 수행하는 일, 새로운 방식으로 소통하는 일, 새로운 디지털 기술을 활용하는 일 등에 유연하게 대처하고 자연스럽게 적응해야 한다. 이제 급변하는 환경에 유연하게 대처하고 적응하는 능력은 지식 정보화 시대의 필수 능력이 되었다.

변화 적응

- 다양한 역할, 책임, 일정, 상황에 적응한다.
- 불확실하고 급변하는 상황에서 효과적으로 임무를 수행한다.

융통성 있는 행동

- 효과적으로 피드백을 한다.

- 예상치 못한 상황이나 비판적 상황에서도 칭찬하면서 긍정적으로 대응한다.
- 다문화 구성원들의 다양한 관점과 신념을 이해하고, 소통하며 균형을 맞추면서 실천 가능한 해결 방안을 찾는다.

학생의 융통성과 적응력 점검 질문

- 지금까지 살면서 경험한 변화를 긍정적 측면과 부정적 측면으로 구분한다면?
- 자신의 의지와 무관하게 발생한 변화에 어떻게 대처를 하였는가?
- 새로운 정보가 더 타당하다는 것을 알게 되었을 때에 어떻게 반응하였나?
- 타인의 피드백에 열린 마음으로 반응하는가?
- 부정적 피드백에는 어떤 반응을 보였나?
- 긍정적 피드백에는 어떤 반응을 보였나?
- 상황을 개선하기 위해 타인의 피드백을 어떻게 활용하였는가?
- 특정 정보가 신념이나 행동 변화에 미친 영향을 알아보기 위해 사용하는 평가도구는 무엇인가?
- 타인의 의견을 열린 마음으로 수용한 사례가 있다면?
- 어떤 결정을 내릴 때에 새로운 정보를 탐색하는가?
- 알고 있는 정보와 새로운 정보가 충돌할 때에는 어떻게 대처하는가?

(2) 진취성과 자기주도성

변화와 발전의 속도가 빠른 조직이나 사회에서는 시간 관리, 목표 설정, 프로젝트 계획, 업무 분담 계획 등을 자발적으로 수립하고 진행하며 평가해야 한다. 학생들이 21세기 지식 정보화 사회에서 행복한 삶을 영위하려면 목표와 시간 관리 능력, 독자적 활동 능력, 자기주도 학습 능력을 길러야 한다.

목표와 시간 관리

- 유형과 무형의 성공기준이 있는 목표를 설정한다.
- 전술적(단기) 목표와 전략적(장기) 목표의 균형을 유지한다.
- 효율적 시간 관리 및 업무 분담 관리

독자적 활동

- 스스로 과제를 점검하고, 개념을 정의하며, 일의 우선순위를 정해 과제를 완수한다.

자기주도 학습

- 단편적 지식이나 기능에 대한 학습을 넘어 자기주도 학습 기회 증진 및 학습 활동을

심화하여 전문성을 획득한다.
- 한 단계 도약하기 위해 도전 과제에 적극적으로 참여한다.
- 과거 학습 활동을 성찰하고 개선한다.

학생의 진취성과 자기주도성을 점검하는 질문
- 학습의 주도권을 쥐고 학습 활동에 적극적으로 참여하는 시기는?
- 효과적인 시간 관리 방법은 무엇이고, 개선 방안은 무엇인가?
- 프로젝트나 과제 수행의 방해 요소는 무엇이고 해결 방안은 무엇인가?
- 학습 활동을 하는 이유와 목표는 무엇인가?
- 과제의 우선순위를 점검하고 평가하는 도구는 무엇인가?
- 학습에 도움이 되는 효과적인 시간 관리 방법은 무엇인가?
- 자기주도 학습 능력은 학교 교육에서 어느 정도 비중을 차지하는가?

(3) 사회성 및 다문화 소통 능력

사회성 및 다문화 소통 능력은 다양한 개인차를 인정하고, 서로 다른 구성원들과 효과적으로 또는 창조적으로 협력하여 새로운 아이디어를 창의적으로 제시하거나 문제 해결 방안을 제시하는 능력이다. 사회적으로 유연하게 행동하고 타 문화를 열린 마음으로 수용하는 이러한 능력은 미래 사회에서 필요한 핵심 능력 중의 하나이다.

다른 사람과 효과적으로 상호작용
- 언제 듣고 말하는 것이 적절한지를 안다.
- 전문가나 공동체 구성원이 인정하는 방식으로 말하고 행동한다.

다양한 팀과 효과적으로 협력
- 다양한 사회 · 문화적 차이를 존중하고, 효과적으로 협력한다.
- 서로 다른 생각과 가치관에 대해 개방적으로 반응한다.
- 새로운 아이디어를 제안하고, 과제를 혁신하고 질을 높이기 위해 사회 · 문화적 차이를 활용한다.

학생의 사회성 및 다문화 소통 능력을 점검하는 질문
- 타인과 상호작용을 할 때에 가장 자주 활용하는 소통 방법은 무엇인가?
- 의견이 다른 사람과 소통할 때에 효과적인 방법은 무엇인가?
- 내 의견을 분명하게 말하면서도 타인의 의견을 존중하는 방법은 무엇인가?
- 편견을 가지지 않고, 타인의 의견을 효과적으로 경청하는 방법은 무엇인가?

• 타인의 입장을 이해하는 것이 의사소통에서 중요한 이유는 무엇인가?

(4) 생산성 및 책무성

일과 학습 분야에서의 개인과 집단의 생산성 및 책무성 역시 미래 사회에서 필요한 핵심 능력이다. 여기에는 목표를 설정하고 달성하는 능력, 일의 우선순위를 설정하는 능력, 시간을 효율적으로 관리하는 능력, 긍정적인 결과를 산출하는 능력 등이 해당된다.

프로젝트 관리

• 목표를 설정하고 달성한다. 장애물을 만나거나 경쟁 상황에서도 목표를 달성한다.
• 목표 도달을 위해 과제의 우선순위를 설정하고 계획을 수립하며 관리한다.

결과 산출

• 긍정적이고 윤리적으로 일한다.
• 시간과 프로젝트를 효과적으로 관리한다.
• 멀티태스킹
• 적극적이면서 신뢰할 수 있고, 정확하게 참여한다.
• 전문성과 에티켓을 가지고 참여한다.
• 구성원과 효과적으로 소통하고 협력한다.
• 구성원의 다양성을 존중하고 인정한다.
• 결과에 책임을 진다.

학생의 생산성과 책무성을 점검하는 질문

• 모둠 활동을 하면서 부여된 책임을 완수했거나 그렇지 못했던 사례가 있었나?
• 프로젝트를 수행할 때에 목표를 분명히 세우는 것이 중요한 이유는 무엇인가?
• 프로젝트를 완성할 때까지 시간 관리는 어떻게 하는가?
• 프로젝트를 수행할 때에 도움이 되는 효과적인 시간 관리법은 무엇인가?
• 프로젝트를 수행할 때에 동료의 전문성 및 기여도를 평가하는 방식은 무엇인가?
• 책임감이 떨어지는 구성원은 동료와의 협력 및 프로젝트의 질에 어떤 영향을 미치는가?
• 프로젝트의 수행에 필요한 태도와 능력은 무엇인가?
• 생산성과 책임감 중에서 장점과 개선할 점이 있다면 무엇인가?

(5) 리더십과 책임감

리더십과 책임감 역시 일과 학습 분야에서 필요한 능력이다. 여기에는 대인관계 의사소통 능력, 문제 해결 능력, 협력학습 능력 등에 기초한 공동의 과제 해결 능력 등이 포함된다.

타인에 대한 안내와 지도

• 대인관계 의사소통 및 문제 해결 기술을 사용하여 동료의 목표 도달을 돕는다.
• 타인과 협조하여 공동으로 과제를 수행하고 목표를 달성한다.
• 희생정신을 발휘하고 모범을 보이면서 타인의 역량을 최대한 발휘하게 한다.
• 정직과 윤리를 바탕으로 타인을 돕고 영향력을 행사한다.

타인에 대한 책임

• 개인보다는 공동체의 이익을 우선하는 태도를 가지고 행동한다.

학생 리더십과 책임감을 점검하는 질문

• 좋은 지도자의 자질은 무엇인가?
• 당신은 좋은 지도자가 될 수 있다고 생각하는가?
• 당신의 리더십에서 개선해야 할 점은 무엇인가?
• 결과가 좋았던 리더십 사례가 있다면 어떤 것인가?
• 긍정적 협조자의 역할을 했던 사례가 있다면 어떤 것인가?
• 지도자의 자질 중에서 가장 중요하게 생각하는 것은 무엇인가?
• 가장 본받고 싶은 지도자의 유형과 행동 방식은 무엇인가?

2부

4C 핵심 학습역량의 교과별 수업 적용 사례

_ 액션툴을 적용한 수업 사례

_ 백워드 수업 설계 사례

_ CoRe 질문을 활용한 수업 사례

액션툴을 적용한 수업 사례

좋은 질문 만들기

근거 찾기

네 개의 모서리

문단의 짜임

동물의 생활

과학으로 상상해요

인권이란 무엇일까?

인권을 소중하게 여겨요

독서 토론 어떻게 하면 좋을까?

설명하는 글을 어떻게 쓰면 좋을까?

매체에서 근거 찾아 토론해요

1학년 2학기 국어

좋은 질문 만들기

성취 기준

⊙ 국1255-1. 그림이 포함된 책을 읽고 내용의 흐름을 이해할 수 있다.

수업의 방향

그림책을 활용하여 글 속의 메시지를 해석하고, 그림책 속에 담긴 문학, 과학, 역사, 철학 등의 어렵고 포괄적인 주제를 쉽게 접근하게 한다. 뿐만 아니라 그림책은 따뜻한 심성, 가족의 사랑, 이웃이 더불어 살아가는 기본적인 덕목을 알려 준다.

같은 그림책도 읽고 난 뒤의 생각이나 느낌은 사람마다 다르다. 다른 사람과 생각이나 느낌을 공유하기 위해서는 자신의 생각을 어떻게 표현하는가도 중요하다. 그러나 생각이나 느낌을 표현하는 것은 저학년, 고학년을 막론하고 힘들어한다. 하지만 그림책을 통해 자신의 생각이나 느낌을 정리한다면 좋을 것이다.

자신들이 궁금한 내용을 찾아보고 공부할 수 있는 기회를 제공한다면 학생들이 좀 더 학습 내용에 관심을 가지고 적극적으로 수업에 참여하게 될 것이라 생각된다.

또한 그림책에서 쉽게 접할 수 있는 재료를 다른 방향에서 생각해 볼 수 있도록 지도하고 같은 질문에 다양한 생각이 나올 수 있다는 것을 느끼도록 지도한다.

액션툴의 적용

차시	차시 주제	액션툴	4C				정보 사용 능력
			창의력	비판력	소통력	협업력	
7/9	그림책을 보고 생각이나 느낌을 말할 수 있다.	NO 7. 좋은 질문 만들기	○	○	○	○	

좋은 질문 만들기 과정을 통해 기존에 주어진 텍스트와 주제에 대한 다양한 시각의 질문과 생각이 존재할 수 있음을 알게 한다. 또한 학생들에게 질문을 통해 학습 내용을 재구성하게 함으로써 사고의 확장과 다른 아이디어에 대한 수용 및 비판 기회를 제공할 수 있다. 새로운 아이디어를 떠올리는 데 다양한 질문을 어떻게 사용할 것인지 생각하여 주제에 대한 지식을 요약하고 발표하는 과정을 통해 새로운 학습 능력(4C)을 종합적으로 기를 수 있다.

수업의 흐름

교과	국어	학습 주제	그림책을 읽고 생각이나 느낌 말하기
학습 목표	그림책을 읽고 다양한 질문을 만들어 생각이나 느낌을 말할 수 있다.		

단계	학습 내용 (학습 집단)	교수 · 학습 활동	사용할 액션툴(★) 및 유의점(※)	4C 관련요소			
				창의력	비판력	소통력	협업력
배움 열기	전시 학습 상기 (전체)	• 전시 학습 상기하기 – 시에 대한 생각이나 느낌을 말하는 방법 발표해 보기					
	동기 유발	• 학습 동기 유발하기 – 다양한 형태의 구름사진(적란운, 고적운, 권운 등)	★ 구름형태 그림자료				
	학습 목표 확인	• 공부할 문제 확인하기					
배움	구름빵 살펴보기 (전체–모둠 –개인–전체)	• 〈구름빵〉 이야기 듣기 – 홍비와 홍시는 엄마에게 무엇을 가져다주었나요? – 엄마, 홍비, 홍시는 구름빵을 먹고 어떻게 되었나요? – 홍비와 홍시가 아빠를 찾아간 까닭은 무엇인가요? • 〈구름빵〉에 대한 질문 만들어 보기 – 확대하기, 축소하기: 〈구름빵〉 중에서 좀 더 길게 쓰고 싶은 부분, 빼고 싶은 부분이 있다면 어느 부분인지 쓰고 고쳐 써 볼까요? – 상상하기: 〈구름빵〉을 다시 쓴다면 결말을 어떻게 고치고 싶은가? – 바꾸어 표현하기(말하기): 〈구름빵〉이야기를 내 이야기로 고쳐 본다면 어떻게 고쳐 보고 싶은가?	★ PPT(구름빵책) ※ 시간조정을 위해 필요한 부분을 발췌하여 재구성함. ★ 액션툴 NO 7. 좋은 질문 만들기	○	○	○	○
배움 정리	정리 (전체)	• 내가 만든 질문으로 바꿔 보고 싶은 그림책 이야기해 보기 – 또 다른 질문으로 바꿔 보고 싶은 그림책이 있다면 어떤 책인지, 왜 그런지 발표하기 – 내가 만든 구름빵	★ 포스트잇				

액션툴의 적용 사례

교사 지난 시간에 그림책 구름빵을 함께 읽어 보고, 만화영화 구름빵도 보았습니다. 오늘은 선생님이 그림책 구름빵을 보다가 마음에 들지 않는 부분을 빼고 싶기도 하고 너무 재미가 있어서 더 길게 만들고 싶은 부분도 있었습니다. 그래서 친구들과 함께 구름빵의 내용을 고쳐 보고, 만들어 보고, 내 이야기로 바꿔 보기를 해 볼까 합니다. 먼저 구름빵의 내용 고쳐 보기를 해 볼까요? "구름빵 중에서 빼고 싶은 부분, 더 길게 쓰고 싶은 부분이 있다면 어디인가요? 또 내용을 어떻게 고치고 싶은가요?" 만약 바꾸고 싶은 내용이 있다면 그것을 하셔도 좋습니다.

학생들이 학습지를 활용하여 고쳐 쓰고 싶은 부분을 자유롭게 써 보게 한다. 액션툴 NO.7

학생 저라면 구름빵을 먹고 아빠한테 가는 것이 아니라 다른 나라나 미국에 가고 싶어요. 비행기를 타지 않고서는 갈 수 없는 곳이니까 구름빵을 먹고서는 쉽게 가볼 수 있을 것 같아요.

학생 저는 홍비 홍시의 아빠가 처음부터 빵을 먹고 갔으면 좋겠다. 그러면 처음부터 날아갈 수 있으니까요. 처음에 조금 늦더라도 가족과 함께 빵을 먹었다면 길에서 우산을 쓰고 빵을 먹지 않아도 될 것 같아요.

저학년은 액션툴 NO.7에서 제시하는 다양한 평가동사로 질문을 만들어 내는 것이 힘들다. 이때 교사가 몇 가지 형태의 동사를 제한적으로 제시하고 만들어 보게 하거나 교사가 선정한 동사를 사용하여 질문을 만들어 제시하여도 좋을 것이다. 또한 이때 너무 많은 질문을 제시하지 않도록 하고 제시된 질문에서도 자신이 원하는 부분만 써 보게 한다.

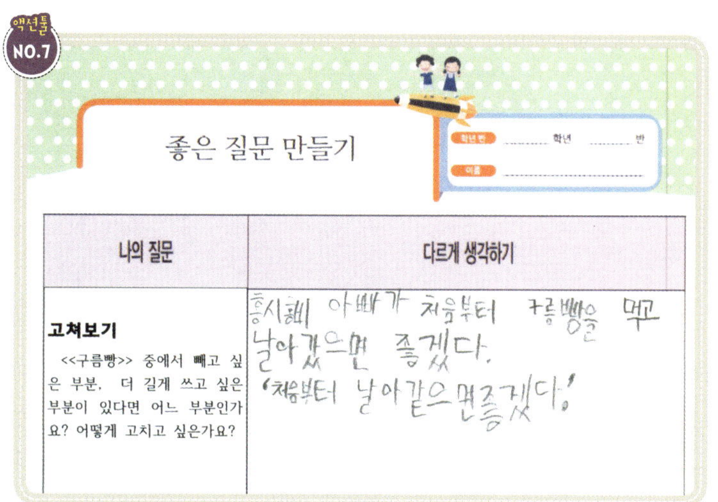
액션툴 NO.7

좋은 질문 만들기

학년 반 ......학년 ......반

이름 ....

나의 질문	다르게 생각하기
고쳐보기 <<구름빵>> 중에서 빼고 싶은 부분, 더 길게 쓰고 싶은 부분이 있다면 어느 부분인가요? 어떻게 고치고 싶은가요?	홍시의 아빠가 처음부터 구름빵을 먹고 날아갔으면 좋겠다. '처음부터 날아갔으면 좋겠다.'

교사 다음은 우리가 만들어 볼까요? 구름빵 이야기의 끝부분을 다시 써 보고 싶어요. 어떤 재미있는 구름빵 이야기가 될지 궁금해요.

학생들은 학습지를 활용하여 구름빵 이야기의 결말을 다시 만들어 볼 수 있도록 한다. 액션툴 NO.7

교사 자, 어떤 멋진 구름빵이 나올지 발표해 볼까요?

학생 저는 홍비와 홍시가 지붕 위에 앉아서 그냥 빵을 먹고 끝나는 것보다는 지붕 위에서 하늘을 날면서 놀이를 했으면 좋겠습니다. 저랑 형도 자주 놀이를 하고 놀아요.

교사 그래. 하늘을 날면서 신나는 놀이를 한다면 더 즐겁겠네요.

학생 나는 아이스크림을 더 좋아해서 구름으로 구름아이스크림을 만들어서 동생과 나누어 먹고 싶습니다.

교사 구름아이스크림도 맛있겠어요.

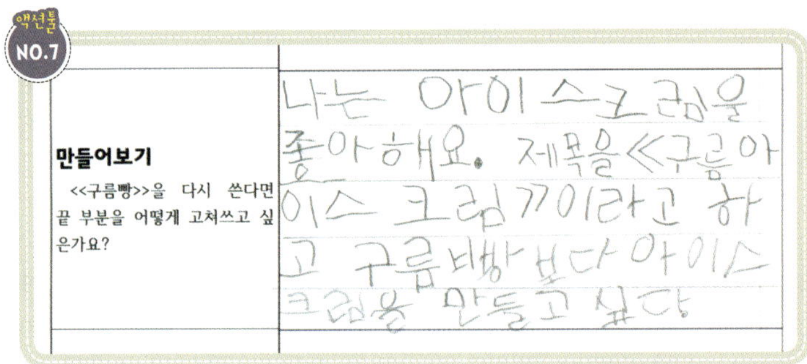
액션툴 NO.7

만들어보기 ≪구름빵≫을 다시 쓴다면 끝 부분을 어떻게 고쳐쓰고 싶은가요?	나는 아이스크림을 좋아해요. 제목을 ≪구름아이스 크림≫이라고 하고 구름빵보다 아이스크림을 만들고 싶다.

교사 이번에는 구름빵 이야기를 내 이야기로 고쳐 본다면 어떻게 고쳐 보고 싶은가요? 내가 등장하는 구름빵이 어떤 이야기가 될지 한번 써 보세요. 액션툴 NO.7

학생 내가 마법가루를 엄마한테 보내서 엄마가 마법빵을 만들어 마법의 세계로 가게 되는 마법빵 이야기를 만들고 싶어요.

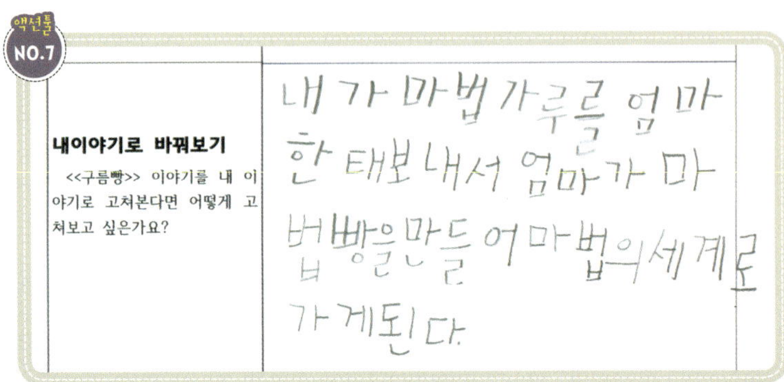
액션툴 NO.7

내이야기로 바꿔보기 ≪구름빵≫ 이야기를 내 이야기로 고쳐본다면 어떻게 고쳐보고 싶은가요?	내가 마법가루를 엄마한 태보내서 엄마가 마법빵을만들어마법의세계로 가게된다.

액션툴의 적용 결과

저학년이라 질문을 교사가 미리 만들어서 제시함으로써 정형화된 대답이 나오지 않을까 하는 우려도 있었으나 오히려 책을 읽고 생각을 정리하고 표현하는 데 있어서는 약간의 틀이 제공되었기에 좀 더 자신감 있게 생각이나 느낌을 풀어내고 있었다. 글의 내용을 자신의 생각으로 바라보고 고쳐 보고자 하는 노력이 보였다. 또한 나와 생각이 다른 친구들의 생각을 함께 나누고 듣는 태도도 좋아졌다.

1학년 2학기 통합 우리나라

근거 찾기

성취 기준

⊙ 통슬2711. 자랑스러운 우리나라의 인물과 우리나라를 대표할 수 있는 것에 대해 알아보고, 이를 중심으로 우리나라를 소개할 수 있다.

수업의 방향

어린 시절에 형성된 국가에 대한 정서적 애착은 나이가 들어서까지 오랫동안 지속되고, 나라에 대한 기본적인 정서적 애착은 국가의 상징에 대한 호감이 그 출발점이 된다. 그러므로 '우리나라'를 주제로 학생들이 우리나라를 소중히 여기는 마음을 가질 수 있도록 지도한다. 또한 이 과정에서 우리나라의 자랑스러운 것에 대해 관심을 가질 수 있도록 지도하고 우리나라에 대한 탐구 활동의 기회를 제공하고자 한다. 우리나라의 아름다운 자연환경에 대한 지식뿐만 아니라 외국인 친구에게 소개해 보기라는 특별한 과제를 넣어서 세계적으로 인정받는 우리나라의 아름다운 볼거리에 대한 자부심을 가질 수 있는 기회를 제공하고자 한다.

액션툴의 적용

차시	차시 주제	액션툴	4C				정보 사용 능력
			창의력	비판력	소통력	협업력	
18/19	우리나라를 소개해요.	NO 16. 근거 찾기		○	○		

우리나라에서 가 보고 싶은 곳을 결정하기

- 이 과정에서 우리 학급 학생들이 가고 싶은 곳을 조사하여 결정하게 하였다. 볼거리가 자연환경이나 인문환경 중 어느 한 곳에 편중되지 않도록 안내하고 통계자료로 학생들의 선택을 반영한다.
- 장소 선정의 근거가 되는 전문가 권위자의 설명 인용 부분에 있어서는 가정의 학습과 연계하여 선정된 장소에 대한 부모님의 추천 말씀을 활용한다.
- 예시나 이야기 부분에 있어서는 우리 모둠이 가 보고 싶은 우리나라의 아름다운 곳을 소개하는 활동지를 활용하여 설명하게 한다.

수업의 흐름

교과	통합 우리나라	학습 주제	우리나라를 소개해요
학습 목표	우리나라의 볼거리를 찾아 다양한 방법으로 소개한다.		

단계	학습 내용 (학습 집단)	교수 · 학습 활동	사용할 액션툴(★) 및 유의점(※)	4C 관련요소			
				창의력	비판력	소통력	협업력
배움 열기	전시 학습 상기 (전체) 동기 유발 학습 목표 확인	• 전시 학습 상기하기 – 지난 시간에 살펴본 우리나라의 상징에 대한 이야기를 나눈다. • 학습 동기 유발하기 – 우리나라의 아름다운 곳 50선 • 공부할 문제 확인하기	★PPT 우리나라의 아름다운 곳 50선 아름다운 나라 mp4				
배움	우리나라의 아름다운 곳 생각 나누기 (전체–모둠–개인–전체)	• 우리나라의 아름다운 곳 이야기 나누기 – 앞에서 살펴본 우리나라의 아름다운 곳에 대해 함께 이야기를 나누어 본다. • 장소 선택하기 – 장소 선택의 이유 – 왜 이 장소를 선택했는지 선택한 이유를 발표해 보세요. • 자료 정리하기 – 통계자료, 인용자료를 잘 정리하여 모둠학습지에 표현하기 • 자료 발표하기 – 정리한 자료 발표하기	※PBL학습에 대한 안내를 충분히 하여 사전 조사와 개인 학습지 정리 방법을 안내한다. ★액션툴 NO 16. 근거 찾기		○	○	
배움 정리	정리 (전체)	• 다른 모둠의 발표를 듣고 내가 가고 싶은 곳은 어디인가요? – 친구들이 소개한 우리나라의 아름다운 곳에 대한 소개를 듣고 가고 싶은 곳이 생겼다면 어디인지 이야기 나누어 볼까요? – 다음 시간에는 만든 자료를 이용하여 기차 여행하기	★액션툴 NO 16. 근거 찾기		○	○	

액션툴의 적용 사례

교사 우리나라의 아름다운 곳을 보여 주는 동영상을 함께 보았습니다. 프레드릭이라는 외국인 친구에게 우리나라의 아름다운 곳 중에서 한 곳을 선택하여 소개해 주려고 합니다. 먼저 우리 반 어린이들이 소개해 주고 싶은 곳을 선택해 봅시다.

학생들은 간이 통계자료를 만들어 본다.

저학년은 액션툴 NO.16 에서 제시하는 통계자료를 정리하는 활동이나 전문가의 인용자료를 정리하는 활동도 힘든 경우가 많다. 때문에 학생들이 할 수 있고 쉽게 접근할 수 있도록 통계자료의 경우에도 학급 내 구성원을 활용한 통계나 자료 인용의 경우에도 부모님이나 선생님의 말씀을 적는 정도의 수준으로 활동의 범위를 제한하는 것이 좋을 것이다.

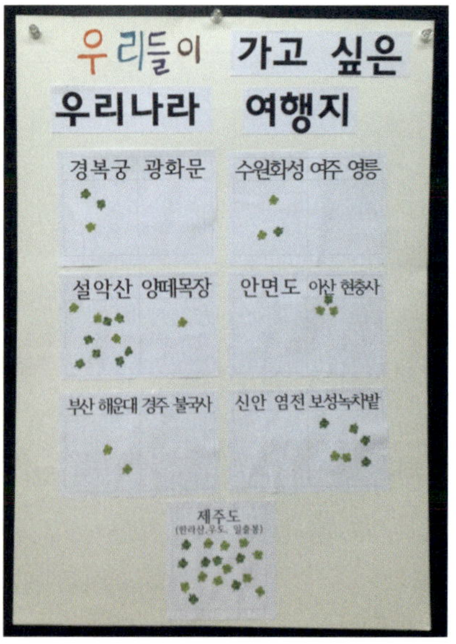

교사 지난 시간에 우리가 가고 싶은 우리나라의 여행지에 대한 인기투표를 해 보았습니다. 이 자료를 근거로 선생님이 우리 6반 어린이들이 가고 싶은 여행지를 골라 학습지에 정리해 두었습니다. 그리고 2단계 작업을 위해서 부모님께 도움을 받아서 왔죠? 그럼 우리 모둠이 가고 싶고 소개하고 싶은 여행지에 대한 부모님의 추천하는 말씀을 알림장에 적어 온 내용을 학습지에 적고 발표해 봅시다. 액션툴 NO.16

학생 네. 우리 엄마는 여름에 제주도에 여행 갔었던 것이 좋아서 추천한다고 하셨어요. 맛있는 음식도 많고, 우리가 사는 곳과는 다른 돌과 자연이 아름답다고 하셨어요.

학생 우리 아빠는 보성 녹차밭을 추천해 주셨어요. 건강에 좋은 녹차를 마실 수도 있고, 초록색의 풍경을 바라보면 눈도 건강해질 수 있다고 하셨어요. 녹차아이스크림만 생각했는데 보성에 가면 맛있는 떡갈비도 먹을 수 있다고 하셨어요.

학생 설악산의 공룡능선을 부모님이 추천해 주셨습니다. 힘들게 등산을 해야 하지만 그래도 산꼭대기에서 아름다운 풍경을 보게 되면 가슴이 탁 트인다고 하셨어요.

학생 우리 모둠은 가장 스티커를 많이 받은 제주도를 조사해 보고 싶었습니다.

교사 우리 반 친구들의 인기투표의 결과와 부모님의 추천의 글을 바탕으로 우리 모둠이 가고 싶은 여행지에 대한 이야기를 학습지에 정리해 봅시다. 액션툴 NO.16

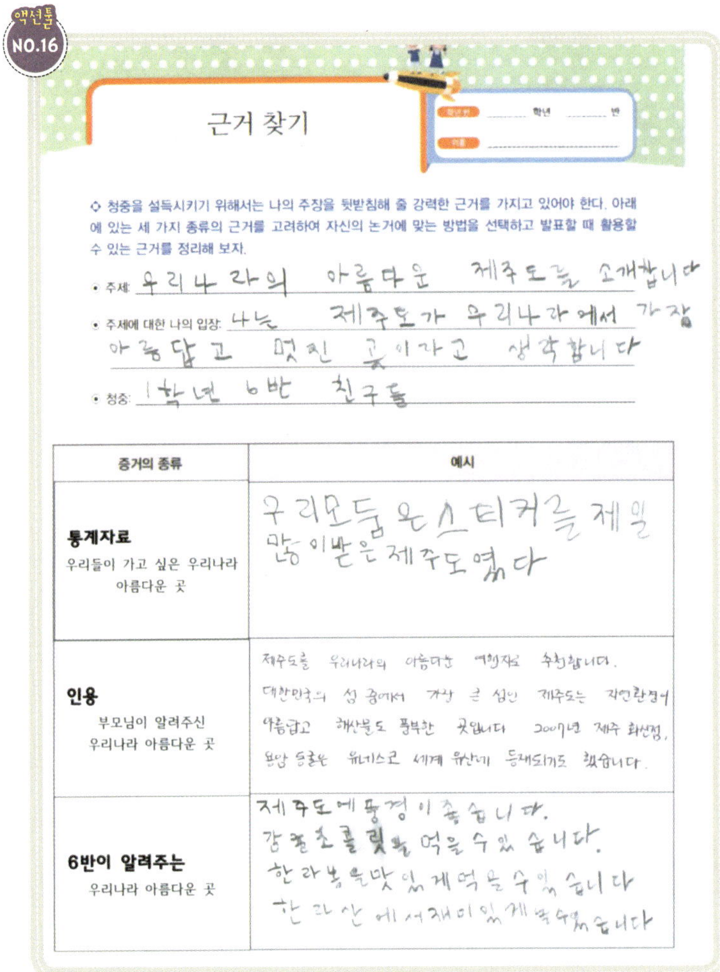

액션툴 NO.16

근거 찾기

___ 학년 ___ 반

◇ 청중을 설득시키기 위해서는 나의 주장을 뒷받침해 줄 강력한 근거를 가지고 있어야 한다. 아래에 있는 세 가지 종류의 근거를 고려하여 자신의 논거에 맞는 방법을 선택하고 발표할 때 활용할 수 있는 근거를 정리해 보자.

- 주제: 우리나라의 아름다운 제주도를 소개합니다
- 주제에 대한 나의 입장: 나는 제주도가 우리나라에서 가장 아릅답고 멋진 곳이라고 생각합니다
- 청중: 1학년 6반 친구들

증거의 종류	예시
통계자료 우리들이 가고 싶은 우리나라 아름다운 곳	우리모둠은 스티커를 제일 많이 받은 제주도였다
인용 부모님이 알려주신 우리나라 아름다운 곳	제주도를 우리나라의 아름다운 여행지로 추천합니다. 대한민국의 섬 중에서 가장 큰 섬인 제주도는 자연환경이 아름답고 해산물도 풍부한 곳입니다 2007년 제주 화산섬, 용암 동굴은 유네스코 세계 유산에 등재되기도 했습니다.
6반이 알려주는 우리나라 아름다운 곳	제주도에 풍경이 좋습니다. 감귤초콜릿을 먹을 수 있습니다. 한라봉을 맛있게 먹을 수 있습니다 한라산에서 재미있게 놀 수 있습니다

교사 이제 개인학습지의 내용 정리가 끝난 모둠은 모둠학습지에 우리 모둠이 추천하는 우리나라의 아름다운 곳을 정리해 볼까요?

교사 다음 시간에는 6반 친구들이 소개하는 우리나라의 아름다운 곳을 기차를 타고 구경하러 갈 계획입니다. 모두들 기차여행 준비 잘 해 오세요.

학생 진짜 기차를 타는 것보다 신나지는 않지만 그래도 친구들과 함께 여행하면 재미있을 것 같아요.

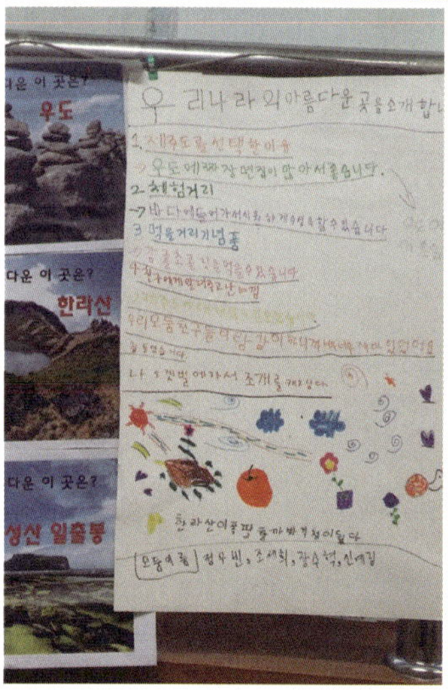

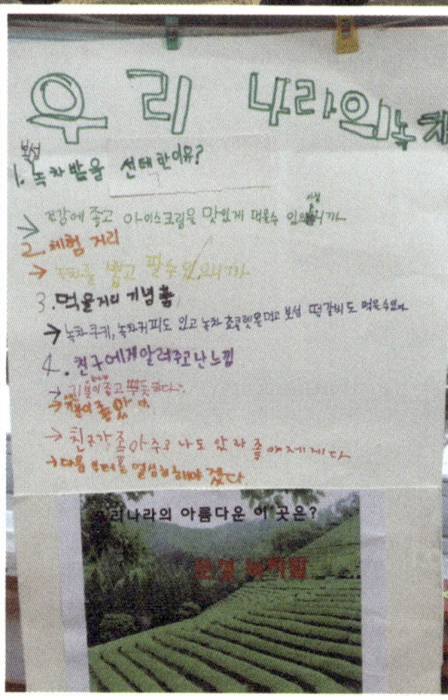

액션툴의 적용 결과

다양한 자료를 좀 더 효율적으로 정리할 줄 알게 되었으며, 주장을 내세우기 전에 통계자료를 이용한다거나 전문가나 어른들이 자신의 주장에 힘을 실어 주는 근거자료를 제공받고 이를 이용하여 주장을 체계적으로 내세우는 방법을 알게 되었다. 근거자료를 비판적으로 해석하고 주변과 소통해 자료를 정리해 보는 기회를 갖게 되었다.

네 개의 모서리

성취 기준

⊙ **통바2441.** 건전한 여름방학을 보내기 위해 지켜야 할 일들을 알아보고, 이를 실천할 수 있는 계획을 세울 수 있다.

⊙ **통슬2441.** 여름방학 동안 하고 싶은 일을 생각하여 내가 할 수 있는 것을 찾아 방학 계획을 세울 수 있다.

⊙ **통즐2441.** 캠핑장, 수영장 등 다양한 장소를 찾아 여름철 놀이를 즐길 수 있다.

수업의 방향

학생들이 여름방학에 하고 싶은 일과 할 일을 미리 살펴보고 하고 싶은 일의 목록을 써 보는 활동을 하고 있다. 이때 4C 학습지를 활용하면서 천천히 읽기, 깊게 읽기, 넓게 읽기를 할 수 있는 슬로리딩 기법을 활용하여 지도를 한다면 더 큰 효과를 거둘 수 있으리라 생각된다.

슬로리딩이란 한 권의 책을 지속적으로 읽다가 질문이 생기면 바로 관련된 다른 책을 찾아 읽으며, 또 다른 궁금증이 생기면 샛길로 빠져서 또 다른 독서와 사색을 통해 생각의 폭을 넓혀 가며 지식의 깊이를 더해 가는 독서 방법이다. 1학년 어린이들에게는 다소 어렵다고 생각될 수 있으나 교사의 치밀한 수업 계획이 있다면 충분히 가능한 수업 방법이라 생각된다.

이번 수업 활동에서는 통합교과 〈여름〉 학습에서 지속적으로 사용해 오고 있는 슬로리딩 도서인 〈생쥐와 고래〉를 이용하여 수업을 계획하였으며 이때 여름철 물놀이 안전이나 생활안전 교육을 함께 할 수 있도록 계획하고 있다.

액션툴의 적용

차시	차시 주제	액션툴	4C				정보 사용 능력
			창의력	비판력	소통력	협업력	
12/2	안전한 여행을 떠나요	NO 20. 네 개의 모서리		○	○	○	

네 개의 모서리라는 액션툴 활용 과정을 통해 생쥐 아모스의 여행에 대한 각 개인의 생각과 입장을 정리하는 시간을 갖는다. 또한 이때 생쥐 아모스의 여행 준비물을 타산지석으로 삼아 나와 우리 가족의 안전하고 건강한 여행을 위한 준비물을 생각해 보는 시간을 통해 새로운 학습 능력(4C)을 기를 수 있다.

수업의 흐름

교과	통합교과 〈여름〉	학습 주제	안전한 여행을 떠나요
학습 목표	때와 장소에 알맞은 안전한 여행 계획을 세운다.		

단계	학습 내용 (학습 집단)	교수 · 학습 활동	사용할 액션툴(★) 및 유의점(※)	4C 관련요소			
				창의력	비판력	소통력	협업력
배움 열기	전시 학습 상기 (전체) 동기 유발 학습 목표 확인	• 전시 학습 상기하기 – 여름방학에 하고 싶은 일을 상상하며 여름방학 노래 부르기 • 학습 동기 유발하기 – 무슨 소리일까요?(파도소리, 갈매기 소리, 뱃고동소리, 기차역의 안내멘트 등) • 공부할 문제 확인하기	★반주 음원				
배움 1	천천히 읽기 (전체)	• 아모스의 바다여행에 대한 생각 나누기 – 내가 아모스라면 어떻게 했을지 생각 나누어 보기 – 아모스의 여행에 대한 네 가지 입장을 정하고 그 입장에 대한 생각을 정리하고 발표한다.	★슬로리딩용 교재 ※천천히 읽기의 목적에 맞추어 필요한 부분을 교사와 함께 천천히 읽는다. ★액션툴 NO 20. 네 개의 모서리		○	○	○

단계	학습 내용 (학습 집단)	교수 · 학습 활동	사용할 액션툴(★) 및 유의점(※)	4C 관련요소			
				창의력	비판력	소통력	협업력
배움2	깊게 읽기 (샛길로 새기)	• 다른 모둠의 발표를 듣고 내가 가고 싶은 곳은 어디인가요? – 친구들이 소개한 우리나라의 아름다운 곳에 대한 소개를 듣고 가고 싶은 곳이 생겼다면 어디인지 이야기 나누어 볼까요? – 다음 시간에는 만든 자료를 이용하여 기차여행 하기	※ 일반적인 여행의 준비물과 안전한 여행을 위한 준비물에 대해 생각해 보도록 한다.				
배움3	넓게 읽기 (주제별 융합 전체–개인–전체)	• 우리 가족의 여름휴가 생각해 보기 – 우리 가족이 여름휴가를 가기로 한 곳의 특징을 알고 꼭 필요한 준비물 챙겨 보기 • 종이배와 종이트럭을 만들고 우리 가족의 여름휴가에 필요한 물건을 싣고 이야기 나누기	※ 우리 가족 여름휴가 장소를 조사해 올 수 있도록 사전에 과제로 제시한다. ★ 종이배, 종이트럭 만들 재료				
배움 정리	정리 (전체)	• 안전한 여름방학 여행을 위한 준비를 함께 해요. – 안전한 여행이 되기 위한 장소에 따른 여행 준비물	※ 안전한 여행을 위한 준비물을 생각해 볼 수 있도록 지도한다.				

액션툴의 적용 사례

교사▸ 지난 시간에 여름방학이라는 노래를 배웠습니다. 우리 반 어린이들도 신나는 여름방학을 기다리고 있겠지요? 이번 시간에는 생쥐 아모스의 여행 준비 과정을 살펴보고 우리의 여행 준비에 도움을 받고자 합니다. 우리 함께 소리내어 읽어 볼까요? 선생님 한 줄, 여러분 한 줄씩 읽어 봅시다. 아모스가 여행 준비를 잘했다고 생각하고 여행을 떠났는데 그만 바다에서 사고를 당하고 말았네요. 아모스의 여행에 대해 나는 어떻게 생각하는지 네 개의 모서리 학습지에 자신의 입장을 정리해 볼까요? 나는 아모스가 바다에서 사고를 당했지만 여행을 하는 것에 대해 강하게 동의함, 동의함, 동의하지 않음, 강하게 동의하지 않음으로 자신의 입장을 정해 봅시다.

학생들은 학습지를 활용하여 네 개의 모서리에 입장을 정하고 자신의 생각을 정리해 본다.

액션툴 NO.20

학생 저는 강하게 동의합니다. 이유는 멋진 풍경을 볼 수 있고, 새로운 친구도 사귈 수 있기 때문에 찬성합니다.

교사 그렇군요. 여행을 하면 멋진 풍경도 보고, 새 친구도 사귈 수 있는 기회가 있겠군요.

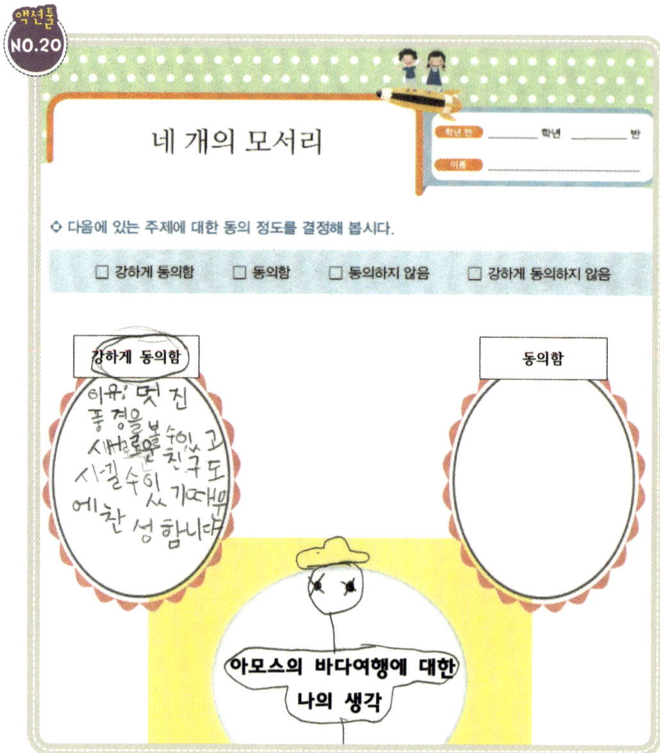

학생 저는 아모스의 여행에 동의합니다. 왜냐하면 준비를 더 잘 했으면 되는데 구명조끼랑 튜브를 챙겨 왔어야 돼요. 그리고 보리스를 만나서 정말 다행이에요. 그러지 않아서 조금만 동의합니다.

교사 준비물을 잘 챙기지 않아서 조금만 동의하는군요? 하지만 새 친구를 만나 도움을 받아서 다행이라는 말이군요.

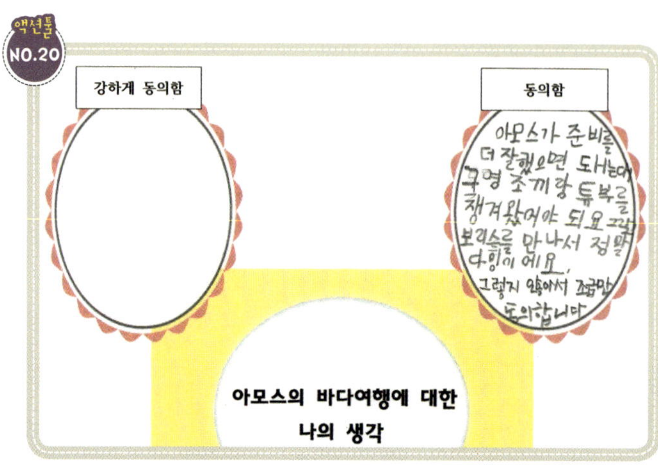

학생 나는 아모스가 바다여행을 떠난 것을 동의하지 않습니다. 아모스가 여행 준비를 좀 더 열심히 해서 여행을 떠났으면 좋겠습니다. 준비가 되지 않으면 여행을 가지 않는 것이 좋겠다는 생각을 했습니다.

교사 여행 준비를 잘 해서 여행을 떠나지 않은 아모스에 대해 생각해 보았군요.

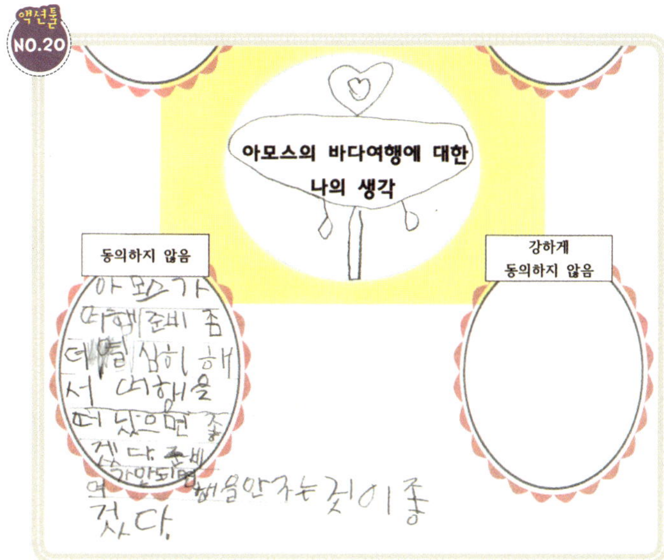

학생 나는 강하게 동의하지 않습니다. 왜냐하면 아모스는 바다여행을 하다가 빠져 죽을 뻔했습니다. 그래서 여행을 안 가는 것이 좋겠다고 생각했습니다.

교사 네, 아모스는 바다에서 큰 위기에 처하게 되는군요.

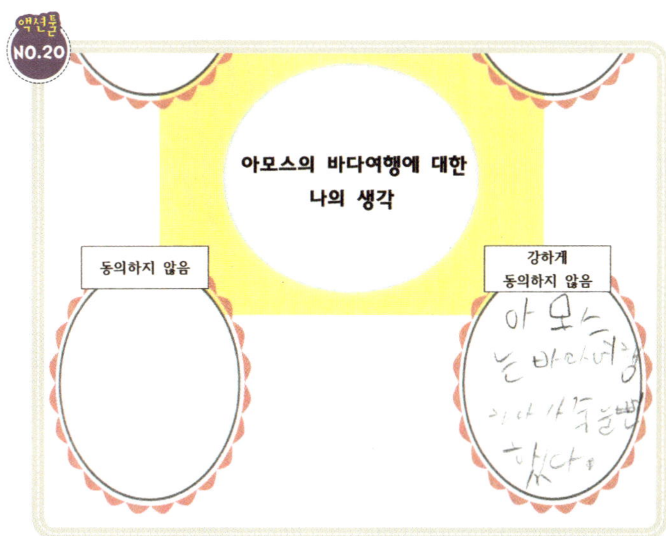

교사 ▸ 아모스의 바다여행에 대한 여러분들의 다양한 생각을 들어 보았습니다. 그럼, 이제부터 바다 저편의 세상이 궁금한 아모스를 위해 안전하고 건강하게 바다여행을 할 수 있는 방법을 함께 생각해 보도록 합시다.

액션툴의 적용 결과

하나의 사건을 바라보는 다양한 입장이 존재함을 알게 되었으며, 이러한 다양한 입장과 시각에 대해 서로의 생각을 나누고 이야기하면서 더 나은 방향으로 생각이 나아갈 수 있으며 서로의 입장을 조율해 나갈 수 있음을 알게 되었다. 또한 함께 생각을 나누면 더 좋은 생각을 찾아낼 수 있다는 것도 알게 되었다.

문단의 짜임

성취 기준

- 국1432. 중심 문장과 뒷받침 문장을 갖추어 문단을 짜임새 있게 쓴다.
- 국1433. 알맞은 낱말을 사용하여 설명하는 글을 쓴다.

수업의 방향

글의 내용을 잘 이해하기 위해서는 문단 내에서 중심 문장과 뒷받침 문장을 파악하는 것이 매우 중요하다. 대체로 어떤 대상을 설명하는 글은 핵심적으로 드러내고자 하는 내용과 그것을 뒷받침하는 내용으로 이루어져 있다.

본 수업에서는 쓰고 싶은 대상을 정하여 그에 맞는 중심 문장과 뒷받침 문장을 생각해 보고 중심 문장과 뒷받침 문장으로 글의 개요를 만들어 본다. 개요 내용을 바탕으로 문단을 구성하여 간단하게 설명하는 문단을 써 보고, 쓴 글을 친구들과 공유한 후 중심 문장과 뒷받침 문장의 적절성 및 문단의 짜임에 대한 의견을 교환한다. 마지막으로 친구들과 나눈 의견을 바탕으로 쓴 글을 확인하고 수정함으로써 문단을 짜임새 있게 구성하도록 한다.

문단 쓰기를 위해 필요한 자료 수집을 미리 과제로 제시할 수 있으며 인터넷 검색을 활용할 수 있다.

액션툴의 적용

차시	차시 주제	액션툴	4C				정보 사용 능력
			창의력	비판력	소통력	협업력	
7~8/10	중심 문장과 뒷받침 문장을 생각하며 글쓰기	NO 48. 손가락 중심생각 맵		○	○		○

손가락 중심생각 맵을 활용함으로써 학생들은 문단의 중심 생각과 근거를 파악하여 자신이 쓰고자 하는 대상을 설명하는 문단을 보다 짜임새 있게 설계할 수 있다. 학생들은 중심 문장이 주제를 대표하기에 적절한지, 뒷받침 문장은 중심 문장을 지지할 수 있는 내용인지 생각해 보아야 한다.

수업의 흐름

교과	국어	학습 주제	중심 문장과 뒷받침 문장을 생각하며 글쓰기
학습 목표	중심 문장과 뒷받침 문장을 생각하며 글을 쓸 수 있다.		

단계	학습 내용 (학습 집단)	교수 · 학습 활동	사용할 액션툴(★) 및 유의점(※)	4C 관련요소			
				창의력	비판력	소통력	협업력
배움 열기	준비 (모둠, 전체)	• 동기 유발하기 – 낱말 릴레이 놀이하기 – 제시한 낱말이 포함되는 낱말을 생각나는 대로 이야기하기(포함관계의 낱말 이야기하기)	★낱말 카드			○	
	학습 문제 확인	• 공부할 문제 확인하기 – 중심 문장과 뒷받침 문장을 생각하며 글쓰기					
배움 활동	문제 확인 하기(개인)	• 뒷받침 문장 채우기 – 문단에서 중심 문장 찾기 – 중심 문장의 내용을 생각하며 뒷받침 문장 쓰기					
	문제 해결 방법 찾기 (개인)	• 글감 찾기 – 쓰고 싶은 대상이나 내용 생각하기 – 설명하는 글이 될 수 있도록 대상 떠올리기					
		• 글의 개요 쓰기 – 설명하고 싶은 내용의 중심 문장 떠올리기 – 중심 문장을 뒷받침하여 줄 뒷받침 문장 떠올리기 – 중심 문장과 뒷받침 문장으로 글의 개요 완성하기 ※ 개요에는 완벽한 문장이 들어가는 것보다, 중심 문장과 뒷받침 문장이 다룰 내용이 적합하게 들어가야 함을 강조한다.	★액션툴 NO 48. 손가락 중심생각 맵		○	○	
	문제 해결 하기(개인)	• 글 완성하기 – 개요의 내용을 바탕으로 중심 문장이 드러나게 글 쓰기 – 중심 문장과 뒷받침 문장이 잘 드러나게 고쳐 쓰기					
배움 정리	적용 및 일반화 (전체)	• 쓴 글 평가하기 – 쓴 글을 친구들과 바꾸어 읽고 중심 문장과 뒷받침 문장이 잘 드러나게 문단을 썼는지 확인하기 • 배운 내용 정리하기	★ 평가 기준표		○	○	

액션툴의 적용 사례

교사▶ 글을 읽고 문단의 중심 문장과 뒷받침 문장을 찾아보았습니다. 자신이 쓰고 싶은 대상에 대해 설명하는 글을 써 봅시다. 어떤 내용에 대해 글을 쓰고 싶나요?

학생▶ 여러 가지 직업, 옛날 민속놀이, 도서관의 책 종류 등에 대해 쓰고 싶습니다.

교사▶ 자신이 설명하고 싶은 내용을 정리하여 글의 중심 문장을 적어 봅시다.

학생▶ 우리 주변에는 다양한 직업이 있습니다. / 옛날부터 전해 내려오는 민속놀이에는 여러 가지가 있습니다.

학생들은 손가락 중심생각 맵 학습지의 검지 손가락 칸에 중심 문장을 적는다.

액션툴 NO.48

교사▶ 뒷받침 문장에는 어떤 내용이 들어가야 하나요? 중심 문장을 설명해 주기 위해서는 어떤 뒷받침 문장이 적절할까요? 뒷받침 문장의 내용을 적어 개요를 완성해 봅시다.

학생들은 손가락 중심생각 맵 학습지의 나머지 손가락 칸에 뒷받침 문장을 적는다.

액션툴 NO.48

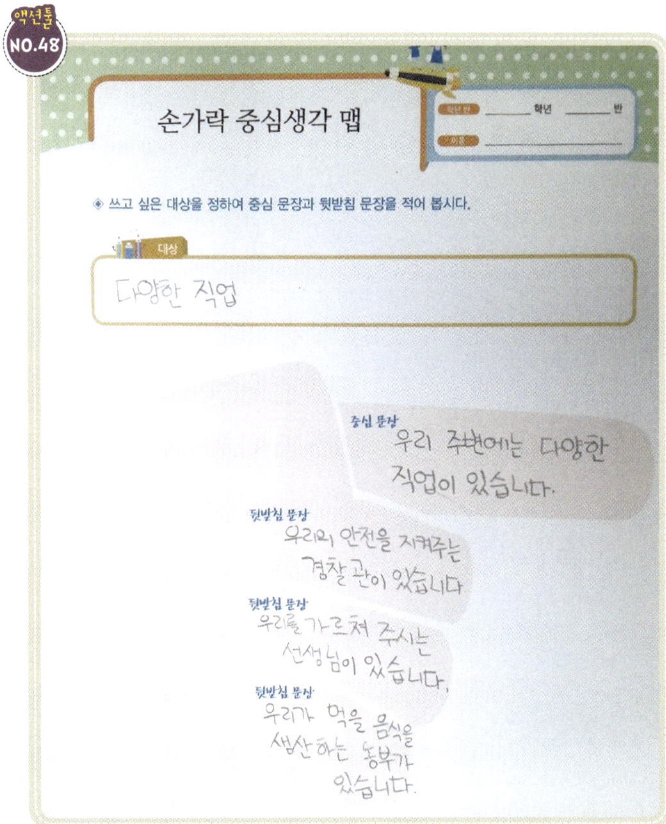

교사▶ 학습지의 개요를 바탕으로 내용에 살을 붙여 설명하는 글을 완성해 봅시다.

학생들은 학습지 개요를 바탕으로 배움공책에 설명하는 글을 완성한다.

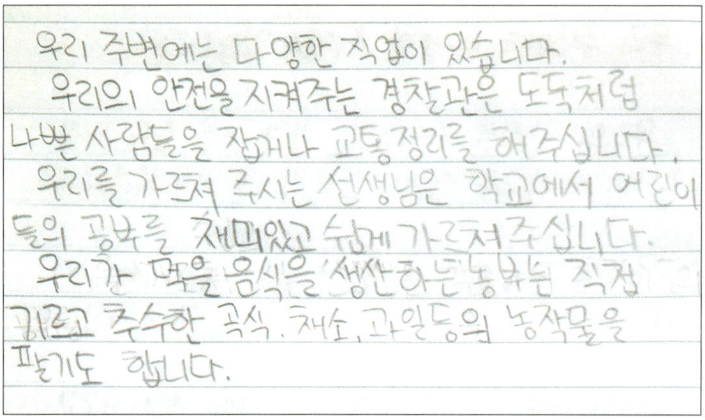
우리 주변에는 다양한 직업이 있습니다.
우리의 안전을 지켜주는 경찰관은 도둑처럼 나쁜 사람들을 잡거나 교통정리를 해주십니다.
우리를 가르쳐 주시는 선생님은 학교에서 어린이들의 공부를 재미있고 쉽게 가르쳐주십니다.
우리가 먹을 음식을 생산하는 농부는 직접 기르고 추수한 곡식, 채소, 과일 등의 농작물을 팔기도 합니다.

액션툴의 적용 결과

설명하는 글을 쓰기 전에 중심생각 맵을 활용하여 글의 개요를 적어 봄으로써 자신이 쓰고자 하는 내용의 설계가 용이해진다. 또한 중심 문장과 뒷받침 문장 간의 논리적 연관성을 한눈에 확인할 수 있어 내용에 대한 비판적 사고력이 길러지고 글을 수정하거나 보충하는 데에도 도움이 된다. 결과적으로 체계적으로 작성된 개요를 통해 짜임새 있는 글을 작성할 수 있다.

3학년 2학기 과학

동물의 생활

성취 기준

⊙ 과4051. 여러 가지 동물을 관찰하여 생김새와 특징을 설명할 수 있다.

⊙ 과4053. 조사활동을 통해 사는 곳에 따른 동물의 생김새와 생활 방식을 설명할 수 있다.

수업의 방향

우리 주변에는 크고 작은 수많은 동물들이 함께 살아가고 있다. 동물들은 오랫동안 주변 환경에 적응하며 살아왔고, 그 결과 동물의 생김새는 다양해지고 생활 방식 또한 동물마다 다르다. 이렇게 다양한 환경에서 살아가는 동물들에 관심을 가지고 조사하는 활동을 통해 생명의 경이로움을 느끼고 동물을 사랑하는 마음을 가지도록 한다.

특히 본 수업에서는 사막이나 동굴, 극지방, 깊은 바다 등과 같이 동물이 살기 힘들 것 같은 특이한 환경에 적응하며 살아가고 있는 동물에 대해 알아보고자 한다. 이를 위해 자신이 알고 있는 특이한 환경과 그 속에서 살아가는 동물들의 특징을 떠올려 보고 더 알고 싶은 동물에 대해 생각하여 그 특징을 조사하도록 한다. 조사하기를 통해 새로 알게 된 것을 친구들과 함께 나누면서 이미 알고 있는 것의 오류를 바르게 수정하고 환경과 동물의 생김새 및 생활 방식이 관련 있음을 확인한다.

나아가 동물의 특징을 활용한 생활 도구로 인해 인간의 생활이 편리해짐을 여러 가지 사례들을 통해 이해하고 또 다른 가능성도 탐색해 보는 기회를 제공한다.

액션툴의 적용

차시	차시 주제	액션툴	4C				정보 사용 능력
			창의력	비판력	소통력	협업력	
11/12	특이한 환경에 사는 동물의 특징 알아보기	NO 47. K-W-L 조사하기		○			○

학생들은 K-W-L 조사하기 도구를 사용하여 이미 알고 있는 지식을 확인하고 새로운 지식을 더할 수 있다. 조사하기 전에 이미 알고 있는 것과 알고 싶은 것을 나눔으로써 더 효율적으로 조사하고 정리할 수 있게 된다. 조사 활동을 통해 학생들은 자신이 이미 알고 있는 정보가 정확한 것인지를 확인해야 하고, 교사는 학생 스스로 조사하고 정리할 수 있는 기회를 제공한다.

수업의 흐름

교과	과학	학습 주제	특이한 환경에 사는 동물의 특징 알아보기
학습 목표	특이한 환경에서도 살아가는 동물이 있음을 알고, 환경에 알맞은 생김새와 특징을 알 수 있다.		

단계	학습 내용 (학습 집단)	교수 · 학습 활동	사용할 액션툴(★) 및 유의점(※)	4C 관련요소			
				창의력	비판력	소통력	협업력
배움 열기	탐색 및 문제 파악	• 동기 유발하기 – 동물 수수께끼 알아맞히기 – 특이한 환경에 살게 되었을 때의 어려운 점 이야기하기 • 공부할 문제 확인하기 – 특이한 환경에 살아가는 동물의 특징 알아보기	★특이한 환경과 동물의 사진자료				
배움 활동	자료 제시 및 관찰 탐색 (전체)	• 사막 환경 알아보기 – 영상자료를 보며 사막 환경의 특징 알아보기 ※ 사막 환경에 유의하며 영상을 보도록 지도한다. • 낙타의 생김새와 특징 알아보기 – 낙타를 관찰하고 생김새와 특징 이야기하기 – 낙타의 생김새가 사막에 살기 유리한 까닭 알아보기	★사막 환경 영상자료				

단계	학습 내용 (학습 집단)	교수 · 학습 활동	사용할 액션툴(★) 및 유의점(※)	4C 관련요소			
				창의력	비판력	소통력	협업력
배움 활동	추가자료 제시 및 관찰 탐색 (개인)	• 사막 외의 특이한 환경과 동물 – 사막 외에 생물이 살기 어려울 것 같은 특이한 환경 이야기하기 – 특이한 환경의 동물에 대해 알고 있는 것 생각해 보기 – 특이한 환경에서 사는 동물에 대해 더 알고 싶은 것 생각해 보기	★ 액션툴 NO 47. K–W–L 조사하기		○		○
	규칙성 발견 및 개념 정리 (개인–전체)	• 특이한 환경에서 사는 동물 조사하기 – 더 알고 싶은 동물 조사하기 – 각각의 특이한 환경에 적응한 동물과 환경에 적응한 모습 알아보기 – 조사 결과 발표하기 ※ 미리 과제로 제시하여 조사한 뒤에 발표할 수 있다.					
배움 정리	적용 및 응용 (전체)	• 동물의 특징을 응용한 생활 도구 – 특이한 환경에서 사는 동물의 특징을 응용한 생활 도구 생각하기 ※ 허용적인 분위기를 조성한다. • 정리하기 – 특이한 환경에서 동물이 살아가는 방법 정리하기			○		

액션툴의 적용 사례

교사 기온이 높고 물과 먹이가 부족한 사막에 사는 낙타의 생김새와 특징을 알아보았습니다. 사막 외에 생물이 살기 어려운 특이한 환경에 대해 이야기해 봅시다.

학생 어둡고 축축한 동굴은 먹이가 부족하고 온도 변화가 거의 없습니다. 햇빛이 들지 않아 깜깜한 깊은 바다는 생물이 많지 않아 먹이가 부족합니다.

교사 내가 알고 있는 특이한 환경에서 사는 동물들에 대해 이야기해 봅시다.

학생들은 학습지에 자신이 알고 있는 것을 기록하고 이야기 나눈다. 액션툴 NO.47

학생 남극에 사는 펭귄의 털은 방수 기능이 있어서 물에 젖지 않습니다. 깊은 바다에 사는 바이퍼피시는 빛을 내어 먹잇감을 유인합니다.

교사 특이한 환경에서 사는 동물에 대해 더 알고 싶은 것은 무엇인가요?

학생 어두운 동굴에서 박쥐는 어떻게 잘 살 수 있는지 알고 싶습니다. 북극곰은 추운 북극에서 어떻게 살아가는지 궁금합니다.

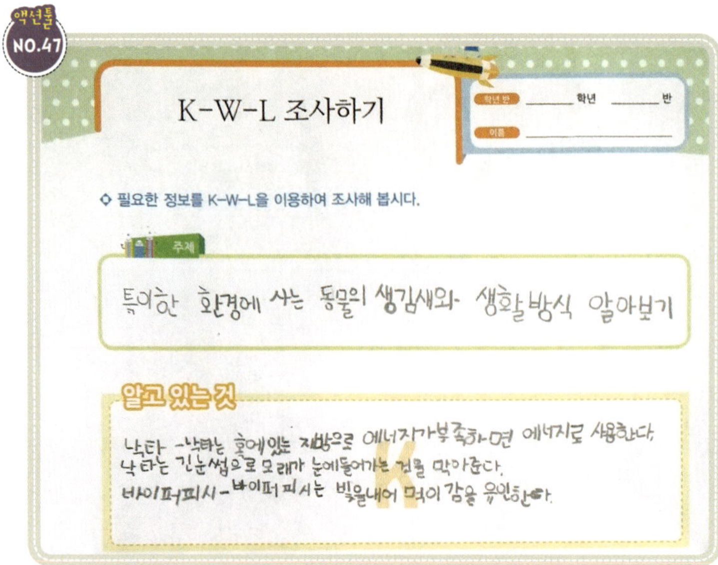

교사 자신이 더 알고 싶은 특이 환경의 동물에 대해 조사해 봅시다.

교사는 학생들에게 과제로 제시하거나 수업 시간을 활용하여 조사하게 하고 학생들은 학습지에 자신이 조사한 내용을 기록한다. 액션툴 NO.47

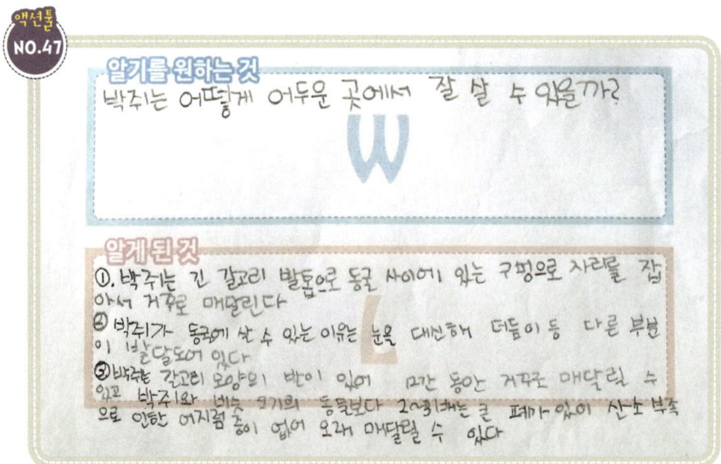

교사 조사하기를 통해 잘못 알고 있었던 것과 새로 알게 된 것은 무엇인가요? 새롭게 알게 된 것을 친구들에게 가르쳐 줍시다.

학생 박쥐는 눈을 대신해 더듬이 등 다른 부분이 발달하여 어두운 동굴에서 살 수 있습니다. 사막여우는 큰 귀로 소리만 잘 듣는 것이 아니라 몸을 시원하게 해 줍니다.

교사 친구들에게 배워서 새로 알게 된 것은 무엇인가요?

학생 박쥐는 비슷한 크기의 동물보다 훨씬 큰 폐가 있어 산소 부족으로 어지럼증이 없다는 것을 알았습니다.

교사 특이한 환경에서 동물들이 살아가는 방법은 무엇이라고 할 수 있나요?

학생 특이한 환경에 알맞은 생김새와 특징을 가지고 있습니다.

액션툴의 적용 결과

K-W-L 조사하기 도구를 사용함으로써 학생들은 이미 알고 있는 지식 중 잘못 알고 있는 오개념을 바로잡고 새로운 지식을 더할 수 있게 되었다. 또한 조사하기가 좀 더 효율적으로 이루어졌으며, 새로 알게 된 정보를 친구들과 함께 나누고 공유하는 활동을 통해 지식을 확장하는 효과를 거두었다.

4학년 1학기 미술

과학으로 상상해요

성취 기준

- ◉ 미4121. 생활 속에서 미술이 다양하게 활용됨을 안다.
- ◉ 미4211. 발상을 통해 다양한 주제를 탐색할 수 있다.

수업의 방향

사람들은 끊임없이 새로운 무언가를 생각하고 상상한다. 그 상상을 표현하는 데 기술의 발전이 매우 중요한 역할을 하기도 한다. 즉, 과학에서도 미술에서의 상상력이 중요한 만큼 미술에서도 과학에서의 논리적 사고가 중요하다는 것을 알고, 과학과 미술 모두 이성과 상상력의 결합으로 탄생한다는 것을 자연스럽게 이해하도록 한다.

'과학으로 상상해요'에서는 미술과 과학의 상호 관계를 알고 과학이 미술작품에 활용될 수 있는 예를 찾아본 후, 지식 탐구에 상상력을 더할 수 있는 주제를 제시하고 융합적 사고가 가능할 수 있도록 하였다.

이를 위해 과학기술이 활용된 '미래의 교통수단'을 상상하여 표현하는 활동과 과학기술이 활용된 미술작품을 감상함으로써 학생들에게 현대 미술의 다양한 모습을 접할 기회를 제공한다.

액션툴의 적용

차시	차시 주제	액션툴	4C				정보 사용 능력
			창의력	비판력	소통력	협업력	
2~3/6	미래의 교통수단을 상상하여 표현하기	NO 40. 연꽃 기법	○	○	○	○	○

연꽃 기법을 활용함으로써 학생들은 주제에 대한 자신의 아이디어를 구조화하고 체계화할 수 있다. 학생들은 인터넷 검색을 통해 중심 주제에 대한 배경지식을 얻을 수 있으며 개인이 아닌 소그룹으로도 활동이 가능하다.

자유로운 발상을 통해 기록된 아이디어 중 핵심 아이디어를 선택하여 조합하고 최종 결과를 예상하여 글이나 그림으로 표현해 봄으로써 아이디어를 정교하게 구체화하여 표현으로 연결될 수 있다.

수업의 흐름

교과	미술	학습 주제	미래의 교통수단을 상상하여 표현하기
학습 목표	미술과 과학의 관계를 살펴보고, 미래의 교통수단을 상상하여 표현할 수 있다.		

단계	학습 내용 (학습 집단)	교수 · 학습 활동	사용할 액션툴(★) 및 유의점(※)	4C 관련요소			
				창의력	비판력	소통력	협업력
배움 열기	동기 유발 학습 문제 확인	• 미술과 과학의 상호 관계 살피기 – 레오나르도 다빈치, 백남준의 삶과 작품 알아보기 – 생활 주변에서 미술의 영향을 받은 과학기술 생각해 보기 • 공부할 문제 확인하기 – 미래의 교통수단을 상상하여 표현하기	★ 작가의 삶과 작품 안내 자료		○	○	
배움 활동	아이디어 탐색 (전체) 아이디어 정교화 (개인) 아이디어 적용 (개인)	• 미래의 교통수단 상상하기 – 교통수단의 발전에 대해 이야기 나누기 – 어떤 교통수단이 가능할지 상상하여 의견 나누기 • 미래의 교통수단 구상하기 – 내가 상상한 미래의 교통수단 구체화하기 – 표현하고 싶은 교통수단 정하기 – 연꽃 기법을 활용하여 세부 내용 탐색하기 – 표현 내용, 재료 및 방법 확정하기 – 글이나 그림을 이용하여 의도 및 구상 스케치하기 ※ 최대한 자유롭게 발상하여 적도록 유도한다. • 미래의 교통수단 작품 표현하기 – 구상한 것을 바탕으로 교통수단 표현하기 – 수정하거나 보완해야 하는 부분을 살펴 완성하기	★ 액션툴 NO 40. 연꽃 기법 ★ 여러 가지 표현 재료	○	○	○	○
배움 정리	정리 및 발전 (전체)	• 서로의 작품 비교 감상하기 – 자신의 표현 결과 설명하기, 잘된 점 이야기하기 • 작품을 만들면서 느낀 점 이야기하기	★ 완성 작품		○	○	

액션툴의 적용 사례

교사 미래의 교통수단을 자유롭게 상상해 봅시다. 표현하고 싶은 교통수단에는 어떤 것이 있나요?

학생 자동차, 자전거, 기차 등이 있습니다.

교사 여러 가지 교통수단 중 표현하고 싶은 한 가지를 다이어그램 중앙의 가운데 칸에 적습니다. 다음은 그 교통수단과 관련하여 떠오르는 아이디어를 둘레에 있는 8개의 빈칸에 적어 봅시다. 미래의 교통수단을 상상할 때 어떤 것을 생각해 보아야 할까요?

학생 기능, 연료, 바퀴, 모양과 무늬 등을 생각합니다.

교사 여러분이 생각한 8개의 아이디어는 중앙을 둘러싼 나머지 칸의 중심이 됩니다. 그리고 다시 각 중심 주제에 관련된 새로운 아이디어를 둘레의 빈칸에 적도록 합니다.

학생들은 미래의 교통수단과 관련된 여러 가지 내용을 브레인스토밍하여 학습지에 기록한다. 액션툴 NO.40

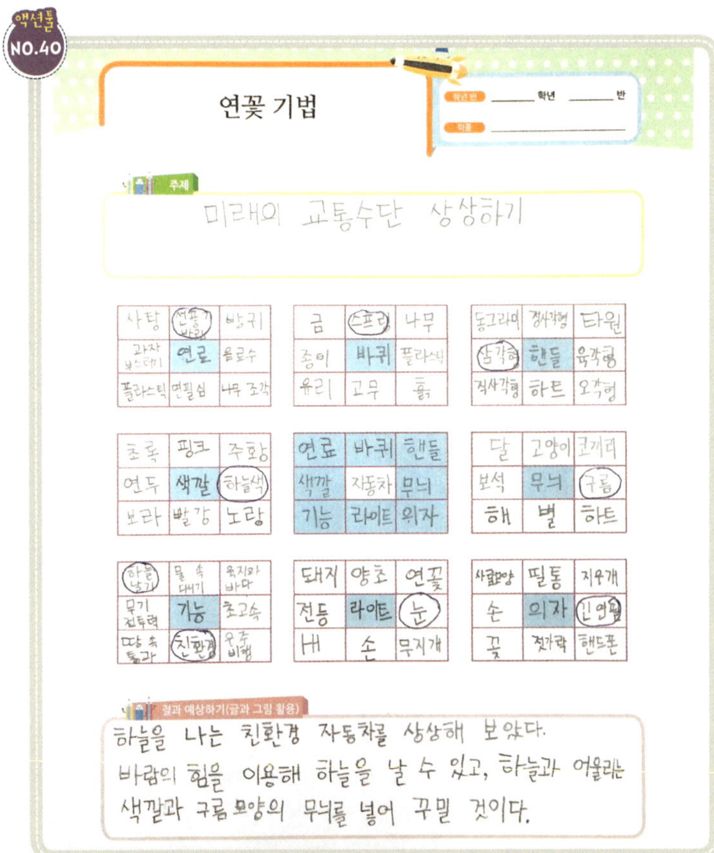
액션툴 NO.40

연꽃 기법

학년 반 ____ 학년 ____ 반

이름 ____________

주제

미래의 교통수단 상상하기

사탕	선풍기 바람	방귀	금	스프링	나무	동그라미	정사각형	타원
과자 부스러기	연료	음료수	종이	바퀴	플라스틱	삼각형	핸들	육각형
플라스틱	연필심	나무 조각	유리	고무	흙	직사각형	하트	오각형
초록	핑크	주황	연료	바퀴	핸들	달	고양이	코끼리
연두	색깔	하늘색	색깔	자동차	무늬	보석	무늬	구름
보라	빨강	노랑	기능	라이트	의자	해	별	하트
하늘 날기	물 속 다니기	육지와 바다	돼지	양초	연꽃	사과모양	필통	지우개
무기 전투력	기능	초고속	전등	라이트	눈	손	의자	긴 연필
땅 속 통과	친환경	우주 비행	배	손	무지개	꽃	젓가락	핸드폰

결과 예상하기(글과 그림 활용)

하늘을 나는 친환경 자동차를 상상해 보았다. 바람의 힘을 이용해 하늘을 날 수 있고, 하늘과 어울리는 색깔과 구름 모양의 무늬를 넣어 꾸밀 것이다.

액션툴 NO.40

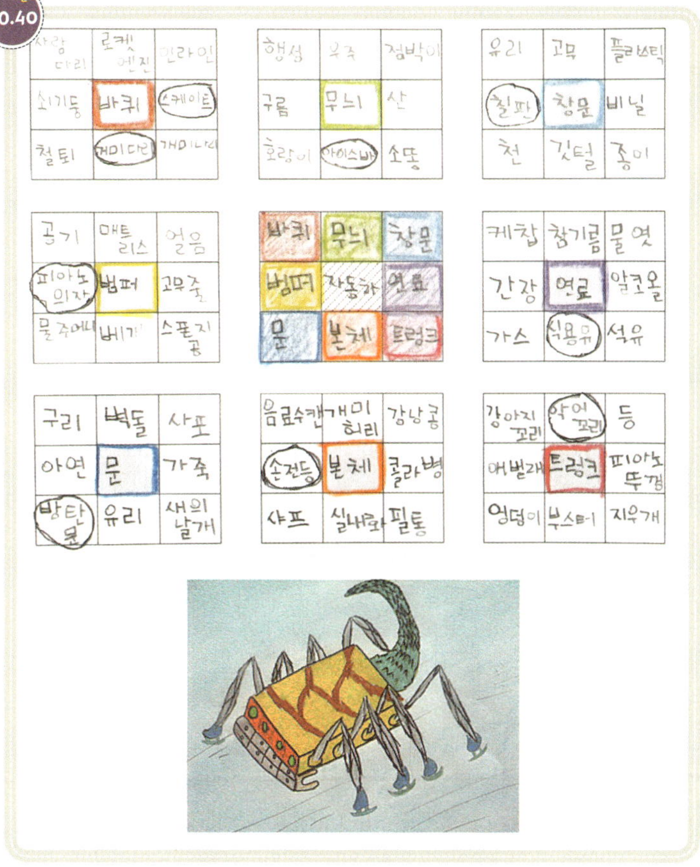

교사 모든 칸이 채워지면 상상한 것을 가장 잘 표현할 수 있는 항목에 동그라미를 치고 최종 결과를 예상하여 글이나 그림으로 나타내 봅시다.

액션툴의 적용 결과

학생들은 연꽃 기법 학습 도구를 이용하여 미래의 교통수단에 대한 다양한 가능성을 탐색하고 자신의 상상을 좀 더 구체화하고 정교화할 수 있었다. 구체적이고 체계적인 구상은 표현 활동에 자신감을 심어 주고 완성도 있는 표현으로 이어져 학생 개개인의 만족감이 높아지는 효과를 낳았다.

6학년 2학기 사회

인권이란 무엇일까?

성취 기준

⊙ 사6042. 기본적인 인권의 개념을 이해하고, 학교생활 등 일상생활에서 발생하는 인권 침해 사례를 조사하여 그에 대한 해결 방안을 제시할 수 있다.

⊙ 도631. 인권의 의미와 중요성을 종합적으로 이해하고 구체적인 사례들을 통해 인권 침해에 대한 올바른 판단을 할 수 있으며, 생활 속에서 인권 존중을 실천하려는 적극적인 태도를 지닐 수 있다.

수업의 방향

똑같은 사람으로 태어났지만 사람마다 외모, 직업, 태어난 곳, 사는 형편, 교육 정도 등이 모두 다르다. 하지만 모든 사람에게는 인간으로서 마땅히 누려야 할 기본적인 권리가 있고, 이것은 그 누구에게도 빼앗길 수 없는 것이다.

사람답게 살기 위해 필요한 것들을 알아보고, 모둠별로 동화 속 인물들의 삶에서 사람답게 살아가지 못하는 장면을 찾아 왜 그런가에 대해 생각해 보도록 한다. 주제에 대한 생각을 요약하는 과정에서 다른 사람들로부터 얻게 되는 다양한 아이디어를 활용할 수 있도록 하며, 인권이란 무엇인지 모둠별로 발표한다. 마지막으로 왜 이 주제를 배우는 것이 중요한지 느끼도록 한다.

인권 보호와 관련된 우리 헌법 조항

제10조… 모든 국민은 인간으로서의 존엄과 가치를 가지며, 행복을 추구할 권리를 가진다. 국가는 개인이 가지는 불가침의 기본적 인권을 확인하고 이를 보장할 의무를 진다.

액션툴의 적용

차시	차시 주제	액션툴	4C				정보 사용 능력
			창의력	비판력	소통력	협업력	
1	인권이란 무엇일까?	NO 15. 지식에 색 입히기	○	○	○	○	○

'지식에 색 입히기'라는 과정을 통해 각 모둠은 특정한 색을 사용하여 새로운 아이디어를 더할 수 있다. 학생들은 우리 모둠의 생각과 다른 모둠의 생각을 서로 연결하되 예시 자료가 객관적이고 정확하고 타당한가에 대하여 생각해 보아야 한다. 새로운 아이디어를 떠올리는데 다른 사람의 아이디어를 어떻게 사용할 것인지 생각하여 주제에 대한 지식을 요약하고 발표하는 과정을 통해 새로운 학습 능력(4C)을 기를 수 있다.

수업의 흐름

교과	사회	학습 주제	인권이란 무엇일까?
학습 목표	인권이란 무엇인지 생각해 볼 수 있다.		

단계	학습 내용 (학습 집단)	교수 · 학습 활동	사용할 액션툴(★) 및 유의점(※)	4C 관련요소			
				창의력	비판력	소통력	협업력
배움 열기	전시 학습 상기(전체) 동기 유발 학습 목표 확인	• 전시 학습 상기하기 – 생활 속 사례를 보고, 관련된 국민의 권리와 의무 찾기 • 학습 동기 유발하기 – 휴대전화 사진과 코발트를 채굴하는 어린이 사진을 보며 이야기 나누기 • 공부할 문제 확인하기 – 인권이란 무엇인지 생각해 볼 수 있다.	★앰네스티 뉴스 http://amnesty.or.kr 인권뉴스에서 발췌				
배움1	인권이란 무엇인지 알아보기 (모둠–전체–모둠–전체)	• 사람이 사람답게 살기 위해 필요한 것 알아보기 – 사람에 따라, 상황에 따라 사람답게 살기 위해 필요한 것을 생각해 보기 – 모둠별로 의논한 결과를 발표하며 비교하기 • 동화 속 인물의 인권 찾아 주기 – 동화 속 인물의 삶에서 인간답게 살지 못하는 모습 찾아보기 (액션툴 NO 15.) – 등장인물에게 필요한 것이 무엇인지 찾아 발표하기 – 등장인물에게 하고 싶은 말 발표하기 – 인권의 뜻 정리하기 • 왜 이 주제를 배우는 것이 중요한지 생각해 보기 – 인권의 의미와 소중함에 대한 느낌 발표하기	★액션툴 NO 15. 지식에 색 입히기 ※다른 모둠의 생각을 나의 생각과 연결할 때는 타당성, 객관성, 정확성 등을 고려하도록 한다.	○	○ ○	○ ○	○ ○

단계	학습 내용 (학습 집단)	교수 · 학습 활동	사용할 액션툴(★) 및 유의점(※)	4C 관련요소			
				창의력	비판력	소통력	협업력
배움 정리	정리(전체)	• 세계 인권의 날 및 세계 인권 선언 – 읽기자료를 통해 세계 인권 선언이 만들어진 까닭 알기 • 차시 예고하기 – 인권이 침해되는 다양한 사례 조사하기	★ 읽기자료 – 세계 인권의 날				

액션툴의 적용 사례

교사 여러분은 앞서 보았던 사진 속 아이가 사람답게 살고 있다고 생각하나요?

학생 아니요. 그 아이는 불쌍해요.

학생 사람답게 사는 게 아니죠.

교사 왜 사람답게 살지 못한다고 생각하는 건가요?

학생 일곱 살 어린아이가 그런 위험한 일을 하는 것은 불법 아닌가요? 그것도 안전 장비도 없다고 하잖아요.

학생 그 아이가 하고 싶어서 하는 게 아닌 것 같아요. 하고 싶지 않은 일을, 그것도 위험한 일을 어린이가 하고 있으니까요.

학생 12시간 넘게 일을 하는 것은 너무 심해요. 아침 9시부터 일을 하면 밤 9시까지 하는 거잖아요. 놀지 못하고 하루 종일 일만 하는 건데요.

교사 이 아이가 사람답게 살기 위해 필요한 것이 있을까요? 있다면 무엇일까요?

학생 이 아이는 유치원이나 학교에 가야 해요. 공부하고 친구들과 놀기도 해야죠.

학생 집이 많이 가난해서 일을 하러 나오는 거 같은데, 먹을 것이 필요할 것 같아요.

교사 우리 주변에 살아가는 많은 사람들의 모습을 생각하며, 사람답게 살기 위해 필요한 것은 무엇일까 정리해 보세요. 홀로 살아가는 사람들, 다리가 불편하거나 소리를 듣지 못하는 사람들, 회사에 다니는 어른들, 여러분처럼 학교에 다니는 학생, 우리나라에서 살고 있는 외국인들 등 다양하게 생각해 보세요.

학생들은 학습지를 활용하여 사람답게 살기 위해 필요한 것을 생각하여 정리한다.

액션툴 NO.15

교사 모둠별로 선택한 동화 속 인물에게는 어떤 문제가 있나요? 그것이 왜 문제가 되는지 친구들과 생각을 나누어 보고 필요한 것을 찾아 주세요. 모둠별로 정해진 색깔의 메모지를 사용하세요.

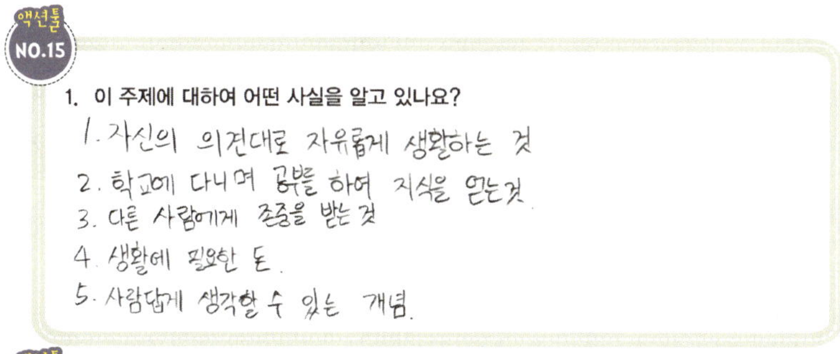
액션툴 NO.15

1. 이 주제에 대하여 어떤 사실을 알고 있나요?

1. 자신의 의견대로 자유롭게 생활하는 것
2. 학교에 다니며 공부를 하여 지식을 얻는것
3. 다른 사람에게 존중을 받는 것
4. 생활에 필요한 돈.
5. 사람답게 생각할 수 있는 개념.

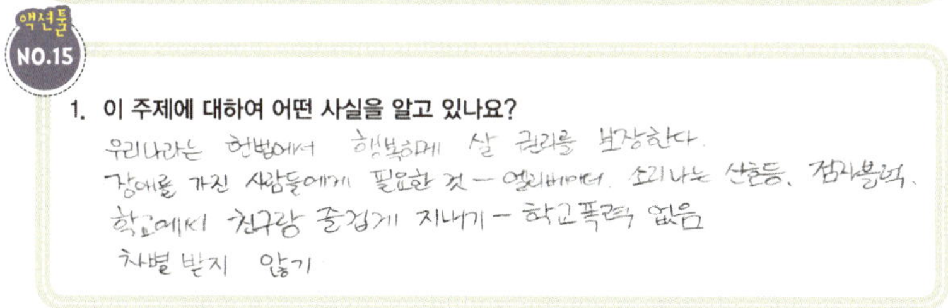
액션툴 NO.15

1. 이 주제에 대하여 어떤 사실을 알고 있나요?

우리나라는 헌법에서 행복하게 살 권리를 보장한다.
장애를 가진 사람들에게 필요한 것 – 엘리베이터, 소리나는 신호등, 점자블럭,
학교에서 친구랑 즐겁게 지내기 – 학교폭력 없음
차별 받지 않기

각 모둠별 의견이 정리되면, 학습지를 다음 모둠에게 전달하고 주제에 대한 모둠토의와 기록을 이어 간다. 여러 모둠으로부터 받은 의견을 살펴보며 인권을 보장받지 못하는 상황을 어떻게 바꾸어 나갈지 생각하여 발표한다.

학생 성냥팔이 소녀는 추운 겨울 성냥을 팔기 위해 거리를 돌아다녔습니다. 무섭게 달리는 마차 때문에 신발이 벗어졌고, 온종일 아무것도 먹지 못했습니다. 소녀에게는 따뜻한 옷과 음식이 필요하며, 부모님의 보살핌과 편안하게 쉴 수 있는 집이 필요합니다. 또 성냥을 팔기 위해 거리를 돌아다닐 것이 아니라 학교에 가서 친구들과 공부하고 놀아야 합니다.

학생 심청이가 아기였을 때 엄마가 일찍 돌아가셔서 젖을 먹지 못했고, 열다섯 살 때는 새벽까지 일을 해야 했습니다. 앞이 보이지 않는 심봉사는 길을 걷다 개울물에 빠집니다. 심청이는 공양미 삼백 석을 구하기 위해 제물이 되기로 하고 뱃사람에게 팔려가는데 마을 사람들은 울기만 할 뿐 잡지 않았습니다. 시각장애를 가진 심봉사가 길을 다니는 데 불편함이 없도록 도움이 되는 시설물이 필요합니다. 심청이가 경제적 어려움 때문에 새벽까지 일을 하거나 돈에 팔려가지 않도록 나라에서 최소한의 생계를 유지할 수 있는 도움을 주어야 합니다.

액션툴 NO.15

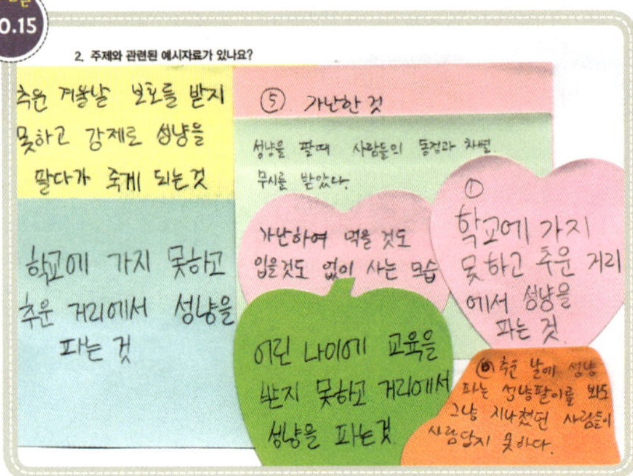

교사 인권이란 무엇인지 알아보았어요. 그런데 왜 '인권'이라는 주제를 배우는 것일까요? 여러분의 생각을 학습지에 적어 보세요.

학생 사람이 사람답게 사는 것은 가장 기본이 되면서도 중요하기 때문이다.

학생 나의 인권도 지키고 상대방의 인권도 지킬 수 있기 때문이다.

학생 만약 내 인권이 존중받지 못하고 동화 속 인물처럼 산다면 끔찍하기 때문에 배워서 서로서로 잘 존중하며 살아가야 하기 때문이다.

액션툴 NO.15

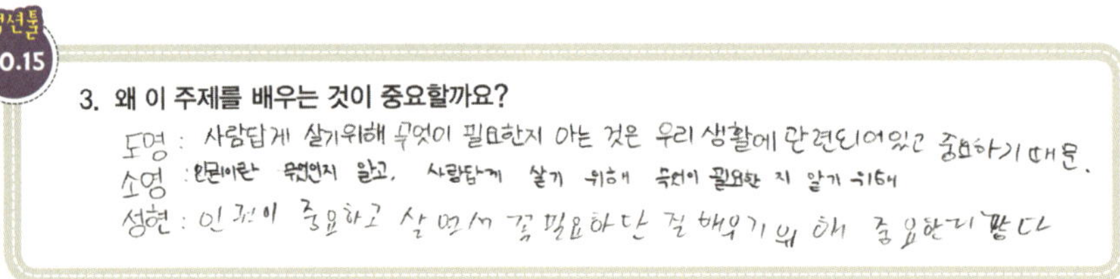

3. 왜 이 주제를 배우는 것이 중요할까요?

도영 : 사람답게 살기위해 무엇이 필요한지 아는 것은 우리 생활에 관련되어있고 중요하기 때문.
소영 : 인권이란 무엇인지 알고, 사람답게 살기 위해 무엇이 필요한 지 알기 위해
성현 : 인권이 중요하고 살면서 꼭 필요하단 걸 배우기 위해 중요한 것 같다

액션툴 NO.15

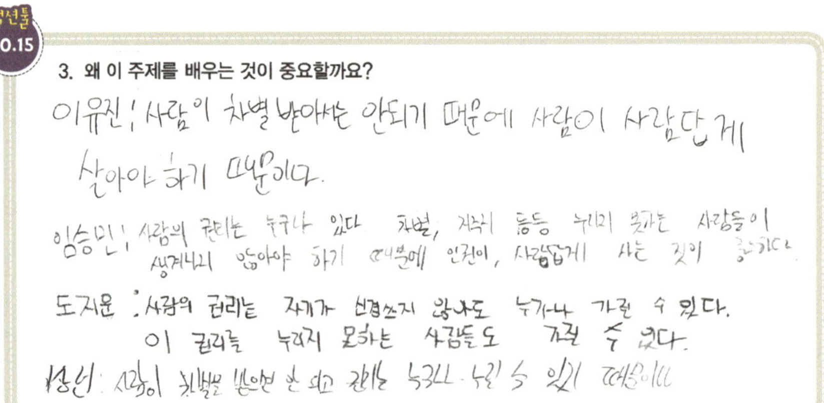

3. 왜 이 주제를 배우는 것이 중요할까요?

이유진 : 사람이 차별 받아서는 안되기 때문에 사람이 사람답게 살아야 하기 때문이다.
임승민 : 사람의 권리는 누구나 있다 차별, 지적 등등 누리지 못하는 사람들이 생겨나지 않아야 하기 때문에 인권이, 사람답게 사는 것이 중요하다
도지윤 : 사람의 권리는 자기가 신경쓰지 않아도 누구나 가질 수 있다. 이 권리를 누리지 못하는 사람들도 가질 수 있다.
상선 : 사람이 차별을 받으면 안 되고 권리는 누구나 누릴 수 있기 때문에

액션툴 NO.15

3. 왜 이 주제를 배우는 것이 중요할까요?

희진: 모든 사람은 평등하게 살아야 하기 때문에
재빈: 모든 사람들은 존중받으며 살아가야 하기 때문에
지호: 모든 사람에게는 인권이 있기때문입니다.
민서: 만약 내 인권이 존중받지 못하고 동화 속 인물 처럼 산다면 끔찍하기 때문에 잘 배워서 서로서로 잘 존중해야 되겠다.

액션툴의 적용 결과

새로운 학습지를 받았을 때 다른 모둠의 의견을 먼저 꼼꼼히 읽어 보고 자기 모둠의 토의를 시작하는 모습을 볼 수 있다. 미처 생각하지 못했던 부분을 찾아내 기록하거나, 같은 생각에는 크게 공감하며 주제에 대한 토의를 할 수 있었다.

학생들은 주제와 관련하여 다른 모둠으로부터 수집한 정보를 받아들이는 과정에서 객관성, 정확성, 타당성 등을 고려하여 선택하게 된다. 우리 모둠의 생각과 다른 모둠의 생각을 비교하고 서로 연결하거나 보충하면서 주제에 대한 종합적인 의견을 정리할 수 있었다.

학습 주제의 배움에 있어 그 중요성을 느끼게 되자, 다음에 이어질 학습 내용에 대해 더욱 관심을 갖고 적극적으로 조사하려는 태도를 보여 주게 되었다.

6학년 2학기 사회

인권을 소중하게 여겨요

성취 기준

⊙ 사6042. 기본적인 인권의 개념을 이해하고, 학교생활 등 일상생활에서 발생하는 인권 침해 사례를 조사하여 그에 대한 해결 방안을 제시할 수 있다.

⊙ 사6403-2. 다문화 사회의 특징을 이해하고, 다문화 사회에 필요한 바람직한 태도를 가질 수 있다.

⊙ 도631. 인권의 의미와 중요성을 종합적으로 이해하고 구체적인 사례들을 통해 인권 침해에 대한 올바른 판단을 할 수 있으며, 생활 속에서 인권 존중을 실천하려는 적극적인 태도를 지닐 수 있다.

수업의 방향

사람이라면 누구나 당연히 가지는 기본적 권리가 인권이며, 외모, 직업, 나이, 성별 등에 관계없이 행복하게 살아가기 위해 인권이 필요하다. 마땅히 보장받아야 할 인권이 침해되는 다양한 사례를 우리의 일상생활에서 찾아보며, 인권의 소중함을 생각해 볼 수 있도록 한다. 가깝게는 학교 내 인권 침해부터 사이버 인권 침해, 아동 인권 침해, 여성 인권 침해 등 다양한 사례를 모둠별로 나누어 조사하여 발표한다. 신문기사나 뉴스보도, 실제 경험 등을 통해 소개하되 잘못된 편견, 불평등, 존중하지 않고 배려하지 않는 일상생활 속의 모습이 소개되도록 한다. 이러한 상황들을 보면서 상대방의 인권을 존중하는 것이 나의 인권도 보장받는 것임을 알게 한다.

인권의 소중함을 통해 인권이 존중되는 사회를 만들기 위하여 정부, 지역사회, 국민은 어떠한 노력을 할 것인지 알아본 후, 인권에 대한 자신의 생각을 요약하여 정리해 본다.

액션툴의 적용

차시	차시 주제	액션툴	4C				정보 사용 능력
			창의력	비판력	소통력	협업력	
1	인권을 소중히 여겨야 하는 까닭	NO 17. 연결, 요약, 질문	○	○	○		
2	인권이 존중되는 사회를 만들기 위한 노력	NO 10. 한 번에 조금씩		○	○	○	

학생들이 새로 배운 내용을 생각해 보면서 이미 알고 있는 것과 연결지어 보도록 한다. 비슷한 사실, 잘못 알고 있었던 사실, 새롭게 알게 된 사실 등을 통해 정보를 체계적으로 연결할 수 있게 된다. 연결된 정보에서 중요한 점이 무엇인지 찾고, 더 알고 싶은 것에 대하여 새로운 질문을 만들어 보도록 한다. 학생의 새로운 질문은 4C 능력을 기르는 또 다른 시작이 되며 새로운 학습 주제 또는 학급 토의의 주제로 활용할 수 있다.

여러 차시에 걸쳐 학습한 내용을 되돌아보며 자신의 생각을 요약하고, 이를 발표할 수 있는 기회를 줌으로써 '인권이란 무엇인가? 인권을 소중히 여겨야 하는 까닭은 무엇인가? 우리는 인권이 존중되는 사회를 만들기 위해 어떠한 노력을 해야 하는가?'에 대한 자신의 생각을 차근차근 정리해 볼 수 있도록 한다.

수업의 흐름

교과	사회	학습 주제	인권을 소중하게 여겨요.
학습 목표	인권을 소중히 여겨야 하는 까닭을 알고, 인권을 존중하는 태도를 갖는다.		

단계	학습 내용 (학습 집단)	교수 · 학습 활동	사용할 액션툴(★) 및 유의점(※)	4C 관련요소			
				창의력	비판력	소통력	협업력
배움 열기	전시 학습 상기(전체) 동기 유발 학습 목표 확인	• 전시 학습 상기하기 – 인권이란 무엇인가? • 학습 동기 유발하기 – '축구공의 아픈 의미' 영상 보기 • 공부할 문제 확인하기 – 인권을 소중히 여겨야 하는 까닭을 알고, 인권을 존중하는 태도를 갖는다.	★ http://www.yotube.com 동영상				

단계	학습 내용 (학습 집단)	교수 · 학습 활동	사용할 액션툴(★) 및 유의점(※)	4C 관련요소			
				창의력	비판력	소통력	협업력
배움1	인권이 소중한 까닭 알아보기 (모둠–전체 –개인)	• 모둠별 인권 침해 사례 발표하기 – 장애인 인권 침해 – 여성 인권 침해 – 외국인 근로자 인권 침해 – 아동 인권 침해 – 노인 인권 침해 – 사이버 인권 침해 – 학교 내 인권 침해	★ 모둠 발표 자료 ※ 생활 속에서 인권이 침해되는 경우가 다양하다는 것에 의미를 두어 사례만 나열하는 발표가 되지 않도록 한다.		○	○	○
		• 인권의 소중함 생각해 보기 – 인권이 침해된 사례의 공통점은 무엇일까? – 만약 나의 인권이 침해된다면 어떤 생각이 들까? – 인권이 중요한 까닭은 무엇일까? – 액션툴을 활용해 연결→요약→질문 만들기	★ 액션툴 NO 17. 연결, 요약, 질문	○	○	○	
배움2	인권이 존중되는 사회를 만들기 위한 노력 (전체–모둠 –전체)	• 인권이 존중되는 사회를 만들기 위한 노력 알아보기 – 정부와 지역사회의 노력 – 캠페인 활동 – 인권운동기관이나 인권운동가의 노력 • 인권과 관련하여 노래가사 바꿔 부르기 – 모둠별로 인권과 관련된 노랫말로 가사를 바꾸어 노래 부르기	※ 사람의 삶이 더 풍요로워지는 모습으로 확장하여 생각한다. ★ 동요 반주	○			○
배움 정리	정리 (전체)	• 인권에 대한 생각을 요약하여 발표하기 – 주제를 요약하여 발표문 작성하기 • 차시 예고하기 – 단원 정리 학습	★ 액션툴 NO 10. 한 번에 조금씩		○	○	○

액션툴의 적용 사례

교사 다양한 사례를 통해 우리의 소중한 인권이 침해되는 경우를 살펴보았어요. 이러한 사례들의 공통점은 무엇일까요?

학생 다른 사람을 존중하지 않고 제멋대로 행동하는 경우입니다.

학생 다양성을 인정받지 못하고 차별을 받거나, 정당한 대가를 받지 못하는 것 같습니다.

학생 신체적이나 심리적으로 힘들게 합니다. 또 무시당하거나 보살핌을 받지 못합니다.

학생 공정하지 않고, 서로 평등한 관계가 아닙니다.

교사 만약에 친구가 나에 대한 험담을 메신저를 통해 다른 친구들과 주고받거나, 나의 사진을 보며 조롱하듯 이야기한다면 기분이 어떨까요?

학생▸ 기분 나쁘고 속상해요.

학생▸ 헛소문을 내는 친구도 밉지만, 그걸 보고 같이 웃는 다른 애들한테도 화가 나요.

학생▸ 다른 친구들이 볼까 봐 겁나고, 소문이 계속 날까 봐 두려워질 것 같아요.

학생▸ 학교에 와서 친구들을 만나는 게 두렵고, 학교 오기 싫을 것 같아요.

교사▸ 인권을 소중히 여겨야 하는 까닭은 무엇일까요?

학생▸ 행복하게 살아가기 위해 꼭 필요하기 때문입니다.

학생▸ 인권은 존중받으며 살아갈 권리로 서로가 서로에게 지켜 주어야 하기 때문입니다.

학생▸ 나의 인권을 존중받으려면 나도 다른 사람의 인권을 존중해 주어야 하니까요.

인권이 침해되는 사례의 공통점과 인권이 침해된 경우의 감정에 대해 충분히 공감함으로써 인권을 소중히 여겨야 하는 까닭을 느낄 수 있도록 한다. 이미 알고 있는 것과 새로 배운 것이 얼마나 비슷한가? 이 주제에서 가장 중요한 점이 무엇인가? 이에 대해 생각하며 학습지에 정리한다. 액션툴 NO.17

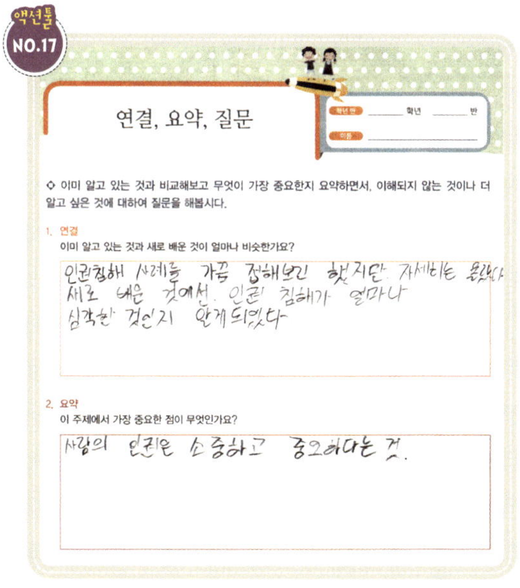
액션툴 NO.17

연결, 요약, 질문

학년 반 ______ 학년 ______ 반
이름 ______

◇ 이미 알고 있는 것과 비교해보고 무엇이 가장 중요한지 요약하면서, 이해되지 않는 것이나 더 알고 싶은 것에 대하여 질문을 해봅시다.

1. 연결
이미 알고 있는 것과 새로 배운 것이 얼마나 비슷한가요?
인권침해 사례들 가끔 접해보긴 했지만 자세히는 몰랐다 새로 배운 것에선 인권 침해가 얼마나 심각한 것인지 알게되었다

2. 요약
이 주제에서 가장 중요한 점이 무엇인가요?
사람의 인권은 소중하고 중요하다는 것.

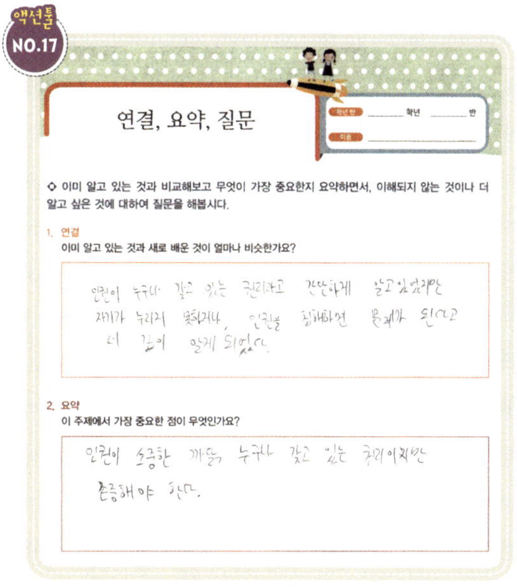
액션툴 NO.17

연결, 요약, 질문

학년 반 ______ 학년 ______ 반
이름 ______

◇ 이미 알고 있는 것과 비교해보고 무엇이 가장 중요한지 요약하면서, 이해되지 않는 것이나 더 알고 싶은 것에 대하여 질문을 해봅시다.

1. 연결
이미 알고 있는 것과 새로 배운 것이 얼마나 비슷한가요?
인권이 누구나 갖고 있는 권리라고 간단하게 알고있었지만 자기가 누리지 못하거나, 인권을 침해하면 문제가 된다고 더 깊이 알게 되었다.

2. 요약
이 주제에서 가장 중요한 점이 무엇인가요?
인권이 소중한 까닭은 누구나 갖고 있는 권리이지만 존중해야 한다.

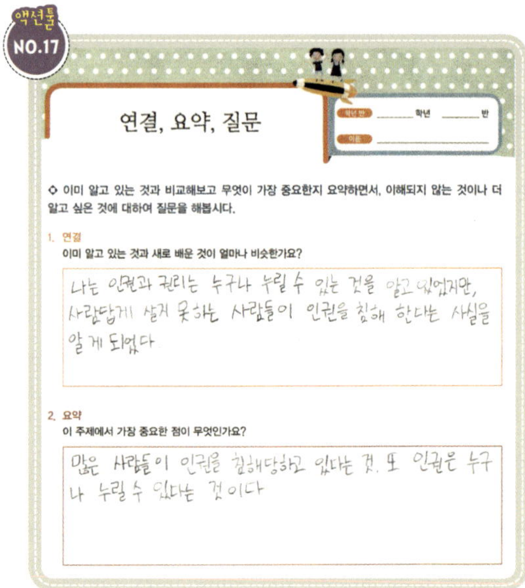
액션툴 NO.17

연결, 요약, 질문

학년 반 ____ 학년 ____ 반
이름 ________

◇ 이미 알고 있는 것과 비교해보고 무엇이 가장 중요한지 요약하면서, 이해되지 않는 것이나 더 알고 싶은 것에 대하여 질문을 해봅시다.

1. 연결
이미 알고 있는 것과 새로 배운 것이 얼마나 비슷한가요?

나는 인권과 권리는 누구나 누릴 수 있는 것을 알고 있었지만, 사람답게 살지 못하는 사람들이 인권을 침해 한다는 사실을 알게 되었다

2. 요약
이 주제에서 가장 중요한 점이 무엇인가요?

많은 사람들이 인권을 침해당하고 있다는 것. 또 인권은 누구나 누릴 수 있다는 것이다

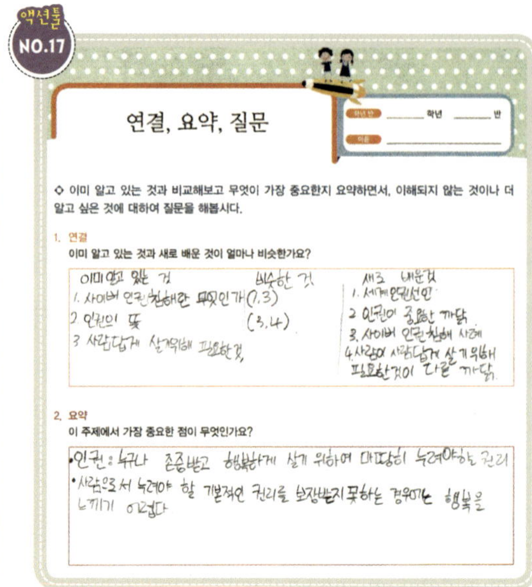
액션툴 NO.17

연결, 요약, 질문

학년 반 ____ 학년 ____ 반
이름 ________

◇ 이미 알고 있는 것과 비교해보고 무엇이 가장 중요한지 요약하면서, 이해되지 않는 것이나 더 알고 싶은 것에 대하여 질문을 해봅시다.

1. 연결
이미 알고 있는 것과 새로 배운 것이 얼마나 비슷한가요?

이미 알고 있는 것	비슷한 것	새로 배운것
1. 사이버 인권침해란 무엇인가	(1.3)	1. 세계인권선언
2. 인권의 뜻	(3.4)	2. 인권이 중요한 까닭
3 사람답게 살기위해 필요한 것,		3. 사이버 인권침해 사례
		4. 사람이 사람답게 살기위해 필요한것이 다른 까닭.

2. 요약
이 주제에서 가장 중요한 점이 무엇인가요?

• 인권 : 누구나 존중받고 행복하게 살기 위하여 마땅히 누려야 할 권리
• 사람으로서 누려야 할 기본적인 권리를 보장받지 못하는 경우에는 행복을 느끼기 어렵다

교사 지난 시간부터 인권이란 무엇인지 생각해 보고, 인권이 침해되는 다양한 사례를 살펴봤어요. 그러고 보니 인권이란 것이 참으로 소중하다는 것을 느끼게 되네요. 여러분이 방금 발표했던 '인권'이란 주제에서 가장 중요한 점이 무엇인지 들어 보니 크게 공감되었구요. 혹시 잘 이해되지 않는 것이나 더 알고 싶은 것이 있나요?

학생들은 학습지에 이해되지 않는 것, 더 알고 싶은 것을 생각하여 기록한다. 액션툴 NO.17

학생 인권을 침해당했을 경우, 해결하는 방법이 있는지 궁금해요.

학생 다른 사람의 인권을 침해한 사람들은 어떤 벌을 받는지 알고 싶어요.

학생 인권운동을 하는 단체나 인권운동가에 대해 알아보고 싶어요.

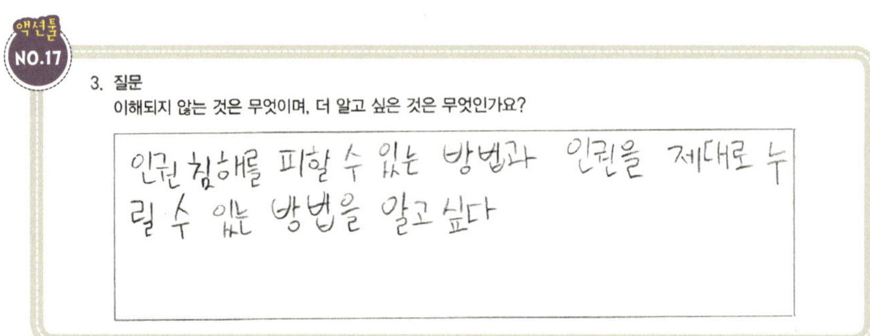
액션툴 NO.17

3. 질문
이해되지 않는 것은 무엇이며, 더 알고 싶은 것은 무엇인가요?

인권 침해를 피할 수 있는 방법과 인권을 제대로 누릴 수 있는 방법을 알고 싶다

액션툴 NO.17

3. 질문

이해되지 않는 것은 무엇이며, 더 알고 싶은 것은 무엇인가요?

인권이 침해당한 더 많은 사례를 알고 싶다.
인권 운동을 하는 단체나 인권운동가는 누가 있을까?

액션툴 NO.17

3. 질문

이해되지 않는 것은 무엇이며, 더 알고 싶은 것은 무엇인가요?

나의 인권이 소중하다면 다른 사람의 인권을 소중하게 하기 위해서는 어떻게 할까?
세계 인권 선언을 지키지 않았을 시, 어떻게 될까?
우리나라는 인권이 얼마나 지켜지고 있을까?

교사 여러분이 만든 노랫말이 귀에 쏙쏙 들어오네요. 이제 우리가 배운 주제인 인권에 대하여 여러분의 생각을 요약하여 정리해 보도록 할게요. 핵심이 되는 단어를 선택하고 이를 문장으로 나타내 보도록 하세요. 문장과 문장이 서로 잘 어울리는지 생각하고 자신의 생각이 잘 드러나도록 정리해 보세요.

학생들은 인권이라는 주제에 대하여 배운 내용을 요약하여 학습지에 기록한다.

액션툴 NO.10

학생 인권은 누구나 행복하게 살기 위하여 누려야 할 권리이다. 하지만 세상엔 남 · 여가 차별받거나 직업에 따라 차별받는 등 많은 인권이 침해당하고 있다. 내 인권이 소중한 만큼 다른 사람의 인권도 소중하니 우리 모두 서로의 인권을 지키며 살아가자.

학생 인권은 사람이면 누구나 존중받고 행복하게 살기 위하여 필요한 권리이다. 친구들과 이야기를 나누면서 장난으로 하는 말이나 행동도 상대방에게는 인권 침해가 될 수 있다. 다른 사람의 인권을 존중하는 것은 자신의 인권을 보장받기 위해서도 중요하다. 지역사회와 정부에서는 누구나 인권을 보장받을 수 있도록 많은 노력을 기울이고 있다.

액션툴 NO.10

한 번에 조금씩

학년 반 ______ 학년 ______ 반
이름 ______

◇ 오늘 배운 내용을 요약하여 봅시다.

배움 주제: 인권이 존중되는 사회를 만들기 위한 노력

- 각 단어는 10원, 각 문장은 100원의 비용이 든다. 당신은 주제 요약에 총 1000원을 소비할 수 있다.
- 각 문장을 아래에 한 줄로 쓰고 오른쪽 칸에 비용의 총합을 낸다.

요약 문장	비용 (100원+단어 당 10원)
인권은 사람이면 누구나 존중받고 행복하게 살기 위하여 필요한 권리이다	190원
친구들과 이야기를 나누면서 장난으로 한 말이나 행동도 상대방에게는 인권 침해가 될 수 있다	230원
다른 사람들의 인권을 존중하는 것은 자신의 인권을 보장받기 위해서도 중요하다	200원
지역사회와 정부에서는 누구나 인권을 보장받을 수 있도록 많은 노력을 기울이고 있다	320원

총 비용: 940원

액션툴 NO.10

한 번에 조금씩

학년 반 ______ 학년 ______ 반
이름 ______

◇ 오늘 배운 내용을 요약하여 봅시다.

배움 주제: 인권이 존중되는 사회를 만들기 위한 노력

- 각 단어는 10원, 각 문장은 100원의 비용이 든다. 당신은 주제 요약에 총 1000원을 소비할 수 있다.
- 각 문장을 아래에 한 줄로 쓰고 오른쪽 칸에 비용의 총합을 낸다.

요약 문장	비용 (100원+단어 당 10원)
인권이란 사람이면 누구나 존중받고 행복하게 살기 위해 누려야 할 권리이다.	200원
인권 침해 사례의 예는 학교폭력 같은 정신적으로 상처를 주는 경우가 있다.	210원
다른 사람들의 인권을 존중하는건 자신의 인권을 보장받기 위해서도 중요하다.	190원
생활 속에서 인권에 대한 잘못된 편견을 버리자.	170원

총 비용: 670원

액션툴 NO.10

한 번에 조금씩

학년 반 ______ 학년 ______ 반
이름 ______

◇ 오늘 배운 내용을 요약하여 봅시다.

배움 주제: 인권이 존중되는 사회를 만들기 위한 노력

- 각 단어는 10원, 각 문장은 100원의 비용이 든다. 당신은 주제 요약에 총 1000원을 소비할 수 있다.
- 각 문장을 아래에 한 줄로 쓰고 오른쪽 칸에 비용의 총합을 낸다.

요약 문장	비용 (100원+단어 당 10원)
인권은 누구나 행복하게 살기위하여 누려야할 권리이다.	160원
하지만 세상엔 남·여가 차별받거나 직업에 따라 차별 받는등 많은 인권이 침해 당하고 있다.	230원
내 인권이 소중한만큼 남의 인권도 소중하니 우리 모두 서로의 인권을 지키며 살아가자.	220원

총 비용: 610원

액션툴 NO.10

한 번에 조금씩

학년 반 ______ 학년 ______ 반
이름 ______

◇ 오늘 배운 내용을 요약하여 봅시다.

배움 주제: 인권이 존중되는 사회를 만들기 위한 노력

- 각 단어는 10원, 각 문장은 100원의 비용이 든다. 당신은 주제 요약에 총 1000원을 소비할 수 있다.
- 각 문장을 아래에 한 줄로 쓰고 오른쪽 칸에 비용의 총합을 낸다.

요약 문장	비용 (100원+단어 당 10원)
인권이란 사람이면 누구나 존중받고 행복하게 살기 위하여 누려야 할 권리이다.	200원
사람은 누구나 소중한 존재이고, 자신의 인권을 보장받기 위해서 인권은 소중하다	200원
지역 사회와 정부는 인권이 존중되는 사회를 만들기 위해 배려석, 경사로, 점자 블록 등을 만들고, 캠페인 활동을 한다.	260원
인권이 존중받는 사회를 만들기 위해서 지역 사회 및 정부의 노력과 함께 국민도 생활 속에서 관심을 가져야 한다	260원

총 비용: 920원

액션툴의 적용 결과

이미 알고 있는 내용과 새로 학습한 내용을 비교하는 활동을 통해 기존의 지식을 더 깊고 넓게 확장시키거나, 잘못 알고 있던 오개념을 바르게 수정할 수 있었다. 배움 주제에 대한 중요성을 확인하고, 새로운 질문이나 호기심으로 연결하는 것은 주제와 관련하여 지속적인 학습이 가능하도록 해 주었다. 학생들은 자신의 궁금증을 해결하기 위해 공통의 관심사를 갖게 된 친구끼리 협업을 하고자 하는 모습을 보였다.

학습 활동을 통해 수집한 정보를 요약하기 위하여 학생들은 핵심이 되는 단어를 찾아보게 된다. 핵심 단어를 이용해 문장으로 나타내고, 요약된 문장 사이의 연결 관계를 매끄럽게 나열하여 자신의 생각을 표현할 수 있게 되었다. 이러한 과정을 통해 학생들은 주제의 핵심을 파악하는 능력을 기르고, 다른 사람에게 자신의 생각을 전하기에 앞서 핵심이 요약된 발표문을 작성함으로써 보다 분명한 의사 전달이 가능해졌다.

4학년 1학기 국어

독서 토론 어떻게 하면 좋을까?

성취 기준

◉ 1456-1. 작품을 듣거나 읽거나 보고 느낀 점을 다양한 방식으로 표현한다.

◉ 1414-2. 말 차례를 지키면서 바른 태도로 대화할 수 있다.

수업의 방향

읽은 작품에서 기억하고 싶은 내용과 작품과 관련된 세상 이야기, 작품과 관련된 자신의 경험이 다르기에 같은 작품을 읽고도 가장 기억에 남는 부분이 다르고 작품에 대한 생각과 느낌이 사람마다 다르다. 독서 토론을 하면 이렇게 다양한 경험과 삶에서 나온 생각과 느낌을 다양한 각도에서 생성하고 작품에 대한 생각을 구체화된 사물이나 현상을 파악하는 것을 넘어 상대와 소통하고 공감할 수 있다.

문학 작품을 소재로 깊이 있는 이야기를 나누는 독서 토론을 넘어 우리는 일상의 대화 속에서 자신의 의견을 말하고 의견에 대한 근거를 적절히 제시하는 토론을 일상화하고 있다.

토론(토의)은 타자와의 관계 속에서 공통의 관심사에 대해 의견이나 정보를 교환하고 적절한 해결책을 모색하며 협동적 사고를 통해 최선의 문제 해결책을 마련하는 것이며 적절한 근거로 자신의 주장의 정당성을 확보하는 행위이다. 이런 토론을 어떻게 할 것인지 토론의 절차와 방법을 알고 주제를 설정하여 생각과 느낌을 나누는 방법을 익히게 한다.

같은 작품을 읽고 소통하고 협력하며 자신의 생각과 느낌을 나눌 수 있는 '독서 토론 어떻게 하면 좋을까?'에 대한 접근을 위해 독서 토론의 절차와 방법에 대해 학습을 하였다. '토론이 무엇일까?'라는 질문으로부터 토론의 의미를 알아보고자 한다.

'독서 토론' 영상을 보고 질문을 만들어 보고 포토스탠딩 토론으로 토론의 의미를 정립하고 존중하고 배려하며 토론하는 절차와 방법을 익혀 독서 토론을 하며 독서 토론을 어떻게 하면 좋을지를 경험하는 일련의 과정을 거치며 토론의 중요성을 깨닫고 주체적인 토론자가 되어 자신의 생각을 만들고 생각을 공감하는 학생을 기대해 본다.

액션툴의 적용

차시	차시 주제	액션툴	4C				정보 사용 능력
			창의력	비판력	소통력	협업력	
3~4/11	독서 토론의 방법을 알고 독서 토론하기	NO 9. 답을 찾기 위한 질문		○	○	○	○
		NO 22. 팀별로 조사하기		○	○	○	○

수업의 흐름

교과	국어	학습 주제	독서 토론을 어떻게 하는 것인지 알아보고 토론하기
학습 목표	토론이 무엇인지 알아보고 독서 토론의 방법을 알 수 있다.		

단계	학습 내용 (학습 집단)	교수 · 학습 활동	사용할 액션툴(★) 및 유의점(※)	4C 관련요소			
				창의력	비판력	소통력	협업력
배움 열기	전시 학습 상기 (전체) 동기 유발 학습 목표 확인	• 전시 학습 상기하기 – 작품에 대한 생각이나 느낌이 다른 까닭 • 학습 동기 유발하기 – 늑대의 관점에서 말하는 아기 돼지 삼형제 이야기 – 돼지의 입장에서 말하는 아기 돼지 삼형제 이야기 • 공부할 문제 확인하기		○	○	○	
배움1	토론의 의미와 필요성, 방법 알기 (전체–개인 –전체)	• 독서 토론 영상 보고 토론에 대해 궁금한 것 질문 만들기 – 질문으로 토론의 의미와 필요성 나누기 – 독서 토론 시범으로 절차와 방법 알기 – 토론하는 이유, 토론할 수 있는 것 알아보기 – 토론할 때 주의할 점 찾아보기 • 포토스탠딩 토론으로 토론의 개념 정의하기 – 토론의 의미와 어울리는 사진 선택하기 – 선택한 이유 모둠원과 이야기 나누기 – 모둠의 이야기 하나로 엮기	★액션툴 NO 9. 답을 찾기 위한 질문	○	○	○	○

단계	학습 내용 (학습 집단)	교수 · 학습 활동	사용할 액션툴(★) 및 유의점(※)	4C 관련요소			
				창의력	비판력	소통력	협업력
배움2	독서 토론 방법 익히고 토론 하기(전체–개인)	• '종이봉지 공주' 읽고 질문 만들기 – 만든 질문으로 꼬리에 꼬리를 무는 질문하기(내용 파악) – 함께 이야기 나누고 싶은 질문 정하기 – 주제에 대한 자신의 생각 쓰기 • 독서 토론하기(가치 수직선 토론) – 모둠별 독서 토론하기 – 사회자를 정해 전체 독서 토론하기	★ 액션툴 NO 9. 답을 찾기 위한 질문 ★ 액션툴 NO 22. 팀별로 조사하기	○		○	
배움 정리	정리 (전체)	• 독서 토론의 절차 및 주의할 점 정리하기 – 독서 토론의 의미 – 독서 토론의 절차 – 독서 토론 되돌아보기				○	

액션툴의 적용 사례

교사 '아기 돼지 삼형제' 이야기를 늑대의 입장과 아기 돼지의 입장에서 들어 보았습니다. 같은 이야기가 무엇에 의해 내용이 달라지나요?

학생 자기의 입장에서 이야기합니다.

교사 만약 한쪽의 입장에서 한 이야기만 듣게 된다면 어떤 일이 벌어질까요?

학생 잘못된 결정을 내릴 수 있고 제대로 이야기를 파악할 수 없어요.

교사 이야기의 깊은 뜻과 바른 판단을 위해 우리는 '독서 토론을 어떻게 하면 좋을까?'라는 주제로 공부를 하고 독서 토론을 해 보도록 하겠습니다. 지난 시간에 질문 만드는 방법을 배웠고 닫힌 질문, 이해 질문, 적용 질문, 평가 질문에 대해 알아보았습니다. 배운 것을 바탕으로 먼저 독서 토론 영상을 보며 궁금한 질문을 만들어 봅시다.

학생들은 영상을 보며 질문을 만든다.

교사 만든 질문을 '답을 찾기 위한 질문' 유형으로 분류해 봅시다. 분류하기 어려운 것은 모둠원과 의논하며 분류합니다. 액션툴 NO.9

교사 어떤 유형의 질문을 만들기가 어려웠고 그 이유는 무엇인가요?

학생 질문을 구분해서 정리하는 것이 힘들었어요. 그냥 질문을 만들어 좋은 질문이라고 생각하는 것에 대해 공부해 보면 좋겠어요.

교사 그랬군요. 어렵지만 이렇게 분류해 보면서 질문을 만드는 실력이 쑥쑥 자랄 거예요. 조금 더 노력해 봅시다. 만든 질문으로 꼬리에 꼬리를 무는 질문을 하며 토론에 대해 깊이 있게 이야기를 나눠 봅시다.

액션툴 NO.9

답을 찾기 위한 질문

학년 반 ______학년 ______반

이름 ____________

◇ 주제에 맞는 다양한 질문을 만들고 네 개의 유형으로 구분해 봅시다.

주제

독서토론 어떻게 하면 좋을까?

Point to It(닫힌 질문)	Put It Together(이해 질문)
1. 토론이 필요한가?	1. 토론이 뭐지?
2. 독서 토론 해보았니?	2. 독서토론 어떻게 하면 되지?
3. 같은 책을 읽으면 생각이 같는지?	3. 토론을 왜 해야하니?
Apply It (적용 질문)	**Evaluate It (평가 질문)**
1. 토론할 때 어려운 점은?	1. 토론할 때 생기는 문제점은 어떻게 해결하지?
2. 어떤 경우에 토론할 수 있을까?	2. 토론하고 깨달은 점은?
3. 토론해보고 싶은 책은?	3. 토론하면 좋은 점은?

학생들은 꼬꼬물(꼬리에 꼬리를 무는 질문)을 한다.

교사▶ 꼬꼬물을 하고 난 생각이나 느낌을 발표해 봅시다.

학생 1▶ 한 가지 질문에서 여러 가지 생각의 길로 빠지는 것이 재미있어요.

학생 2▶ 짝이 질문을 하니까 답을 말하기 위해 계속 생각할 수밖에 없었어요.

교사▶ 생각을 깊고 넓게 하면서 토론이 무엇인지, 왜 필요한지를 생각해 보는 여러분의 모습이 무척 신나 보였습니다. 그럼, 이제 이야기를 나눈 것을 바탕으로 우리가 만든 질문이 오늘의 학습 주제를 공부하는 데 어떤 영향을 주었는지 정리해 봅시다.

학생들은 답을 찾기 위한 질문 학습지 하단에 정리한다. 액션툴 NO.9

액션툴 NO.9

◇ 만든 질문은 주제 학습에 어떤 영향을 주었나요?

영향

독서토론이 어떤 것인지 알게 되었고 방법을 알아 서로의 생각을 나누는 토론을 할 수 있을 것 같다.

교사 우리는 이제 토론이 어떤 것인지 내 생각을 정리하기 위해 토론의 의미와 가장 잘 어울리는 사진을 골라 '토론이란 (   )이다. 왜냐하면 ( ) 때문이다.'를 정의한 후 친구들과 이야기를 나누고 모둠의 이야기를 하나로 엮어 봅시다.

학생들은 프리즘 카드 중 자기가 생각한 토론의 의미와 어울리는 카드를 고르고 생각을 정리하고 모둠원과 이야기를 나눈다.

교사 토론이 어떤 것인지 알아보았습니다. 실제로 독서 토론을 해 봅시다. '종이봉지 공주'를 선생님과 함께 소리내어 읽으며 인상 깊은 낱말이나 문장, 궁금한 것에 밑줄을 그어 봅시다. '종이봉지 공주는 왕자와 결혼하지 않기로 하였다.'라는 주제를 가지고 독서 토론을 해 보겠습니다. 이제 여러분은 기자입니다. 기자가 되어 토론 주제나 등장인물, 내용에 관해 궁금한 것을 질문으로 만들어 봅시다.

학생들은 정해진 시간 동안 주제와 내용에 관련된 질문을 무작위로 작성한다.

교사 1교시에 질문을 분류한 것처럼 모둠에서 질문을 분류해 봅시다. 액션툴 NO.9

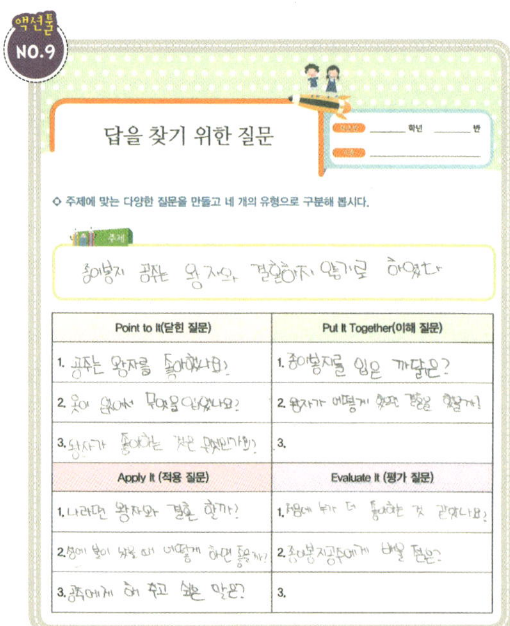
액션툴 NO.9

답을 찾기 위한 질문

학년 반 / 이름

◇ 주제에 맞는 다양한 질문을 만들고 네 개의 유형으로 구분해 봅시다.

주제: 종이봉지 공주는 왕자와 결혼하지 않기로 하였다

Point to It(닫힌 질문)	Put It Together(이해 질문)
1. 공주는 왕자를 좋아했나요?	1. 종이봉지를 입은 까닭은?
2. 옷이 없어서 무엇을 입었나요?	2. 왕자가 어떻게 했으면 결혼을 했을까!
3. 왕자가 좋아하는 것은 무엇인가요?	3.
Apply It (적용 질문)	**Evaluate It (평가 질문)**
1. 나라면 왕자와 결혼할까?	1. 처음에 누가 더 좋아한 것 같았나요?
2. 성에 불이 났을 때 어떻게 하면 좋을까?	2. 종이봉지공주에게 배울 점은?
3. 공주에게 해 주고 싶은 말은?	3.

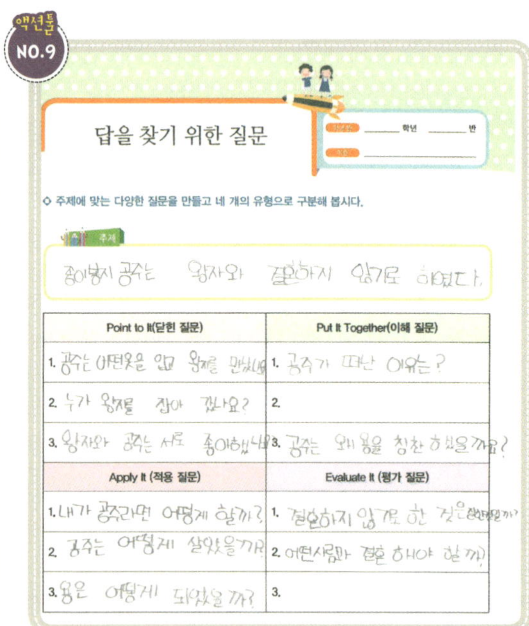
액션툴 NO.9

답을 찾기 위한 질문

학년 반 / 이름

◇ 주제에 맞는 다양한 질문을 만들고 네 개의 유형으로 구분해 봅시다.

주제: 종이봉지 공주는 왕자와 결혼하지 않기로 하였다.

Point to It(닫힌 질문)	Put It Together(이해 질문)
1. 공주는 어떤옷을 입고 왕자를 만났나요	1. 공주가 떠난 이유는?
2. 누가 왕자를 잡아 갔나요?	2.
3. 왕자와 공주는 서로 좋아했나요	3. 공주는 왜 용을 칭찬 하였을까요?
Apply It (적용 질문)	**Evaluate It (평가 질문)**
1. 내가 공주라면 어떻게 할까?	1. 결혼하지 않기로 한 것은 잘한 일일까?
2. 공주는 어떻게 살았을까요	2. 어떤사람과 결혼 해야 할까?
3. 용은 어떻게 되었을까?	3.

교사 우리가 만든 질문이 오늘의 학습 주제를 공부하는 데 어떤 영향을 주었는지 정리해 봅시다.

학생들은 답을 찾기 위한 질문 학습지 하단에 정리한다. 액션툴 NO.9

액션툴 NO.9

◇ 만든 질문은 주제 학습에 어떤 영향을 주었나요?

영향

겉모습만 보고 결혼할 사람을 정하는 것이 좋지 않다는 것을 깨달았다.

액션툴 NO.9

◇ 만든 질문은 주제 학습에 어떤 영향을 주었나요?

영향

공주가 왕자와 결혼하지 않는 것이 좋겠다는 생각을 했다. 그림책 속에서 어떤 사람과 결혼 하는 것이 좋은지 배웠다.

교사 '종이봉지 공주가 왕자와 결혼하지 않기로 한 것은 잘한 결정이다.'라는 주제와 관련된 질문을 새로 만들거나 답을 찾기 위한 질문에서 만든 질문 중에 골라서 모둠별로 조사하기 활동을 해 봅시다. 한 명은 기록자 겸 진행자 역할을 하고 세 명의 구성원은 1, 2, 3 역할을 합니다. 지금부터 8분간 모둠 활동을 진행합니다. 시작!

학생들은 모둠활동을 한다. 액션툴 NO.22

액션툴 NO.22

팀별로 조사하기

학년 반 ____ 학년 ____ 반

이름 ____

1. 모둠별로 주제에 대해 자세히 조사할 수 있는 질문을 만들어 봅시다.
2. 주제와 질문을 적고 질문에 대해 이미 아는 것을 의논하여 써 봅시다.
3. 정해진 시간동안 질문에 대해 정보를 찾아 써 봅시다.
4. 조사가 끝나면 모둠원과 조사한 정보를 공유하고 각 질문에 대한 최종 답을 문장으로 나타내 봅시다.

주제	질문1	질문2	질문3
종이 봉지 공주가 왕자와 결혼하지 않기로 한것은 잘한 결정이다	어떤 사람과 결혼하는 것이 좋을까?	용이 공주의 성에 [illegible]간 까닭은?	나라면 어떤 결혼을 할까? (이유는?)
질문에 이미 알고 있는 것	잘생긴 사람 돈 좋고 착한 사람	어린 시어서	결혼 안한다 구해준 왕자와 [illegible] [illegible]
구성원1의 정보	사랑하는 사람	성격이 [illegible] 좋아서	결혼한다 목숨을 바칠 정도로 사랑해서
구성원2의 정보	건강한 사람	머리가 나빠서	그 [illegible]이다 사랑하는 사람에 [illegible] [illegible]
구성원3의 정보	마음이 따뜻한 사람	공주를 좋아해서	결혼 안한다 [illegible]
답(문장으로)	몸과 마음이 건강하고 내 말을 경청하는 사람과 결혼 하겠다	[illegible]	결혼 안한다 구해준 [illegible] 조사해서 [illegible]

교사 팀별로 활동하기가 끝났습니다. 이제 여러분은 팀 활동과 질문 만들기 활동을 종합하여 의견을 정리하고 가치 수직선에 붙여 봅시다.

학생들은 의견과 이유를 쓰고 가치 수직선에 붙이며 자신의 생각을 발표한다.

액션툴의 적용 결과

'음식이 가장 맛있을 때는 언제일까?'라는 질문에 대한 답은 다양하겠지만 누구나 동의하는 상황은 '절실히 배가 고플 때'일 것이다. 답을 찾기 위한 질문 학습지를 활용하여 주제와 관련된 질문을 만들어 보는 것이 학습에 참여하고자 하는 갈망을 만드는 시발점이었다.

질문을 만들어 학습을 실시함으로써 학생들을 주체적인 학습자로 전환시켜 주제를 비판적으로 이해하고 해석하였으며, 만든 질문을 가지고 짝과 서로 꼬리에 꼬리를 무는 질문으로 내용을 깊고 넓게 알아보며 의사소통 능력을 기르고 만든 질문을 분류하고 정리하는 과정에서 협업 능력의 신장을 가져올 수 있었다.

어떤 주제나 현상에 대한 내발적 질문을 통해 질문이 가지는 의미와 영향력을 체험해 보았으므로 실제 독서 토론에서 동일한 과정을 거치도록 수업을 전개하였다. 경험해 본 것의 유사 상황이므로 학생들이 어려움 없이 질문을 만들고 내용 파악을 쉽게 하였다. 모둠내 집단 지성을 발휘하여 생각을 정리하기 위해 팀별로 조사하기 학습지를 이용하여 궁금한 것과 이미 알고 있는 것, 모둠원이 알고 있는 것을 종합하여 주제 관련 질문에 대한 답을 정리해 보았다. 이 과정에서 서로의 생각이 다르고 바라보는 관점이 다름을 인식하고 그 과정에서 학생들의 협업 능력과 소통 능력의 신장을 도모하였다. 상대의 관점(공주, 왕자, 용)에서 상황 판단을 하며 어떤 입장이었을지 짐작해 보며 최종 자신의 의견을 정리해 보게 하였다.

이러한 일련의 과정에서 학생이 주인공이 되는 수업, 참여형 수업으로 교실에서의 배움으로 그치지 않고 학생의 일상의 변화와 성장을 도모할 수 있었다. 단, 답을 찾기 위한 질문을 만들어 정해진 유형으로 분류하는 것은 지양할 필요가 있다. 주제에 맞는 다양한 질문을 만들어 질문에 대한 답을 생각해 보는 것만으로도 충분히 의미가 있었다.

5학년 1학기 국어

설명하는 글을 어떻게 쓰면 좋을까?

성취 기준

⊙ 1633-1. 대상의 특징에 알맞은 설명 방법을 찾을 수 있다.

⊙ 1641-3. 띄어쓰기가 혼동되는 낱말을 바르게 사용할 수 있다.

수업의 방향

어떤 사람의 이야기(글)는 귀에 쏙쏙 들어오는 반면 어떤 사람의 이야기(글)는 도무지 이해되지 않는 경우를 우리는 종종 경험한다. 그 차이는 무엇일까? 대상의 특징을 살려 적절한 표현과 설명의 방법으로 이야기를 완성하지 못했기 때문이다. 학습자가 설명하려는 대상의 특성에 따라 분석, 분류, 비교, 대조의 방법으로 설명하는 방법과 원리를 이해하고 직접 대상을 선정하여 설명문을 작성해 보는 일련의 과정 속에서 창의적 표현 능력과 의사소통 능력을 신장시키고자 한다.

종류가 같은 것끼리 모아서 나누거나 전체를 부분으로 나누어 설명하기, 두 대상의 공통점과 차이점을 찾아 설명하는 과정에서 대상의 특성에 따라 설명 방법을 달리해야 하고 내용의 전개나 글의 조직 방식도 달라져야 한다는 것을 실제 자료를 조사하고 글로 조직하는 과정을 통해 체험하게 한다. 설명문은 지식이나 정보를 읽는 사람에게 전달하고 이해시키기 위해 쓰는 객관적인 글이다. 상대방을 잘 이해시키기 위해서는 중요한 내용을 쉽게 풀어써야 한다. 쉽게 풀어쓰기 위해서는 설명할 대상에 대한 깊은 이해를 바탕으로 일정한 짜임(형식)을 적절히 활용할 때 글을 읽을 사람에게 전달력 있는 글을 완성할 수 있다는 사실을 인지하고 글을 쓰게 한다. 학습자가 주제에 대해 자세히 알기 위해 답을 찾기 위한 질문 학습지를 활용하여 질문을 만들고 답을 찾아가는 과정에서 주제에 대해 심화된 설명을 할 수 있는 기회를 가지게 한다. 4C 핵심 역량 3(질문)×3(자료) 조사하기 학습지를 이용하여 자신이 소개하려는 대상과 관련된 핵심 질문을 모둠원과 함께 만들고 그 질문을 해결할 수 있는 자료를 찾아 정리하며 이미 알고 있는 것과 새로 알게 된 것을 조합하여 설명할 대상에 대해 이해를 기반으로 글의 얼개를 작성하여 설명문을 완성하게 한다.

학습 과정에서 배운 것을 돌아보며 공부한 것의 핵심 내용, 이미 알고 있던 것과의 연결, 정보에 관해 가지게 된 질문을 만들며 단위 시간의 학습에 한정된 것이 아닌 학생의 일상으로의 전이를 도모한다.

액션툴의 적용

차시	차시 주제	액션툴	4C				정보 사용 능력
			창의력	비판력	소통력	협업력	
1~2/10	대상의 특성에 따라 설명하는 방법 알고 글 쓰기	NO 9. 답을 찾기 위한 질문		○	○	○	○
		NO 33. 3(질문)×3(자료) 조사하기		○	○	○	○
		NO 52. 배움 돌아보기	○	○			

수업의 흐름

교과	국어	학습 주제	설명하는 글 쓰기
학습 목표	대상의 특성에 따라 적절히 설명하는 방법을 알고 글을 쓸 수 있다.		

단계	학습 내용 (학습 집단)	교수 · 학습 활동	사용할 액션툴(★) 및 유의점(※)	4C 관련요소			
				창의력	비판력	소통력	협업력
배움 열기	전시 학습 상기 (전체) 동기 유발 학습 목표 확인	• 학습 동기 유발하기 – 자세한 제품 설명서와 잘 알 수 없는 설명서의 차이점 이야기 나누기 – 설명서를 잘 쓰려면 – 짝과 의견 나누기 • 공부할 문제 확인하기			○	○	○
배움1	대상의 특징을 살려 글 쓰는 방법 확인 방법 알기 (전체–개인–전체)	※ 설명문 쓰는 방법을 달리하면 좋은 점을 생각해 보게 한다. • 분석의 방법으로 쓴 글 조직도 정리 확인하기 – 분석의 뜻 확인하기 – 분석의 방법으로 쓴 글 찾아보기			○	○	

<table>
<tr><th rowspan="2">단계</th><th rowspan="2">학습 내용
(학습 집단)</th><th rowspan="2">교수 · 학습 활동</th><th rowspan="2">사용할
액션툴(★)
및 유의점(※)</th><th colspan="4">4C 관련요소</th></tr>
<tr><th>창의력</th><th>비판력</th><th>소통력</th><th>협업력</th></tr>
<tr><td>배움1</td><td>대상의 특징을 살려 글 쓰는 방법 확인
방법 알기
(전체–개인–전체)</td><td>• 분류의 방법으로 쓴 글 조직도 정리 확인하기
– 분류의 뜻 확인하기
– 분류의 방법으로 쓴 글 찾아보기
• 비교 대조의 방법으로 쓴 글 조직도 정리 확인하기
– 비교 대조 이해하기
– 비교 대조의 방법으로 쓴 글 찾아보기</td><td></td><td></td><td></td><td></td><td></td></tr>
<tr><td>배움2</td><td>설명하는 글 쓰기(전체 – 모둠 – 개인)</td><td>• 관심 있는 대상 정해 계획 세우기
– 설명하고 싶은 내용 정하기
– 설명의 방법 선택하기
– 자료 수집 계획 수립하기
• 설명하는 글 쓰기
– 선택한 설명의 방법 틀에 맞게 조사한 것 정리하기
– 대상의 특성이 잘 드러나게 설명하는 글 쓰기</td><td>★ 액션툴 NO 9. 답을 찾기 위한 질문
★ 액션툴 NO 33. 3(질문)×3(자료) 조사하기</td><td>○</td><td>○</td><td></td><td>○</td></tr>
<tr><td>배움 정리</td><td>정리
(전체)</td><td>• 배움 돌아보기
– 설명하는 글의 조직도
– 설명문 쓰기 과정
– 설명문 쓴 후기 나누기</td><td>★ 액션툴 NO 52. 배움 돌아보기</td><td></td><td>○</td><td>○</td><td>○</td></tr>
</table>

액션툴의 적용 사례

교사 대상의 특징을 잘 살려 글을 쓰는 방법에 대해 알아보았습니다. 어떤 방법이 있었나요?

학생 비교해서 쓰는 방법, 분류하는 방법, 비교 · 대조하는 방법이 있습니다.

교사 세 가지 방법 중 자신에게 가장 효과적인 방법이었다고 생각되는 방법을 골라 짝에게 이유를 설명해 주기 바랍니다. 짝은 잘 듣고 궁금한 것이 있으면 질문을 합니다.

학생들은 서로 설명해 주며 학습 내용을 명확히 한다.

교사 설명하는 글 쓰기 방법을 적용하여 글을 쓸 준비를 해 봅시다. 오늘은 지폐 속 인물과 그림 이야기를 주제로 설명하는 글을 써 보도록 합시다. 주제와 관련된 다양한 질문을 만들어 봅시다.

학생들은 다양한 질문을 만든다.

교사 만든 질문을 '답을 찾기 위한 질문' 유형으로 분류해 봅시다. 지난 시간에 질문을 분류하는 것이 어렵다고 해서 오늘은 여러분이 더 쉽게 분류할 수 있는 방법을 알려 줄게요.

① 답이 한 개인 질문이나 예, 아니오로 답할 수 있는 질문은 닫힌 질문으로

② 여러 가지 답이 나오는 질문은 이해 질문으로

③ 실천할 것과 관련된 질문은 적용 질문으로

④ 배운 것이나 판단과 관련된 질문은 평가 질문으로 분류합니다.(교사의 시범)

중요한 것은 질문이 설명하려는 주제에 어떤 생각을 불러일으킬 것인지와 조사가 필요한 것이니 분류에 크게 신경 쓰지 않아도 됩니다.

학생 지폐 중 아무거나 되나요?

교사 모둠에서 얼마짜리 지폐 이야기를 쓸지 정하면 됩니다. 그럼, 답을 찾기 위한 질문지 학습지에 질문을 다양하게 만들어 보고 분류해 봅시다. 모둠원들이 각자 2개의 질문을 만들고 학습지에 정리합니다.

학생들은 질문을 만들어 분류한다. 액션툴 NO.9

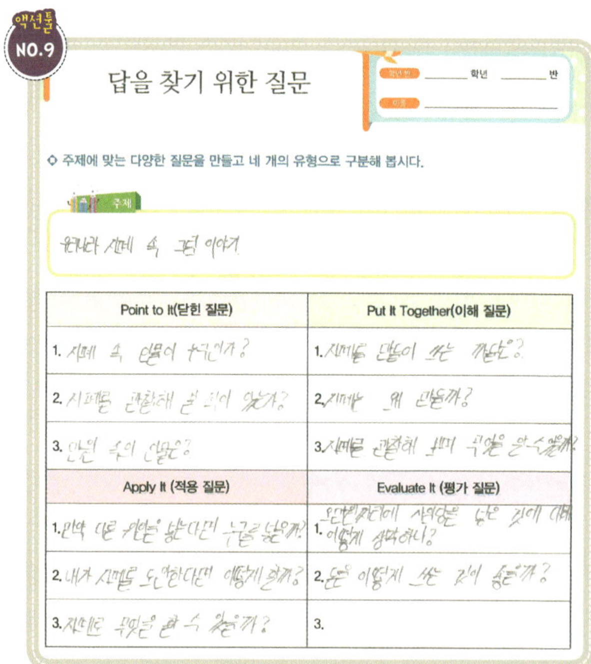
액션툴 NO.9

답을 찾기 위한 질문

학년 반 ______ 학년 ______ 반

이름 ______

◇ 주제에 맞는 다양한 질문을 만들고 네 개의 유형으로 구분해 봅시다.

주제

우리나라 지폐 속 그림 이야기

Point to It(닫힌 질문)	Put It Together(이해 질문)
1. 지폐 속 인물이 누구인가?	1. 지폐를 사람들이 쓰는 까닭은?
2. 지폐를 관찰해 볼 수 있는가?	2. 지폐는 왜 만들까?
3. 만원 속의 인물은?	3. 지폐를 관찰해 보며 무엇을 알 수 있을까?
Apply It (적용 질문)	**Evaluate It (평가 질문)**
1. 만약 다른 위인을 넣는다면 누구를 넣을까?	1. 오만원짜리에 신사임당을 넣은 것에 대해 어떻게 생각하니?
2. 내가 지폐를 도안한다면 어떻게 할까?	2. 돈을 어떻게 쓰는 것이 좋을까?
3. 지폐로 무엇을 할 수 있을까?	3.

교사 이 질문들이 우리 모둠에게 어떤 영향을 주었는지 정리하고 발표해 봅시다.

학생1 주제에 대해 깊게 생각해 보게 되었어요.

학생2 설명해야 할 것을 자세히 알게 되어 설명문을 잘 쓸 수 있을 것 같아요.

액션툴 NO.9

◇ 만든 질문은 주제 학습에 어떤 영향을 주었나요?

영향

우리나라 지폐에 관심을 가지게 되었다. 공부하기 전에는 돈은 물건을 사는 수 있는 것이라는데 우리나라의 위인과 문화가 담긴 것이라는 것을 생각하게 되었다

교사 설명문을 쓸 주제에 대해 자세히 알아보았는데 더 알아볼 것이 있나요?

학생 아직 모르는 것이 많아요.

교사 어떻게 하면 알 수 있을까요?

학생 자료가 필요합니다.

교사 주제와 관련된 지폐와 위인전, 화폐 관련 책을 준비해 놓았으니 준비된 자료를 가지고 질문을 만들고 조사해 보는 활동을 하겠습니다. 학습지(모둠당 1장)와 자료 가져가세요.

학생들은 3(질문)×3(자료) 조사하기 학습지를 활용하여 활동한다. 액션툴 NO.33

액션툴 NO.33

3(질문)×3(자료) 조사하기

학년 반 ______ 학년 ______ 반

이름 ______

1. 주제를 적고 세 가지 핵심 질문에 관해 알고 있는 것을 써 봅시다.
2. 답을 찾기 위한 자료를 정하고 자료에서 답을 찾아 봅시다.
3. 모든 자료에서 정보를 사용하고, 답을 요약해 봅시다.

주제: 지폐 속 그림 이야기	질문1: 천 원 짜리에 있는 인물과 그림은?	질문2: 만 원 짜리에 있는 인물과 그림은?	질문3: 오만 원짜리에 있는 인물과 그림은?
이미 알고 있던 것 또는 내가 아는 것 생각하기	이황	세종대왕	신사임당
자료1: 지폐	매화 그림 도산서원 정선의 계상정거도	일월오봉도, 용비어천가 혼천의, 천상열차분야지도 보현산 천문대	어몽룡의 월매도 포도그림
자료2: 위인전	도산서원에서 조용히 책을 읽으며 제자를 키워 내심	한글창제, 문화발전 과학장터	이 율곡 선생님의 어머니 화가
자료3: 화폐 이야기	매화 - 겨울 시련을 견디고 꽃을 피우는 나무 퇴계이황 선생님의 인품이 묻어남	위조 방지 홀로그램 시각 장애인을 위한 장치 일월오봉도는 왕권을 상징하고 태평성대 염원하는 의도	세찬 바람에도 굴하지 않는 당당한 대나무와 풍죽도, 현감의 [illegible]
답 요약하기	이황 선생님과 관련된 것을 수로 하며 만들었다	세종시대의 강화된 왕권과 과학기술 발달과 우리나라의 우수한 과학 [illegible]을 담았다.	고액권의 위조 방지를 위해 여러 장치를 하고 오천원 권에 사임당의 그림이 있어 다른 그림을 넣었다.

교사 자료와 질문을 통해 알게 된 것을 바탕으로 어떤 지폐를 설명할지 결정하세요.

학생 저는 만 원짜리 지폐로 할래요.

교사 각 모둠별로 조사된 3(질문)×3(자료) 학습지를 바탕으로 설명문을 쓰는 방법을 선택하여 설명문을 써 봅시다. 우리 모둠의 조사로 충분하게 설명하기 어려울 경우 다른 모둠이 조사해 놓은 학습지의 자료를 참고해도 좋습니다. 우리는 지금 서로 힘을 모아 자료를 조사하고 조사한 것을 함께 나누며 설명문을 잘 쓰는 것에 목적이 있기 때문입니다.

학생들은 선택한 주제에 대해 설명문 쓰는 방법을 선택하여 글을 쓴다.

교사 오늘 배운 것을 되돌아봅시다. 오늘 공부에 활용된 자료로는 지폐, 설명문 쓰는 방법, 우리가 쓴 지폐와 관련된 설명문, 우리가 만든 질문 등이 있습니다. 이런 자료가 여러분의 학습에 어떤 영향을 미쳤는지와 더 궁금한 것에 관한 질문을 만들어 봅시다.

학생들은 배움 돌아보기 학습지를 정리한다. 액션툴 NO.52

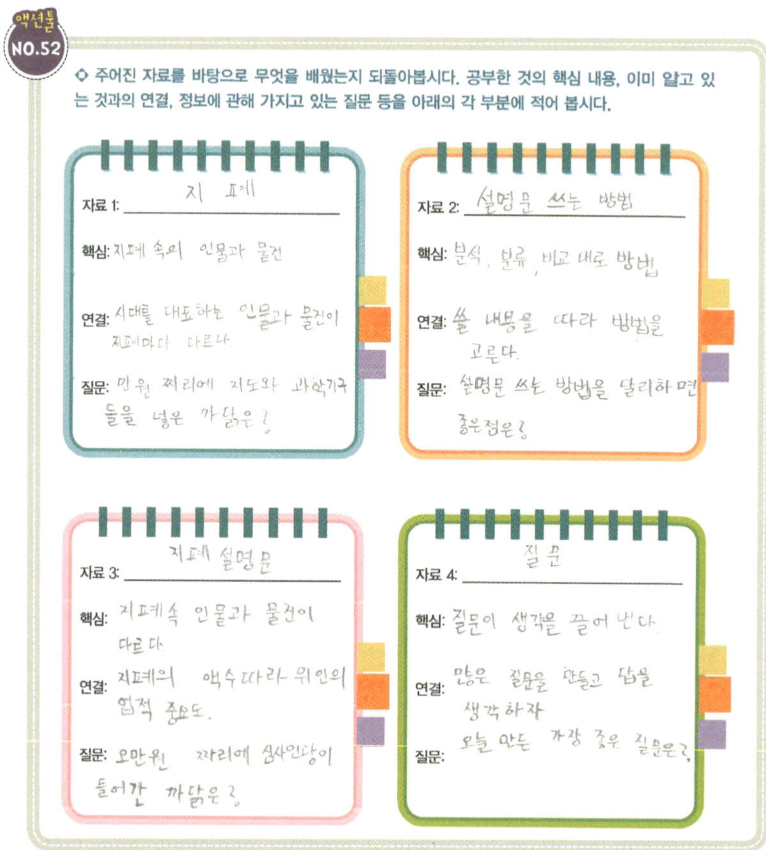

액션툴 NO.52

◇ 주어진 자료를 바탕으로 무엇을 배웠는지 되돌아봅시다. 공부한 것의 핵심 내용, 이미 알고 있는 것과의 연결, 정보에 관해 가지고 있는 질문 등을 아래의 각 부분에 적어 봅시다.

자료 1: 지폐
핵심: 지폐 속의 인물과 물건
연결: 시대를 대표하는 인물과 물건이 지폐마다 다르다
질문: 만 원 짜리에 지도와 과학기구 들을 넣은 까닭은?

자료 2: 설명문 쓰는 방법
핵심: 분석, 분류, 비교 대조 방법
연결: 쓸 내용을 따라 방법을 고른다.
질문: 설명문 쓰는 방법을 달리하면 좋은점은?

자료 3: 지폐 설명문
핵심: 지폐속 인물과 물건이 다르다
연결: 지폐의 액수 따라 위인의 업적 중요도.
질문: 오만원 짜리에 신사임당이 들어간 까닭은?

자료 4: 질문
핵심: 질문이 생각을 끌어 낸다
연결: 많은 질문을 만들고 답을 생각하자
질문: 오늘 만든 가장 좋은 질문은?

액션툴의 적용 결과

주제와 관련된 다양한 질문 만들기를 통해 설명하고자 하는 대상에 대해 체계적으로 생각하게 하고 알고 있는 것과 안다고 착각하고 있는 것에 대한 자기 성찰을 할 수 있었다. 모둠별로 질문을 만들게 하고 질문에 대해 서로 이야기하는 과정에서 친구의 말에 경청하고 친구에게 배우는 시간을 가질 수 있었다. 교사의 가르침보다 질문을 매개로 한 친구와의 대화 속에서 메타인지의 상승과 학습 의욕을 고취시킬 수 있었다. 다만 질문을 분류하는 것은 어려워하고 있어 지속적인 연습의 시간이 필요하다고 여겨진다.

답을 찾기 위한 질문으로 워밍 업을 하고 본격적으로 자료를 활용하기 위해 3(질문)×3(자료) 학습지를 활용하였는데 단위 차시 수업을 위해 미리 자료를 준비하여 제공해야 한다는 제한점이 있었다. 각 모둠별로 원하는 자료가 달랐는데 한정된 시간에 활동해야 했으므로 교사가 제공한 자료에 국한시킨 점이 아쉬웠다. 다양한 자료를 선택하여 자료를 수집하고 설명문을 쓸 준비를 하는 별도의 시간이 확보되면 좋겠다. 제한된 자료였지만 구성원들이 함께 질문을 만들고 자료를 나눠서 질문에 대한 답을 찾으며 소통하고 협력하는 모습을 볼 수 있었다. 단 학습지를 해결하는 과정에서 본 소통과 협력의 모습은 한순간에 만들어진 것이 아니고, 교사의 긍정적인 학급 운영 속에서 교사와 학생 간의 신뢰가 선행되었기에 이루어진 것이라고 본다. 다양한 자료 속에서 질문에 대한 답을 찾는 과정에서 잘못된 답이라고 생각되는 경우에 모둠원의 조언을 듣고 수정하며 비판적 사고력의 신장도 꾀할 수 있었다.

배움 돌아보기 학습지를 활용하여 학습한 것과 학습에 투입된 자료가 끼치는 영향을 알아보았다. 이 활동을 통해 설명문을 쓰는 방법과 조사한 자료를 바탕으로 쓴 설명문, 사용된 자료 등이 학습에 미친 영향을 정리하며 활용한 자료를 분석하고 해석할 수 있었다. 또한 최종 질문을 만들어 보며 단위 차시의 학습을 넘어 새로운 배움이 시작되는 열쇠를 만들었다는 데 의미가 있었다.

5학년 2학기 국어

매체에서 근거 찾아 토론해요

성취 기준

⊙ 1617-1. 매체를 통한 소통의 특성을 설명할 수 있다.

⊙ 1634-2. 주변에서 일어난 문제에 대하여 이유나 근거를 들어 주장하는 글을 쓸 수 있다.

수업의 방향

우리의 언어생활은 의견을 말하고 의견에 대한 근거를 말하는 과정의 반복이다. 의견이 타자의 생각을 변화시키고 실천으로 이어지는 것은 의견에 따른 근거의 적절성과 신뢰성이 담보되었을 때 이루어진다. 다양한 매체에서 논제에 맞는 근거를 찾고 상대의 관점을 존중하면서 당당히 자신의 의견과 근거를 말하고, 들은 내용을 바탕으로 더해지고 달라지는 소통의 과정이 토론일 것이다. 이를 위해서는 근거라는 생각의 힘을 굳건히 할 때 상대를 설득할 수 있는 것이다.

의견을 뒷받침하는 든든한 지지대인 적절한 까닭과 근거를 들 수 있는 다양한 매체를 선택하여 조사를 하고 같은 조사를 하더라도 각자의 입장에 따라 판단이 달라질 수 있음을 이해하며 조사하는 과정에서 협업력과 비판적 사고력을 신장시킨다.

'마지막 왕자'를 모두 함께 읽고 인쇄 매체, 영상 매체, 디지털 매체에서 일정 기간(한 달 이상) 마의태자와 관련된 자료를 찾아보는 장기 프로젝트로 실시한다. 자료를 종합하여 자신의 의견을 정하고 상대의 관점으로 또는 이와 유사한 상황이 현재에 일어난다면 과연 어떤 선택을 하고 선택의 근거는 무엇인지까지 알아보는 시간을 갖는다.

책 속의 인물의 관점에서 주제를 객관적으로 바라보고 감정이입을 통해 소통력과 협업력을 신장시킬 수 있다. 또한 일정 기간 동안 마지막 왕자와 관련된 자료를 찾아본 것을 종합하는 시간으로 팀별로 조사하기 활동지를 적용한다.

액션툴의 적용

차시	차시 주제	액션툴	4C				정보 사용 능력
			창의력	비판력	소통력	협업력	
5~6/10	매체에서 적절한 까닭이나 근거 들어 토론하기	NO 31. 상대의 관점으로 바라보기		○	○		
		NO 22. 팀별로 조사하기		○	○	○	○

수업의 흐름

교과	국어	학습 주제	매체에서 까닭과 근거 찾아 토론하기
학습 목표	매체에서 적절한 까닭과 근거를 들며 상대와 토론할 수 있다.		

단계	학습 내용 (학습 집단)	교수 · 학습 활동	사용할 액션툴(★) 및 유의점(※)	4C 관련요소			
				창의력	비판력	소통력	협업력
배움 열기	전시 학습 상기 (전체) 동기 유발 학습 목표 확인	• 학습 동기 유발하기 – '마지막 왕자' 읽고 기억에 남는 것 이야기 나누기 – 마의태자 관련 자료 확인하기 • 공부할 문제 확인하기				○	○
배움1	주제 관련 내용 확인 및 상대의 입장에서 바라보기 (전체–개인–전체)	• 토론 주제에 따른 책의 내용 찾아보기 – 항복해야 한다. – 신라를 끝까지 지켜야 한다. – 새로운 방법을 찾아봐야 한다. • 상대의 관점에서 바라보기(모둠별) – 마의태자, 경순왕, 왕건에게 궁금한 질문 만들기 – 주제에 따른 나의 역할에 따라 관점 정리하고 공유하기	★액션툴 No 31. 상대의 관점에서 바라보기		○	○	○
배움2	다양한 매체에서 토론 자료 만들어 토론하기 (모둠–모둠)	• 팀별로 조사하기 – 질문에 따른 아는 것과 자료에서 찾은 것을 종합하기 – 모둠원의 종합 공유하며 서로 가르치기 • 토론하기(프로콘 토론) – '항복해야 한다 VS 지켜야 한다' 찬반 토론하기 – 입장을 바꾸어 토론하기 • 만약 비슷한 상황이 대한민국에 닥친다면 – 4단 논법으로 쓰고 공유하기 – 공감하는 방법에 투표하기	★액션툴 No 22. 팀별로 조사하기	○	○	○	○

단계	학습 내용 (학습 집단)	교수 · 학습 활동	사용할 액션툴(★) 및 유의점(※)	4C 관련요소			
				창의력	비판력	소통력	협업력
배움 정리	정리 (전체)	• 배움 돌아보기 – 매체가 토론에 미친 영향 – 토론하며 알게 된 것이나 깨달은 점			○		

액션툴의 적용 사례

교사 '마지막 왕자' 속 인물에게 인터뷰를 한다면 어떤 질문으로 인터뷰를 하고 싶은가요?

학생 1 저는 경순왕에게 항복하는 이유를 묻고 싶습니다.

학생 2 저는 마의태자에게 아버지의 뜻에 반대하는 이유를 묻고 싶습니다.

학생 3 저는 선에게 누구를 응원하는지 묻고 싶습니다.

교사 등장인물에게 다양한 인터뷰를 하고 싶군요. 그럼 여러분은 어떤 입장이 되어서 오늘의 토론 주제 '경순왕의 항복은 옳은 일이다.'라는 주제에 대해 생각해 보고 싶은지 결정하기 바랍니다. 책에 나오는 인물(경순왕, 마의태자, 선, 왕건, 신라 백성, 신라 신하 등)을 제시한다.

학생들은 선택한 역할에서 주제와 관련된 학습지를 해결한다. 액션툴 NO.31

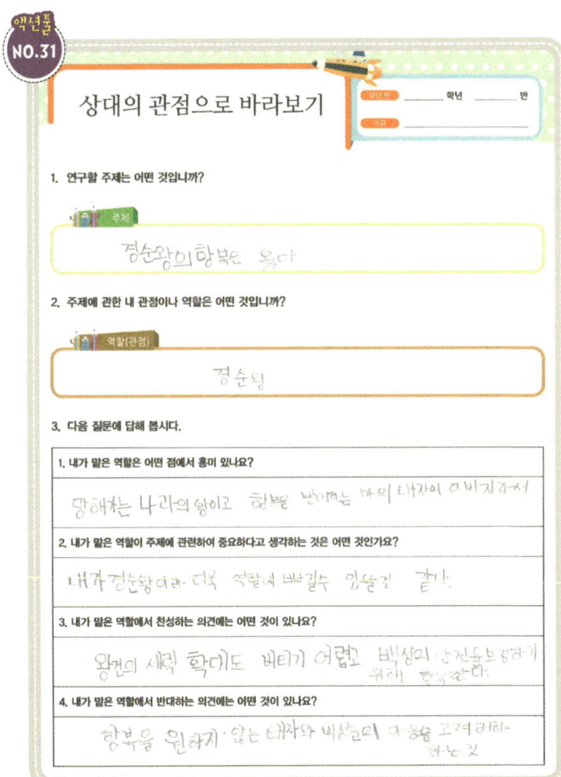
액션툴 NO.31

상대의 관점으로 바라보기

___ 학년 ___ 반

1. 연구할 주제는 어떤 것입니까?

주제: 경순왕의 항복은 옳다

2. 주제에 관한 내 관점이나 역할은 어떤 것입니까?

역할(관점): 경순왕

3. 다음 질문에 답해 봅시다.

1. 내가 맡은 역할은 어떤 점에서 흥미 있나요?

망해가는 나라의 왕이고 항복을 반대하는 마의 태자의 아버지라서

2. 내가 맡은 역할이 주제에 관련하여 중요하다고 생각하는 것은 어떤 것인가요?

내가 경순왕이라 더욱 역할에 빠질수 있을것 같다.

3. 내가 맡은 역할에서 찬성하는 의견에는 어떤 것이 있나요?

왕건의 세력 확대도 버티기 어렵고 백성의 안전을 보장하기 위해 항복한다.

4. 내가 맡은 역할에서 반대하는 의견에는 어떤 것이 있나요?

항복을 원하지 않는 태자와 백성들의 마음을 고려해야 하는 것

교사 주제에 대해 판단을 내려야 할 때 맡은 역할에 따라 살펴보니 어떤 생각이 들었나요?

학생 그 입장이 되어 보니 주제에 대해 쉽게 "옳다/옳지 않다"를 말하면 안 되겠다는 생각이 들었어요. 정말 여러 가지를 고려하여 선택한 쉽지 않은 결정을 했다는 생각이 듭니다.

교사 좋은 경험을 했군요. 독서 토론에서뿐만 아니라 일상의 다양한 상황(모둠 활동 중 속상해 하는 친구가 있을 경우)에서도 상대의 입장에서 생각해 보며 존중하고 배려하는 생활을 실천하는 데 도움이 되기 바랍니다.

교사 우리의 학습 주제인 '경순왕의 항복은 옳다'와 관련된 질문을 모둠에서 만들어 봅시다. 어떤 질문을 만들었나요?

학생 경순왕이 누구지? 왜 항복하려 하지? 항복을 꼭 해야 하는 걸까? 항복하면 어떻게 되지? 항복을 반대하는 사람들의 생각은? 항복이 진정으로 백성을 위한 것일까? 등이 있습니다.

교사 만든 질문 중에서 우리 모둠 친구들과 이야기를 나누고 싶은 것을 골라 질문1, 2, 3에 적고 여러 매체를 통해 질문에 대해 내가 알고 있는 것과 모둠원들이 알고 있는 것을 말하고 정리해 봅시다.

학생들은 팀별로 조사하기 학습지를 이용하여 활동한다. 액션툴 NO.22

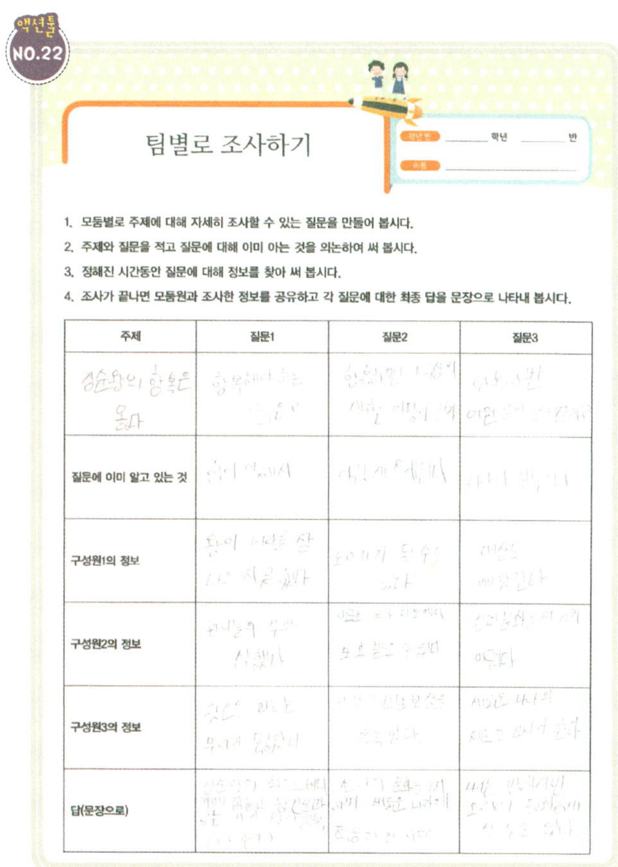
액션툴 NO.22

팀별로 조사하기

학년 반 ______ 학년 ______ 반

이름 ______

1. 모둠별로 주제에 대해 자세히 조사할 수 있는 질문을 만들어 봅시다.
2. 주제와 질문을 적고 질문에 대해 이미 아는 것을 의논하여 써 봅시다.
3. 정해진 시간동안 질문에 대해 정보를 찾아 써 봅시다.
4. 조사가 끝나면 모둠원과 조사한 정보를 공유하고 각 질문에 대한 최종 답을 문장으로 나타내 봅시다.

주제	질문1	질문2	질문3
경순왕의 항복은 옳다	[illegible]	[illegible]	[illegible]
질문에 이미 알고 있는 것	[illegible]	[illegible]	[illegible]
구성원1의 정보	[illegible]	[illegible]	[illegible]
구성원2의 정보	[illegible]	[illegible]	[illegible]
구성원3의 정보	[illegible]	[illegible]	[illegible]
답(문장으로)	[illegible]	[illegible]	[illegible]

교사 '경순왕의 항복은 옳다.'라는 주제를 가지고 질문을 만들고 여러 매체에서 자료를 찾아 질문에 대한 답을 생각해 보았습니다. 다른 모둠 친구들의 학습지를 읽어 보도록 합시다.

학생들은 다른 모둠의 학습지를 읽어 보며 생각의 깊이를 다진다.

교사 프로콘 토론을 해 봅시다. 오른쪽 친구는 찬성 입장, 왼쪽 친구는 반대 입장이 되어 3분 동안 근거를 들어 주장을 말합니다. 번갈아 이야기를 나눈 다음에는 입장을 바꾸어 토론하고 최종 결정을 내려 봅시다. 이렇게 다양하게 자료를 찾아보고 프로콘 토론을 해 보니 어떤 생각이 드나요?

학생 1 지금까지는 보는 순간 결정을 내리고 깊이 생각하지 않았는데 성급하게 행동했다는 생각이 듭니다.

학생 2 주제에 대해 질문을 만들고 친구들의 다양한 답을 보고 토론을 하니 신중한 판단을 하는 것 같아요.

교사 여러분이 오랫동안 오늘의 주제를 공부하기 위해 여러 매체를 활용하였는데 오늘의 토론에 어떤 영향을 주었나요?

학생 여러 가지 매체에서 다양한 정보를 얻어 오늘 토론의 근거를 다양하게 말할 수 있었어요. 다양한 매체로 정보를 찾는 것이 중요하다는 것을 깨달았어요.

액션툴의 적용 결과

일반적으로 어떤 현상에 대한 판단은 자신의 경험과 자신만의 삶의 방식에 의해 결정된다. 타자를 고려하지 않고 자신의 삶의 태도와 경험에 근거한 판단은 편협한 결정을 내릴 경우가 많은데 '상대의 관점으로 바라보기' 학습지는 강제로 학습할 주제에 관해 여러 타자의 입장이 되어 보게 하는 장치를 마련해 준다. 이것은 비판적 사고력뿐만 아니라 자신의 사고와 주제 속 인물과의 끊임없는 의사소통 과정을 통해 타자를 공감하는 능력까지 증진시킬 수 있었다. 처음에 '경순왕의 항복이 옳다.'라고 주장하던 학생들이 마의태자의 입장에서 생각해 보며 경순왕의 선택도 존중하지만 아버지의 선택을 따를 수 없었던 마음에 몰입하는 모습을 볼 수 있었다. 역지사지의 경험을 하게 하는 데 상대의 관점으로 바라보기는 매우 효과적이었다.

'마지막 왕자' 전체를 읽고 토론 주제에 대해 다양한 매체에서 자료를 찾아보는 과정에서 주제에 대해 다양한 조사를 하며 비판적 접근이 가능했고 자신이 조사한 것을 함께 나누는 과정에서 협업력의 신장을 꾀할 수 있었다. 팀별로 조사하기 활동을 위해 좋은 질문을 선정하는 과정에서 구성원의 의견을 존중하며 소통하는 능력의 신장과 구성원의 다양한 생각을 종합하며 자신만의 생각을 만들어 가는 모습도 찾아볼 수 있었다.

백워드 수업 설계 사례

주제

입체도형의 겉넓이와 부피 구하기

관련교과: 6학년 수학(중심 교과), 사회, 도덕

교과 성취 기준

- ⊙ 6 수03-09. 직육면체와 정육면체의 겉넓이를 구하는 방법을 이해하고, 이를 구할 수 있다.
- ⊙ 6 수03-10. 부피를 이해하고, $1cm^3$, $1m^3$의 단위를 알며, 그 관계를 이해한다.
- ⊙ 6 수03-11. 직육면체와 정육면체의 부피를 구하는 방법을 이해하고, 이를 구할 수 있다.
- ⊙ 6 도01-03. 정직의 의미와 정직하게 살아가는 것의 중요성을 탐구하고 정직과 관련된 갈등 상황에서 정직하게 판단하고 실천하는 방법을 익힌다.
- ⊙ 6 사06-02. 여러 경제활동의 사례를 통해 자유 경쟁과 경제 정의의 조화를 추구하는 우리나라 경제체제의 특징을 설명한다.

내용과 합쳐질 수 있는 주제는 어떤 것인가?

- ☐ 세계적 인식
- ☑ 재정적, 경제적, 사업적, 기업가적 능력
- ☑ 시민 능력
- ☐ 건강 능력
- ☐ 환경 능력

수업이 끝난 후 학생들은 무엇을 얻게 되는가?

일반화된 지식	
생활 주변에는 시간, 길이, 들이, 무게, 각도, 넓이, 부피 등 다양한 속성이 존재하며 이들은 측정의 속성에 따른 단위를 이용하여 양을 수치화하는 것이다. 그 중 입체도형의 넓이, 부피를 속성에 맞는 단위를 이용하여 양을 수치화하는 방법을 알고 그 양을 구할 수 있는 것이다.	
핵심 개념 및 학습 요소	**핵심 기능**
핵심 개념: 양의 측정 **학습 요소** • 겉넓이 • 밑변 • 높이 • 부피 • cm^3 • m^3	• 학습 계획하기 • 설명하기 • 계산하기 • 그리기 • 활용하기 • 문제 해결하기

어떤 역량을 기르기 위한 교수 설계를 할 것인가?

학습과 혁신 기술	정보, 미디어, 과학 기술	삶과 직업 기술
☑ 창의력 ☑ 비판력 ☑ 소통력 ☑ 협업력	☑ 정보 능력 ☐ 미디어 능력 ☑ 정보, 소통, 기술 능력(정보적용능력)	☑ 융통성과 적응력 ☑ 주도력과 자주적인 방향 결정 ☑ 사회적이고 간문화적인 기술 ☐ 생산성과 책무성 ☑ 리더십과 책임감

학생들이 해결해야 할 수행 과제는 무엇인가?

주어진 PBL(Problem Based Learning) 시나리오를 보고 조건에 맞게 문제를 해결하는 과정 중에 주어진 액션툴을 활용하여 계획 – 실천 – 평가를 한다.

목표(G)	과대포장 여부를 부피를 구하여 알아보고 비율로 표현할 수 있다.
역할(R)	소비자 단체에서 종사하는 사람
청중(A)	소비자
상황(S)	3개의 제과회사 과자의 과대포장에 대한 고발이 들어왔다. 따라서 소비자 단체에서는 사실 여부를 조사하기 위해 3개 과자회사의 과자포장에 대해 조사하여 소비자들에게 보고를 하고 3개 회사에게는 경고조치를 내려야 한다.
수행(P)	대한민국의 제과계 3개 대표회사의 과자의 과대포장 정도를 부피를 구하여 알아보고 그 비율을 구하여 알아보고 소비자들에게 보고서를 작성한 뒤 해당 회사에 경고조치를 내린다.
기준(S)	• 주어진 상품의 부피를 정확하게 구할 것(단 직육면체에 담겨 있는 과자의 종류로 조사함) • 기준양을 정하고 구한 부피의 비율을 구할 것 • 과대포장 여부는 인터넷 검색을 통해 알아볼 것 • 3개 회사의 비율을 비교하고 과대포장 정도를 확인할 것 • 그래프를 그리고 비교 분석할 것 • 소비자들을 대상으로 분석한 결과를 보고할 것 • 회사에게 경고조치하는 문구를 만들 것

루브릭(평가 준거)

수행 과제	우수(5)	보통(3)	미흡(1)
부피와 비율을 구하고 분석하는 과정	부피와 비율을 정확하게 구하고 정확하게 분석한다.	부피와 비율은 구하지만 분석이 불분명하다.	부피와 비율을 구하는 계산이 정확하지 않다.
소비자들에게 보고하는 보고서 작성	수학적 분석을 활용하여 정확하게 보고서를 작성(수학적 계산, 분석내용, 이유 등 3가지 정확하게 제시됨)	보고서를 작성하였으나 3가지 항목 중 2가지만 제시됨	보고서를 작성하였으나 1가지 또는 하나도 제시하지 못함

문제 해결 과정	4인 1모둠 활동 과정 중에 역할 분담, 협력적 문제 해결, 토론 과정이 잘 드러남	문제 해결 과정 중에 역할 분담은 잘 되었으나 협력적 문제 해결 과정 중 무임승차가 드러남	1인 중심으로 문제가 해결되고 있음

수행 과제 외의 평가 도구

- 직육면체의 겉넓이를 구하는 과정 학습지(서술형 평가 및 자기평가)
- 직육면체의 부피를 구하는 과정 학습지(서술형 평가 및 자기평가)
- 직육면체의 겉넓이와 부피를 구하기 학습지(서술형 평가지)
- 학습시간의 참여도 및 흥미도 평가(관찰 평가)

차시 설계를 위한 질문은 무엇인가?

일반화된 지식	본질적 질문
생활 주변에는 넓이, 부피 등 다양한 속성이 존재하며 측정의 속성에 따른 단위를 이용하여 양을 수치화할 수 있다.	• 넓이의 단위를 알고 있는가? • 부피의 단위를 알고 있는가? • 넓이의 단위는 어디에 사용되는가? • 부피의 단위는 어디에 사용되는가? • 넓이에 따라 단위가 어떻게 달라지는가? • 부피의 크기에 따라 단위가 어떻게 달라지는가?
입체도형의 넓이, 부피를 속성에 맞는 단위를 이용하여 양을 수치화하는 방법을 알고 그 양을 구할 수 있다.	• 입체도형의 겉넓이를 구하는 방법을 설명할 수 있는가? • 입체도형의 부피를 구하는 방법을 설명할 수 있는가? • 부피의 단위 간의 관계를 알고 있는가?

주제 학습은 어떻게 진행하며 어떤 액션툴을 사용할 것인가?

차시	차시 주제	활동 과정	액션툴	4C				정보 사용 능력
				창의력	비판력	소통력	협업력	
1	주제 열기 및 학습 계획 세우기	• 선수학습 확인하기 • 무엇이 궁금한가? • 주제를 배우기 위해 필요한 자료는? • 주제 학습 계획 세우기	NO 1. 나의 학습 계획하기	○	○			○

차시	차시 주제	활동 과정	액션툴	4C 창의력	4C 비판력	4C 소통력	4C 협업력	정보 사용 능력
2, 3 (블럭)	직육면체 겉넓이 개념 알기 직육면체 겉넓이 구하기	• 차시 학습을 위한 선수학습 내용 확인 • 직육면체의 특징을 확인하고 겉넓이 구하는 방법 찾아보기 • 다양한 방법으로 해결하기 • 다 배운 뒤 여전히 갖고 있는 의문점은 • 어디에 활용될까? • 학습 이해도는?	NO 25. 준비하고 정리하고 적용하기	○	○			
	직육면체의 겉넓이를 전개도를 이용하여 구하기		NO 55. 나의 이해도 평가하기		○			
4, 5 (블럭)	직육면체의 부피 알기 부피의 단위 알기	• 부피란? • 부피는 생활 속에서 쓰이는가? • 부피의 단위	NO 25. 준비하고 정리하고 적용하기	○	○			
6~7 (블럭)	직육면체의 부피 구하기	• 부피에 대해 궁금한 것 질문하기 • 부피 구하는 방법 알아보기 • 정육면체의 부피 쉽게 구하기 • 같은 부피 다른 모양 탐구하기	NO 3. 주제 분석하기	○	○		○	
8	배운 것 확인하기	• 직육면체의 겉넓이 구하기 • 직육면체의 부피 구하기 • 부피의 단위 알기	NO 1. 나의 학습 계획하기					
9~10	수행 과제 해결하기 (문제기반 학습)	• 문제 파악하기 • 문제를 통해 알 수 있는 것 • 더 알아야 할 것 • 정보를 어디서 얻어야 할까 • 역할을 나누어 문제 해결하기 • 발표하고 평가하기	NO 18. 의사결정 나무	○	○	○	○	○

학습 주제

주제 열기 및 학습 계획 세우기(1/10차시)

- **학습 도구:** NO 1. 나의 학습 계획하기
- **교수·학습의 흐름**

학습 준비하기 단계

교사 이 시간부터 배울 내용은 직육면체의 겉넓이와 부피를 알고 구하기입니다. 이 주제와 관련하여 이미 배워 알고 있는 것을 이야기해 보자.

학생 직사각형과 넓이 구하는 것을 알고 있습니다.

학생 넓이의 단위도 배워서 알고 있습니다.

학생 입체도형의 성질을 알고 있습니다.

교사 여러분이 지금까지 배운 내용을 활용하여 앞으로 배울 내용에 대해 계획을 세워 보기로 하겠습니다.

학습 주제 : 나의 학습 계획을 세워 봅시다.

배울 내용 학습하기

교사 우리가 주제와 관련하여 이미 배워서 알고 있는 것을 확인해 보았습니다. 이 주제를 배워서 알게 되어야 할 핵심 개념은 겉넓이, 밑변, 높이, 부피, 부피의 단위인 cm^3, m^3입니다. 이 주제를 시작하기 전에 먼저 여러분이 주제와 관련하여 알고 싶은 것을 질문으로 만들어 봅시다.

학생들은 학습지를 활용하여 내가 궁금한 것을 질문으로 만들어 보게 한다. 액션툴 NO.1

학생 겉넓이와 넓이는 어떤 차이가 있나요?

학생 겉넓이와 부피를 구하는 방법이 궁금해요?

학생 넓이의 단위는 알겠는데 부피의 단위가 무엇일까요?

학생 겉넓이와 부피를 왜 배울까요? 배운다면 어디에 활용할까요?

궁금한 내용을 브레인스토밍하여 질문을 유목화한다.

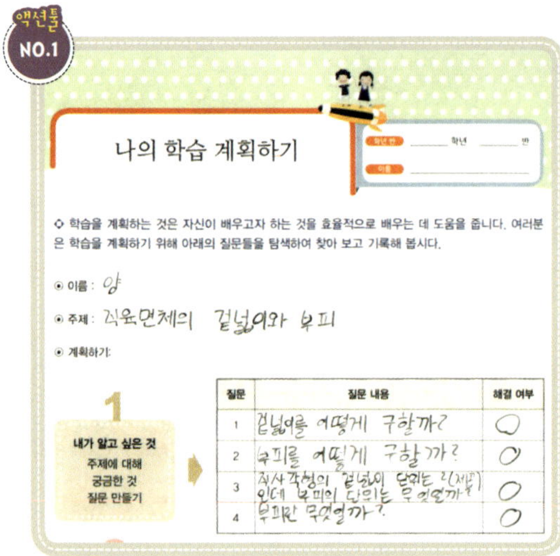
액션툴 NO.1

나의 학습 계획하기

◇ 학습을 계획하는 것은 자신이 배우고자 하는 것을 효율적으로 배우는 데 도움을 줍니다. 여러분은 학습을 계획하기 위해 아래의 질문들을 탐색하여 찾아 보고 기록해 봅시다.

⊙ 이름 : 양

⊙ 주제 : 직육면체의 겉넓이와 부피

⊙ 계획하기:

1 내가 알고 싶은 것 주제에 대해 궁금한 것 질문 만들기

질문	질문 내용	해결 여부
1	겉넓이를 어떻게 구할까?	○
2	부피를 어떻게 구할까?	○
3	직사각형의 겉넓이 단위는 ㎠(제곱)인데 부피의 단위는 무엇일까?	○
4	부피란 무엇일까?	○

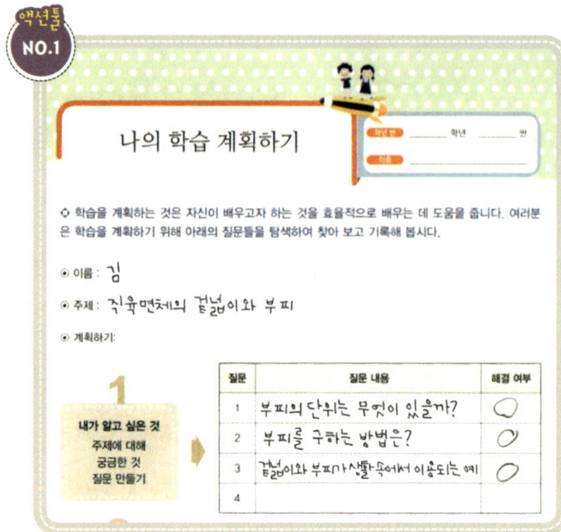
액션툴 NO.1

나의 학습 계획하기

◇ 학습을 계획하는 것은 자신이 배우고자 하는 것을 효율적으로 배우는 데 도움을 줍니다. 여러분은 학습을 계획하기 위해 아래의 질문들을 탐색하여 찾아 보고 기록해 봅시다.

⊙ 이름 : 김

⊙ 주제 : 직육면체의 겉넓이와 부피

⊙ 계획하기:

1 내가 알고 싶은 것 주제에 대해 궁금한 것 질문 만들기

질문	질문 내용	해결 여부
1	부피의 단위는 무엇이 있을까?	○
2	부피를 구하는 방법은?	○
3	겉넓이와 부피가 생활 속에서 이용되는 예	○
4		

교사 여러분이 궁금해하는 것을 모아 해석을 해 보면 겉넓이와 부피 구하는 방법 알아보기, 부피의 단위, 지금 우리가 배우는 것은 생활 속에서 어떻게 활용될까입니다. 이 궁금증을 해결하기 위해 필요한 정보를 얻을 수 있는 곳은 어디가 있는지 알아봅시다.

학생들은 액션툴에 내가 궁금한 것을 해결하기 위해 필요한 정보를 어디서 얻을까 생각해 기록한다. 액션툴 NO.1

학생 궁금한 것을 해결하기 위해서는 교과서 자료, 인터넷 자료가 있습니다.

학생 친구들에게 묻는 것도 해결 방법 중 하나라고 생각합니다.

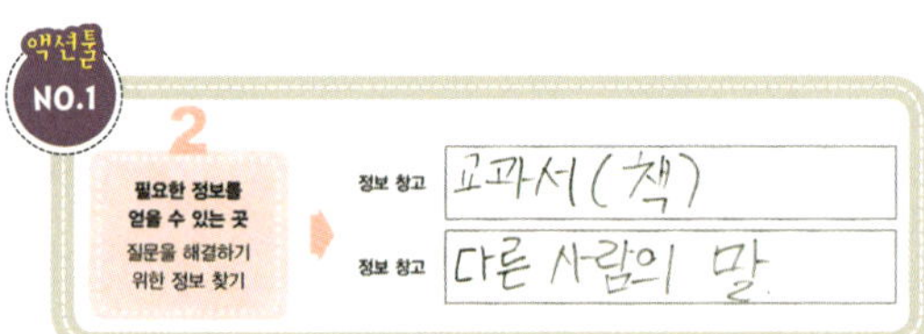
액션툴 NO.1

2 필요한 정보를 얻을 수 있는 곳 질문을 해결하기 위한 정보 찾기

정보 창고: 교과서(책)

정보 창고: 다른 사람의 말

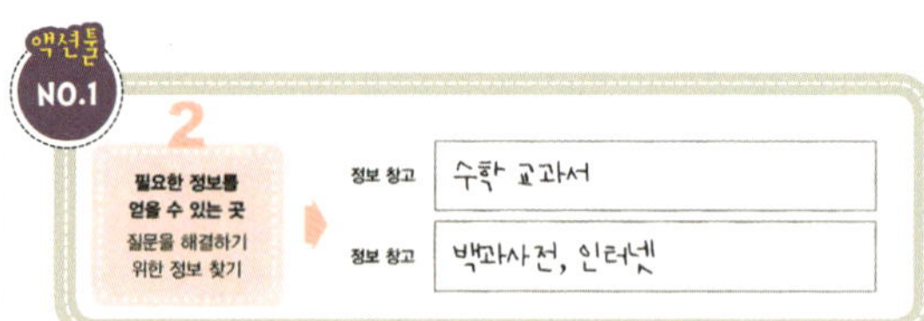
액션툴 NO.1

2 필요한 정보를 얻을 수 있는 곳 질문을 해결하기 위한 정보 찾기

정보 창고: 수학 교과서

정보 창고: 백과사전, 인터넷

학생들이 이 주제를 학습하기 위해서 어떤 자료가 필요한지 알아보는 과정에서 미리 단원 주제 학습을 위해 준비할 수 있는 계기가 될 수 있도록 한다.

학습 계획 세우기

교사 직육면체의 겉넓이와 부피를 학습하기 위해 계획을 세워 봅시다. 여러분은 무엇을 배워야 할까요? 또 우리가 배우는 이 주제는 생활 속에서 어떻게 활용하게 될까요?

학생 가장 먼저 직육면체의 겉넓이를 구하기 위해서 직육면체에 대해 확인하고 그것을 이용하여 직육면체의 겉넓이 구하는 방법을 알아보아야 할 것 같습니다.

교사 네. 먼저 직육면체가 무엇인지 알아야 겉넓이 구하는 방법을 알 수 있을 것 같아요. 여러분은 이 주제에 대해 무엇을 어떻게 배우고 싶은지 자기만의 계획을 세워 봅시다.

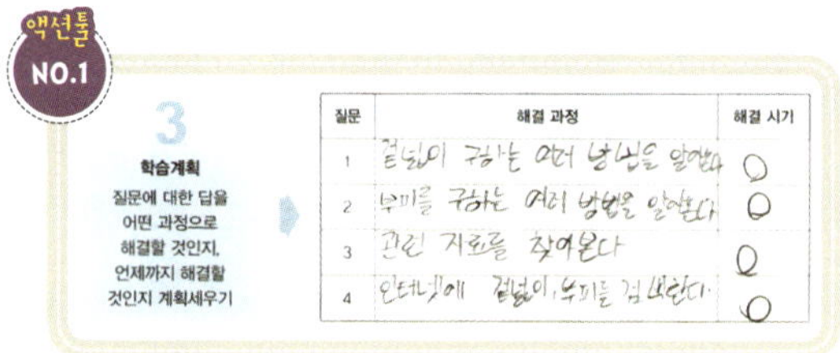

액션툴 NO.1

3 학습계획
질문에 대한 답을 어떤 과정으로 해결할 것인지, 언제까지 해결할 것인지 계획세우기

질문	해결 과정	해결 시기
1	겉넓이 구하는 여러 방법을 알아본다	O
2	부피를 구하는 여러 방법을 알아본다	O
3	관련 자료를 찾아본다	O
4	인터넷에 겉넓이, 부피를 검색한다.	O

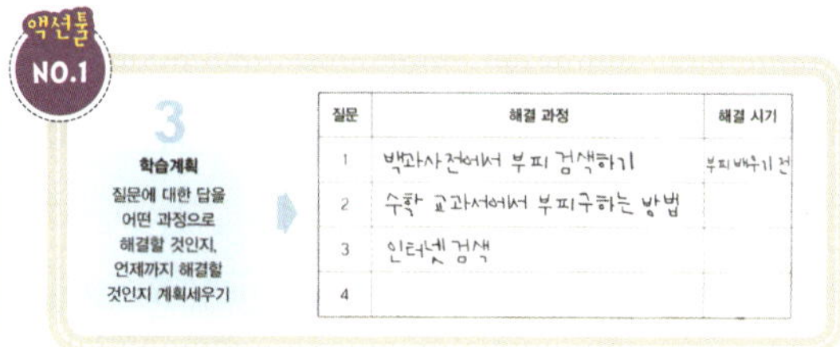

액션툴 NO.1

3 학습계획
질문에 대한 답을 어떤 과정으로 해결할 것인지, 언제까지 해결할 것인지 계획세우기

질문	해결 과정	해결 시기
1	백과사전에서 부피 검색하기	부피 배우기 전
2	수학 교과서에서 부피구하는 방법	
3	인터넷 검색	
4		

생각해 보기

교과서를 통해 배울 수 있는 내용과 함께 다른 방법으로 배울 수 있는 것으로 자기만의 계획을 세워 보게 하는 것이 필요하다.

주제 학습 계획 세우기를 할 때 수학은 뻔하다고 생각할 수도 있지만 생각을 다양하게 해서 교실에서의 단순 학습이 아닌 다양한 공간에서 다양한 자료를 활용하는 방법을 생각해 보게 하는 것이 필요하다.

이 주제 학습이 다 끝난 뒤 액션툴 NO.1 '나의 성과 평가하기'를 해 보는 것은 계획과 연결하여 의미 있는 일이라고 본다.

나의 학습 평가하기

교사 직육면체의 겉넓이와 부피를 배웠습니다. 지금까지 배우는 과정에서 처음 주제 열기를 할 때 나의 학습 계획 과정에 나의 질문이 배움에 도움이 되었는지, 배운 내용은 삶속에서 어떻게 사용될지 질문을 만들어 봅니다. 먼저 배운 것을 기억하면서 요약해 봅니다.

학생 처음에 계획을 세운 것을 참고해서 해야 할 것 같습니다.

학생 이것을 보니 학습 계획이나 질문을 신중하게 해야 할 것 같네요.

교사 먼저 우리가 주제 학습 기간 동안 배운 내용을 정리하고 나의 질문이 학습을 하는 데 도움이 되었는지 확인해 봅니다.

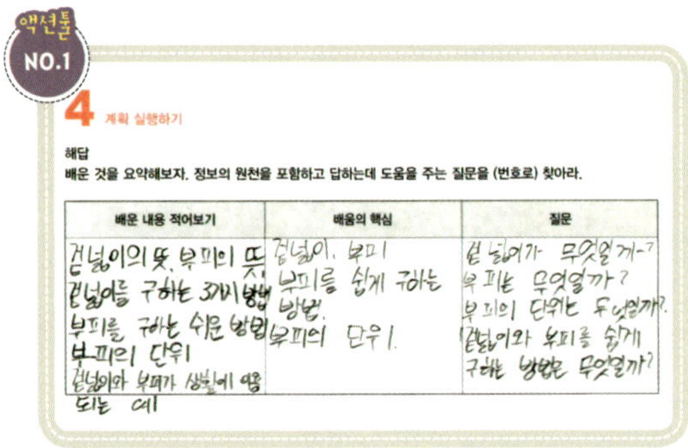
액션툴 NO.1

4 계획 실행하기

해답
배운 것을 요약해보자. 정보의 원천을 포함하고 답하는데 도움을 주는 질문을 (번호로) 찾아라.

배운 내용 적어보기	배움의 핵심	질문
겉넓이의 뜻, 부피의 뜻, 겉넓이를 구하는 3가지 방법, 부피를 구하는 쉬운 방법, 부피의 단위, 겉넓이와 부피가 생활에 이용되는 예	겉넓이, 부피, 부피를 쉽게 구하는 방법, 부피의 단위.	겉넓이가 무엇일까? 부피는 무엇일까? 부피의 단위는 무엇일까? 겉넓이와 부피를 쉽게 구하는 방법은 무엇일까?

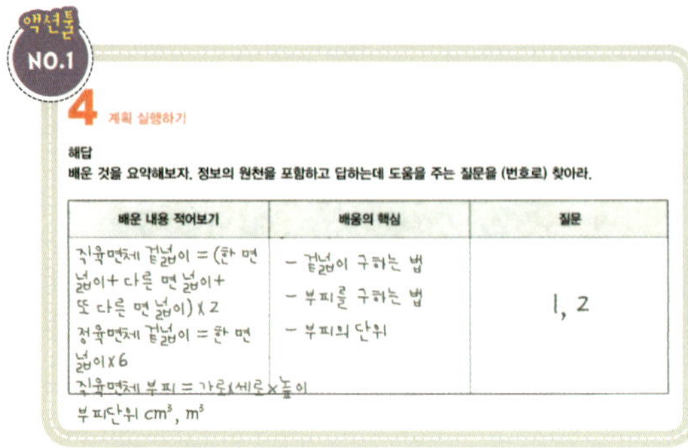
액션툴 NO.1

4 계획 실행하기

해답
배운 것을 요약해보자. 정보의 원천을 포함하고 답하는데 도움을 주는 질문을 (번호로) 찾아라.

배운 내용 적어보기	배움의 핵심	질문
직육면체 겉넓이 = (한 면 넓이 + 다른 면 넓이 + 또 다른 면 넓이) x 2 정육면체 겉넓이 = 한 면 넓이 x 6 직육면체 부피 = 가로 x 세로 x 높이 부피단위 cm^3, m^3	- 겉넓이 구하는 법 - 부피를 구하는 법 - 부피의 단위	1, 2

교사▶ 배운 내용을 정리해 보니 어떤가요?

학생▶ 지난 것을 보통 생각하지 않는데 다 배우고 나서 정리해 보니까 내가 제대로 배웠는지, 질문을 제대로 했는지, 중요한 것이 무엇이었는지 정리가 되네요.

학생▶ 질문에 대해 고민을 안 했는데 이것을 해 보니 앞으로는 어떤 주제가 주어지면 무엇을 배울 것인가, 어떻게 배우면 좋을까 등을 생각해 볼 것 같네요.

교사▶ 여러분이 만든 질문에 대한 답을 찾았는지, 바르게 질문했는지를 스스로 평가해 봅니다.

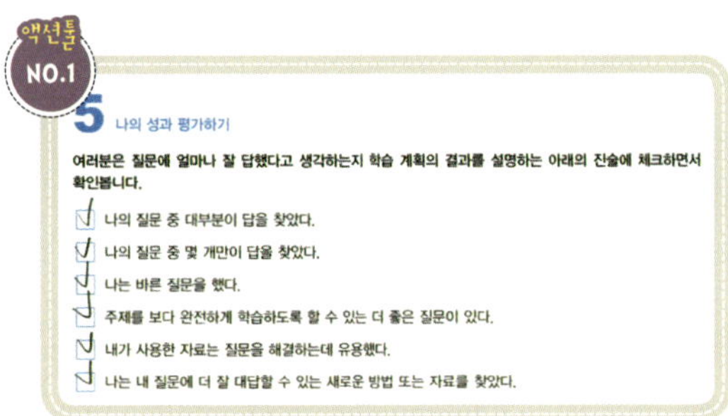
액션툴 NO.1

5 나의 성과 평가하기

여러분은 질문에 얼마나 잘 답했다고 생각하는지 학습 계획의 결과를 설명하는 아래의 진술에 체크하면서 확인봅니다.

- [x] 나의 질문 중 대부분이 답을 찾았다.
- [x] 나의 질문 중 몇 개만이 답을 찾았다.
- [x] 나는 바른 질문을 했다.
- [x] 주제를 보다 완전하게 학습하도록 할 수 있는 더 좋은 질문이 있다.
- [x] 내가 사용한 자료는 질문을 해결하는데 유용했다.
- [x] 나는 내 질문에 더 잘 대답할 수 있는 새로운 방법 또는 자료를 찾았다.

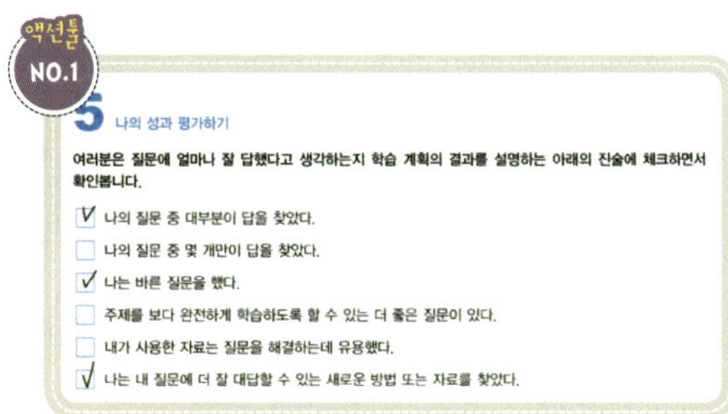
액션툴 NO.1

5 나의 성과 평가하기

여러분은 질문에 얼마나 잘 답했다고 생각하는지 학습 계획의 결과를 설명하는 아래의 진술에 체크하면서 확인봅니다.

- [x] 나의 질문 중 대부분이 답을 찾았다.
- [ ] 나의 질문 중 몇 개만이 답을 찾았다.
- [x] 나는 바른 질문을 했다.
- [ ] 주제를 보다 완전하게 학습하도록 할 수 있는 더 좋은 질문이 있다.
- [ ] 내가 사용한 자료는 질문을 해결하는데 유용했다.
- [x] 나는 내 질문에 더 잘 대답할 수 있는 새로운 방법 또는 자료를 찾았다.

생각해 보기

수학을 배울 때 학생들은 단순히 시험을 잘 보기 위해, 좋은 대학을 들어가기 위해 배운다고 생각한다. 4학년 학생들을 대상으로 매년 수학 수업을 시작하기 전에 수학은 왜 배울까를 액션러닝으로 열어 간다.

수학이 싫다. 수학이 어렵다. 포기하고 싶다라는 의견이 많이 나온다.

수학이 우리의 생활 속에서 어떻게 쓰이며, 수학 수업 자체를 삶속에서 끌어온다면 학생들이 훨씬 더 수학과 친해질 수 있다고 본다.

주제 학습이 끝났을 때 우리가 배운 이것들이 삶속에서 어떻게 활용될까를 생각해 보는 것도 매우 의미 있는 일이라고 본다.

교사 지금까지 우리는 직육면체의 겉넓이와 부피를 구하는 방법을 탐구해 보았습니다. 그럼 우리가 배운 이것들이 우리가 살아가는 데 어디에 어떻게 사용될까요? 한번 생각해 봅시다.

학생 수학을 배우면서 한 번도 그런 것을 생각해 본 적이 없는데요. 하지만 많은 곳에 활용되기는 할 것 같아요.

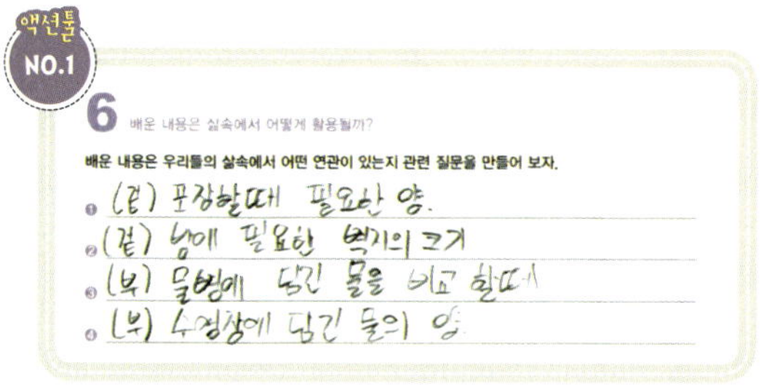
액션툴 NO.1

6 배운 내용은 실속에서 어떻게 활용될까?

배운 내용은 우리들의 실속에서 어떤 연관이 있는지 관련 질문을 만들어 보자.

1. (겉) 포장할때 필요한 양.
2. (겉) 방에 필요한 벽지의 크기
3. (부) 물병에 담긴 물을 비교 할때
4. (부) 수영장에 담긴 물의 양

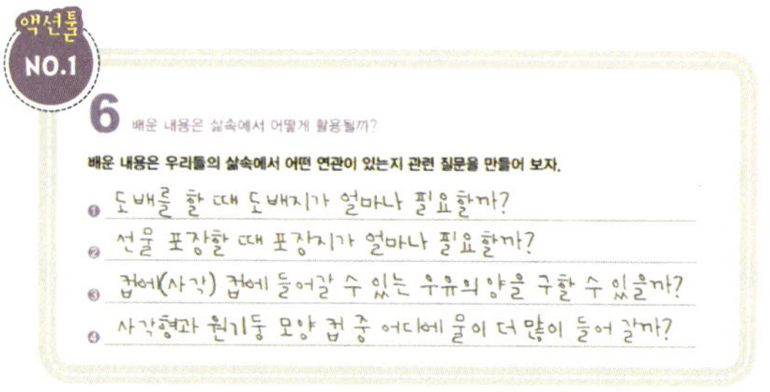
액션툴 NO.1

6 배운 내용은 실속에서 어떻게 활용될까?

배운 내용은 우리들의 실속에서 어떤 연관이 있는지 관련 질문을 만들어 보자.

1. 도배를 할 때 도배지가 얼마나 필요할까?
2. 선물 포장할 때 포장지가 얼마나 필요할까?
3. 컵에(사각) 컵에 들어갈 수 있는 우유의 양을 구할 수 있을까?
4. 사각형과 원기둥 모양 컵 중 어디에 물이 더 많이 들어 갈까?

학생 정리를 해 보니 우리가 배우는 것들이 단순히 시험을 잘 보려고 했다고 생각을 했는데 우리가 살아가는 데도 많이 이용되고 있네요.

교사 배울 때 단순히 시험을 잘 보기 위해서 배운다면 재미가 없지. 그리고 하고 싶지도 않고. 학원만 다녀도 될 것 같고. 하지만 친구들과 함께 협력하면서 배우면서 모르는 것 서로 질문하고 놀다가 우리가 배운 것을 이용해서 놀이를 해 보는 것도 재미있고. 단순히 수학이 아니라 배우는 모든 것은 연결이 된단다.

학습 주제

직육면체의 겉넓이를 알고 구하기 (2, 3/10차시)

- **학습 도구:** NO 25. 준비하고 정리하고 적용하기
- **교수·학습의 흐름**

학습 준비하기 단계

교사▶ 직육면체를 들어 본 적이 있나요? 직육면체가 무엇인지 설명해 볼까요?

학생▶ 직육면체란 6개의 직사각형으로 둘러싸인 입체도형입니다. 마주보는 면의 크기는 같습니다.

학생▶ 직면이 6개, 꼭짓점이 8개, 모서리가 12개로 이루어져 있습니다.

교사▶ 직육면체의 특징을 잘 알고 있네요. 오늘 우리가 배울 내용은 그 직육면체의 겉넓이를 구하는 거예요. 직사각형의 넓이를 구하는 방법은 이미 배워서 알고 있지만 혹시 모르는 사람도 있을 수 있어요. 그래서 우리가 이것을 배우기 전에 넓이를 구하기 위해 이미 알고 있는 것, 꼭 알아야 할 것을 생각해 봐야 할 것 같아요.

학생들은 학습지를 활용하여 이 주제를 학습하기 위해 우리가 이미 배운 것, 꼭 알아야 할 것을 생각해 보게 한다. 액션툴 NO.25

액션툴 NO.25

학습을 준비하기

겉넓이를 구하는 공식
직육면체의 각 면의 넓이

액션툴 NO.25

학습을 준비하기

1. 겉넓이가 무엇인지 알기
2. 넓이 구하는 방법 알기
3. 직육면체의 특징 알기
4. 곱셈하는 방법
5. 직육면체의 각면의 넓이 직육면체는 마주보는 두면이 서로 합동이다

배울 내용 학습하기

직육면체의 겉넓이를 구하는 과정에서 학생들이 스스로 탐구하면서 다양한 방법의 겉넓이 구하는 방법을 탐구하여 찾아볼 수 있는 기회를 주는 것이 필요하다.

나의 방법과 친구의 방법을 비교해 보고 이 과정에서 다양한 방법으로 넓이를 구하는 방법이 있음을 스스로 찾아내게 하자.

일반적으로 교과서를 가지고 학습을 하다 보면 책 안에 모든 설명이 나와 있으므로 학생들이 생각할 필요가 없다.

너무나 친절하게 설명되어 있어 주어진 것만 기계적으로 계산하면 된다.

교과서를 덮고 스스로 탐구하게 해 보고 친구들과 서로 의견 나누기를 해서 다양한 방법이 있음을 스스로 찾아보게 한 뒤 교과서를 열어 보자.

그럼 거기에 자기들이 스스로 찾아낸 다양한 방법이 설명되어 있음을 발견하게 된다.

여기서 학생들은 자부심을 갖게 된다. 주어진 것을 계산하는 것이 아니라 스스로 발견하고 자기가 발견한 것을 확인해 보는 과정을 통해 비판적 사고력, 창의력이 형성될 수 있을 것이다.

교사▶ 직육면체의 겉넓이를 구하는 방법은 한 가지가 아니라 6개의 면을 하나씩 구해서 더하는 방법, 마주보면 면의 넓이가 같은 성질을 이용하여 3개의 면의 넓이를 구한 뒤 ×2를 해 주는 방법, 그리고 전개를 그려서 밑넓이와 옆넓이를 더하는 방법이 있음을 여러분들이 탐구하여 알아보았습니다. 그럼 여러분이 배워서 알게 된 내용을 정리해 봅니다.

학생▶ 한 가지 방법만 적어도 되는 거지요? 아니면 오늘 배워 알게 된 것을 요약해서 정리하나요?

교사▶ 배워서 알게 된 것을 요약해서 정리해 보세요. 배운 내용을 정리하는 것은 다시 한 번 확인하는 점도 있지만 내가 제대로 배웠는지 알아보는 좋은 방법이고 정리가 안 되면 친구나 선생님에게 다시 질문을 통해 알아볼 수 있지요.

생각해 보기

학생들이 수업을 마치고 자기가 배운 내용을 생각해 보면서 정리하는 과정은 중요하다고 본다. 스스로 배운 내용을 정리하면서 내가 배운 내용 중 어느 부분을 이해하고 어느 부분을 제대로 이해 못했는지 생각해 보는 과정 중에 친구나 선생님에게 질문을 해 볼 수 있고 확실하게 이해할 기회를 얻을 수 있기 때문이다.

종종 무엇을 배웠는지 정리하는 것을 어려워하는 학생이 있다.

이때는 교사가 문제를 주고 해결해 보게 하고 그것을 말로 이야기해 보게 하는 것도 방법 중 하나라고 볼 수 있다.

학생들은 학습지를 활용하여 이 주제를 학습하면서 무엇을 배웠는지 생각하고 정리해 보게 한다. 액션툴 NO.25

액션툴 NO.25

배운 내용 정리하기

직육면체의 겉넓이를 구할 땐 직육면체의 합동인 직사각형 3쌍 중 각각 한 변의 넓이를 구해서 ×2를 한다. 정육면체의 겉넓이를 구할 땐 한 변의 넓이를 구한다음 ×6을 하면 된다.

액션툴 NO.25

배운 내용 정리하기

직육면체의 겉넓이 구하는 방법은
여러가지이다
1. 각 면의 넓이를 다 구하여 합하기
2. 합동인 3면을 구한 다음 ×2하기
3. 직육면체의 전개도를 이용하여 구하기

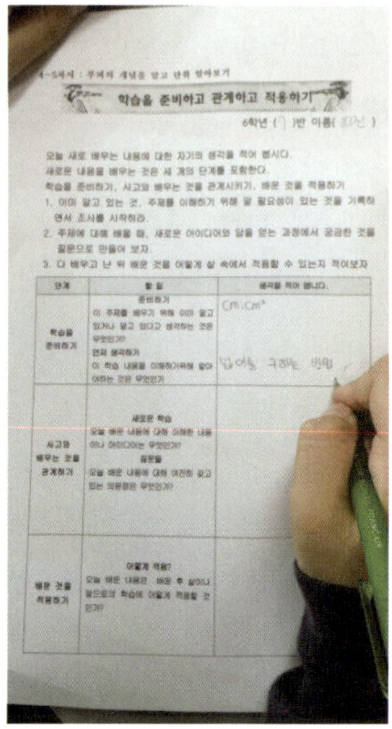

교사 배운 내용은 우리가 생활 속에서 어떻게 활용될까요? 직육면체는 생활 속에 많이 활용될까요? 넓이를 배울 필요가 있을까요? 생각해 봅시다. 직육면체의 겉넓이를 구하는 것이 어디에 활용될까?

학생 내 방을 다시 도배할 때 도배지가 얼마나 필요할까를 알아볼 수 있을 것 같습니다.

학생 친구에게 선물을 할 때 직육면체 모양의 선물이라면 포장지가 얼마나 필요할까 미리 알아보고 산다면 낭비를 줄일 수 있을 것 같습니다.

액션툴 NO.25

배운 것 적용하기

직육면체의 겉넓이는 식사각형인 물건을 포장할 때 겉넓이를 알아야 할 것 같다.

액션툴 NO.25

배운 것 적용하기

1. 집을 도배할 때 겉넓이를 구하여 도배하기
2. 페인트 칠

생각해 보기

학생들은 학교에서 왜 배우는지를 모르는 상태에서 부모님과 교사들의 강요에 의해서 배운다고 생각하는 경향이 짙다. 따라서 학생 스스로가 이것을 배우는 이유와 삶속에서 어떻게 활용될까를 생각해 볼 기회를 주는 것은 필요하다고 본다.

매 시간마다 하기는 어렵지만 주제 학습을 마무리하는 과정에서 학생들에게 기회를 주어 보자. 많은 고민 과정을 거쳐 수학이 단순히 좋은 성적을 얻고 좋은 대학을 가기 위해 배우는 것이 아니라 우리에게 많은 생각의 과정을 거치게 하고 생활 속에서 많이 활용되고 있음을 알게 해 준다.

나의 이해도 평가하기

배운 것을 되돌아보는 것은 학생들이 배운 내용에 대해 더 깊게 생각하는 데 도움을 주고, 이미 알고 있는 지식과 새로운 지식을 연결하는 데도 도움을 준다.

교사 2시간 동안 우리는 직육면체의 겉넓이 구하는 방법을 알고 구해 보는 학습을 했습니다. 우리가 잘 배웠는지, 어느 정도 이해했는지 스스로 평가하는 시간을 가져 보겠습니다.

학생 잘 이해하지 못한 것은 어떻게 하나요?

교사 이해가 안 된 부분은 질문으로 만들어 보세요. 학습지를 보고 선생님이 설명을 해 주겠습니다.

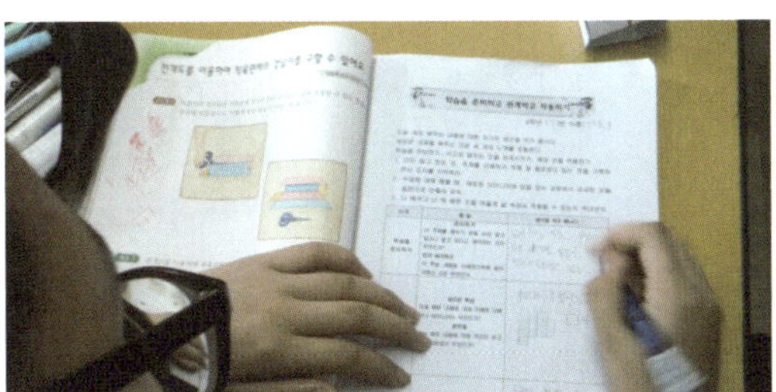

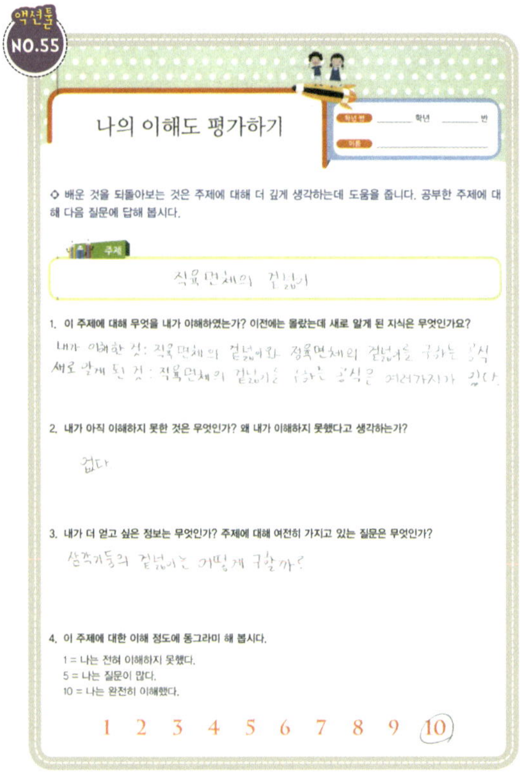

액션툴 NO.55

나의 이해도 평가하기

학년 반 ______ 학년 ______ 반

이름 ______

◇ 배운 것을 되돌아보는 것은 주제에 대해 더 깊게 생각하는데 도움을 줍니다. 공부한 주제에 대해 다음 질문에 답해 봅시다.

주제

직육면체의 겉넓이

1. 이 주제에 대해 무엇을 내가 이해하였는가? 이전에는 몰랐는데 새로 알게 된 지식은 무엇인가요?

내가 이해한 것: 직육면체의 겉넓이와 정육면체의 겉넓이를 구하는 공식
새로 알게 된 것: 직육면체의 겉넓이를 구하는 공식은 여러가지가 있다.

2. 내가 아직 이해하지 못한 것은 무엇인가? 왜 내가 이해하지 못했다고 생각하는가?

없다

3. 내가 더 얻고 싶은 정보는 무엇인가? 주제에 대해 여전히 가지고 있는 질문은 무엇인가?

삼각기둥의 겉넓이는 어떻게 구할까?

4. 이 주제에 대한 이해 정도에 동그라미 해 봅시다.

1 = 나는 전혀 이해하지 못했다.
5 = 나는 질문이 많다.
10 = 나는 완전히 이해했다.

1 2 3 4 5 6 7 8 9 (10)

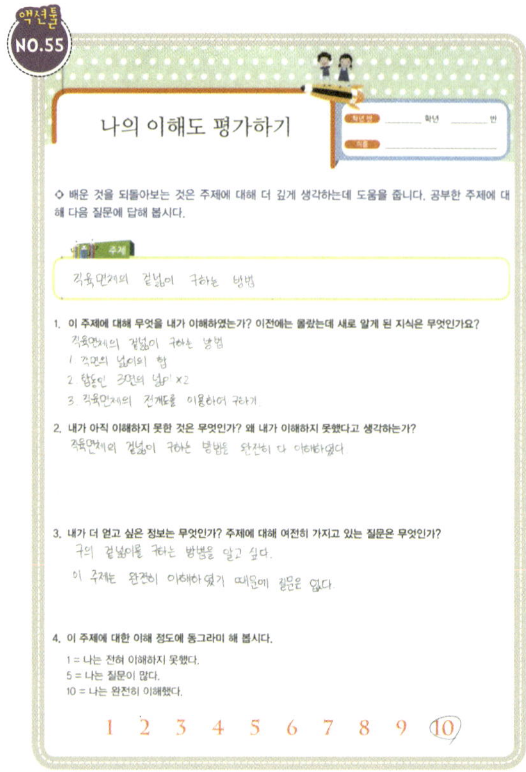

액션툴 NO.55

나의 이해도 평가하기

학년 반 ______ 학년 ______ 반

이름 ______

◇ 배운 것을 되돌아보는 것은 주제에 대해 더 깊게 생각하는데 도움을 줍니다. 공부한 주제에 대해 다음 질문에 답해 봅시다.

주제

직육면체의 겉넓이 구하는 방법

1. 이 주제에 대해 무엇을 내가 이해하였는가? 이전에는 몰랐는데 새로 알게 된 지식은 무엇인가요?

직육면체의 겉넓이 구하는 방법
1. 각면의 넓이의 합
2. 합동인 3면의 넓이 ×2
3. 직육면체의 전개도를 이용하여 구하기.

2. 내가 아직 이해하지 못한 것은 무엇인가? 왜 내가 이해하지 못했다고 생각하는가?

직육면체의 겉넓이 구하는 방법을 완전히 다 이해하였다.

3. 내가 더 얻고 싶은 정보는 무엇인가? 주제에 대해 여전히 가지고 있는 질문은 무엇인가?

구의 겉넓이를 구하는 방법을 알고 싶다.
이 주제는 완전히 이해하였기 때문에 질문은 없다.

4. 이 주제에 대한 이해 정도에 동그라미 해 봅시다.

1 = 나는 전혀 이해하지 못했다.
5 = 나는 질문이 많다.
10 = 나는 완전히 이해했다.

1 2 3 4 5 6 7 8 9 (10)

이 과정을 통해 학생들은 내가 이해한 것이 무엇이고, 새로 배운 것이 무엇인지를 생각해 보게 된다. 또한 이해하지 못한 것이 무엇인지를 생각해 보고 그것을 질문으로 만들어 보는 과정을 거치면서 친구나 선생님에게 질문을 통해 이해 못한 부분을 다시 확인하여 이해할 수 있도록 한다.

그리고 스스로 자기의 이해도를 평가해 보고 차시 학습 과정 중에 스스로 열심히 했는지 돌아볼 수 있도록 하여 자기 성찰을 할 수 있도록 한다.

학습 주제

직육면체의 부피를 알고 구하기 (6, 7/10차시)

- **학습 도구:** NO 3. 주제 분석하기
- **교수·학습의 흐름**

학습 준비하기 단계

교사 이번 시간에는 우리가 배울 주제를 4개의 부제로 나누어 분석하는 방법으로 학습을 하려고 합니다. 주제를 학습하기 위해서 어떻게 분석해 볼까?

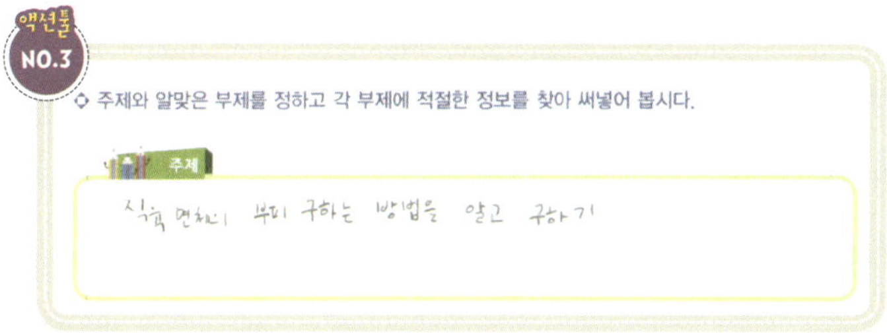
액션툴 NO.3

주제와 알맞은 부제를 정하고 각 부제에 적절한 정보를 찾아 써넣어 봅시다.

주제

직육 면체의 부피 구하는 방법을 알고 구하기

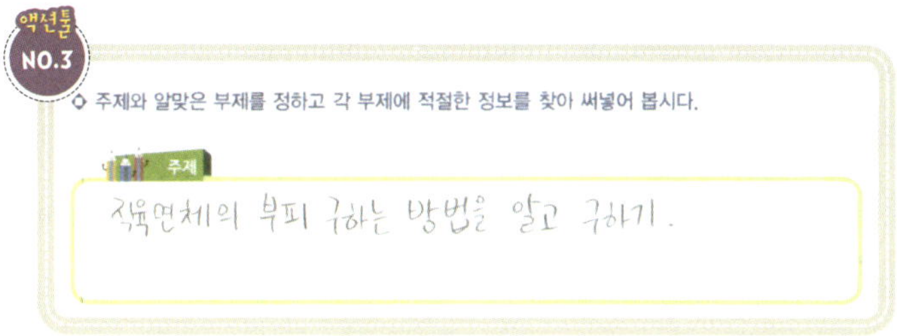
액션툴 NO.3

주제와 알맞은 부제를 정하고 각 부제에 적절한 정보를 찾아 써넣어 봅시다.

주제

직육면체의 부피 구하는 방법을 알고 구하기.

학생 먼저 부피에 대해 정확하게 알고 단위에 대해 확인을 해야 할 것 같습니다.

교사 그래? 그럼 입체도형에서 부피가 무엇인지 설명할 수 있나요?

학생 부피란 입체도형 안에 들어갈 수 있는 액체나 기체의 양이라고 볼 수 있을 것 같습니다. 평면이 아니라 입체이기 때문에 가능한.

학생 입체도형은 가로 세로 높이의 길이가 각각 1cm일 때 부피가 $1cm^3$입니다.

직육면체의 부피 구하는 방법을 알아보기 전에 부피에 대한 정확한 개념을 알고 단위가 어떻게 만들어졌는지를 다시 한 번 조작 활동을 통해 알아보는 과정이 필요하다. 그런 다음 자기가 알고 있는 것을 정리해 보는 과정을 갖게 한다.

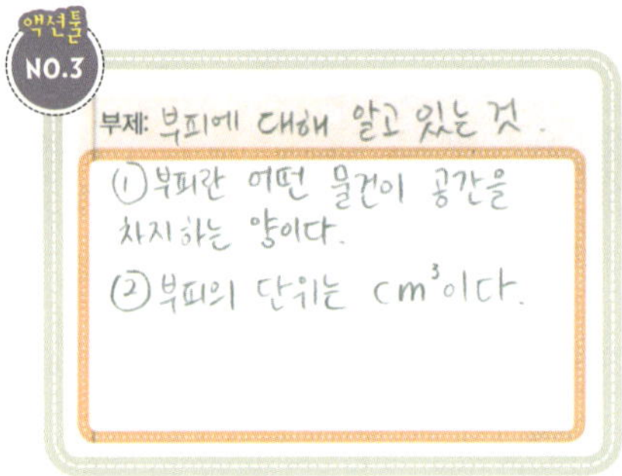

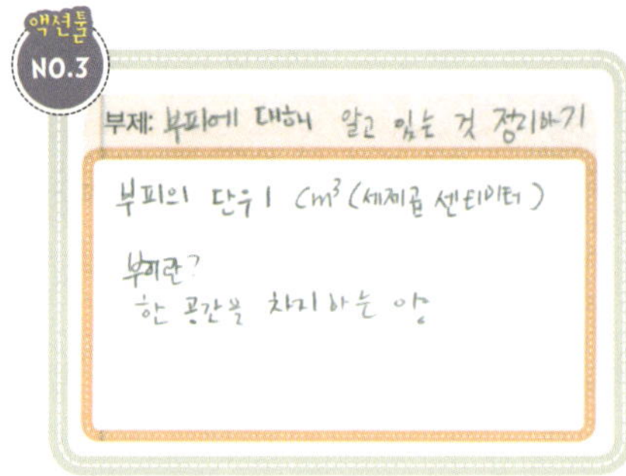

배울 내용 학습하기

교사▶ 부피에 대해 알아보았어요. 다음 부제는 무엇으로 할까? 우리가 배울 주제를 생각하여 부제를 정해 볼까요?

학생▶ 직육면체 부피 구하는 방법을 알아보아야 할 것 같아요. 그것을 알고 구해 보는 것을 부제로 삼으면 좋을 것 같습니다.

교사▶ 방법을 탐구하자. 어찌 탐구할까? 선생님이 1cm³ 큐브 조각을 줄 겁니다. 그것을 이용하여 방법을 탐구해 봅시다.

가로 세로 높이 1cm³

가로 3개, 세로 2개, 높이 2개

가로 4개, 세로 3개, 높이 2개

교사▶ 큐브 조각을 이용하여 직육면체를 만든 후 그것의 수를 세어 보자. 그 수와 부피가 같을지 고민해 보고 부피를 구하는 방법을 탐구해 보자.

학생▶ 큐브 막대 수가 12면 부피가 12가 됩니다. 1조각이 1cm³라고 했으니까 12개면 12cm³가 된다고 봅니다.

학생▶ 저는 큐브 조각을 가로로 4개, 세로로 3개, 높이를 2개로 쌓아 보았더니 24개가 되었으니 24cm³가 되겠네요.

교사▶ 여러분이 만든 직육면체의 부피와 큐브 조각 수와의 관계를 분석해 보고 직육면체의 부피 구하는 방법을 찾아보자.

이 때 교사는 교과서를 펴지 않게 하고 학생들이 스스로 직육면체의 부피를 구하는 방법을 찾아볼 수 있도록 한다. 학생에 따라 다양한 방법이 나올 수 있으며 또는 못 찾는 학생들도 있을 수 있다.

하지만 교사는 여러 가지 방법을 수용하고 못 찾는 학생들도 걱정 없음을 암시해 주고 함께 탐구한 것을 공유하는 시간을 갖게 함으로써 다양한 방법이 있음을 스스로 알게 하도록 한다.

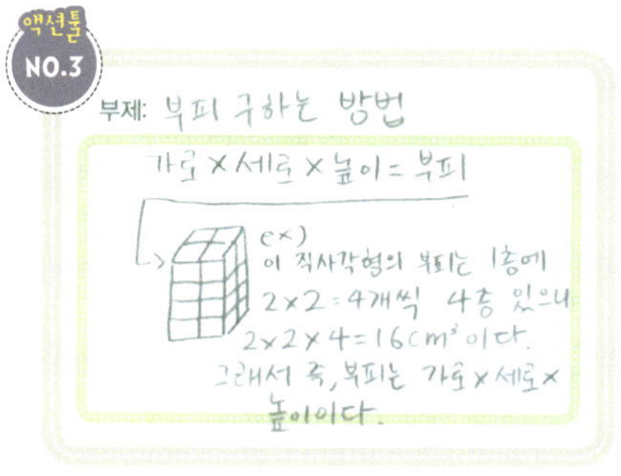

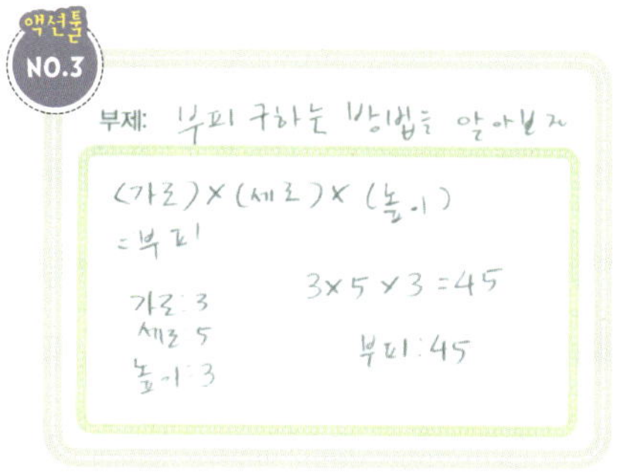

방법을 탐구한 뒤 여러 가지 문제를 다양한 방법으로 해결해 보고 스스로가 탐구한 방법이 맞았음을 확인해 보게 한다.

교사▸ 직육면체에 포함되는 정육면체의 부피 구하는 방법은 다르지 않을까?

학생▸ 정육면체도 직육면체니까 방법은 같지 않을까요? 다른가?

학생▸ 모든 변의 길이가 같으니까 굳이 가로 세로 높이를 따질 필요가 없을 것 같은데.

교사▸ 직육면체처럼 큐브 조각을 이용해서 방법을 탐구해 보자.

학생▸ 방법을 찾았습니다. 정육면체는 가로 세로 높이가 같으니까 같은 수를 세 번 곱하면 되네요.

학생▸ 큐브 조각 자체가 정육면체니까 그것을 보면 1×1×1이니까 정육면체는 한 변의 길이×한 변의 길이×한 변의 길이를 하면 됩니다.

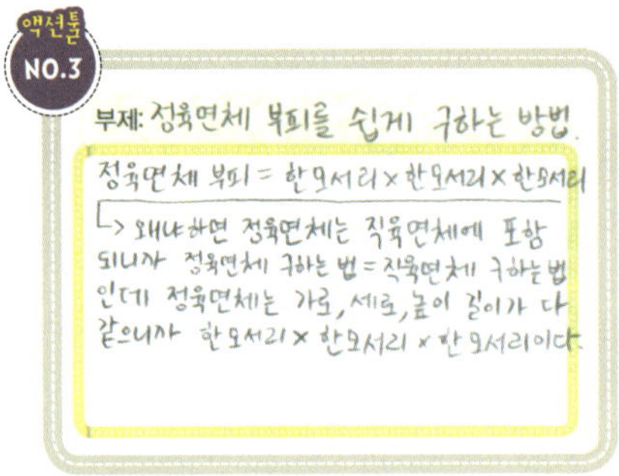

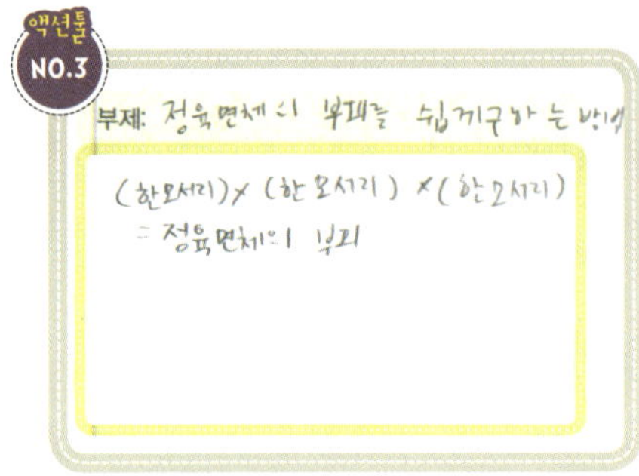

생각해 보기

직육면체의 겉넓이나 부피를 구하는 방법을 알아갈 때 교과서를 펴면 그 곳에 모두 설명이 나와 있기 때문에 학생들에게 생각할 기회를 줄 수 없다. 따라서 교사의 판단에 의해 너무 친절한 교과서를 모두 펴고 시작하는 것이 아니라 학생들이 스스로 생각하고 탐구하여 방법을 찾아보게 하는 활동은 아주 중요하다고 본다.

이 때 교사는 학생들이 좀 더 쉽게 접근할 수 있도록 어떤 자료를 제공하는 것이 필요할지를 고민해야 할 것이다.

관련 있는 자료를 선택하여 제공해 주면 학생들은 우리가 기대하는 것보다 더 많은 것을 찾아내고 알아낸다.

교사 직육면체와 정육면체의 부피를 구하는 방법을 알아보고 여러 가지의 직육면체와 정육면체의 부피를 구해 보았습니다. 지금까지 탐구한 것을 바탕으로 해서 재미있는 탐구 활동을 해 보겠습니다. 부제 1에서는 부피 알기, 부제 2는 직육면체의 부피를 구하는 방법을 알고 구하기, 부제 3은 정육면체의 부피 구하는 방법을 알고 구하기를 했습니다. 부제 4는 선생님이 여러분에게 탐구 과제를 주겠습니다. 『같은 부피 다른 모양 탐구하기』로 부피는 같은데 모양이 다른 직육면체 찾아보기입니다. 부피는 $24cm^3$이면서 모양이 다른 직육면체 찾아보기로 되도록 많은 모양을 찾아봅니다.

학생 그럴 수가 있나? 음, 세수의 곱이 24면 되는 거네. 예를 들어 2×2×6처럼.

학생 그럼 엄청나게 많이 찾을 수 있겠네요.

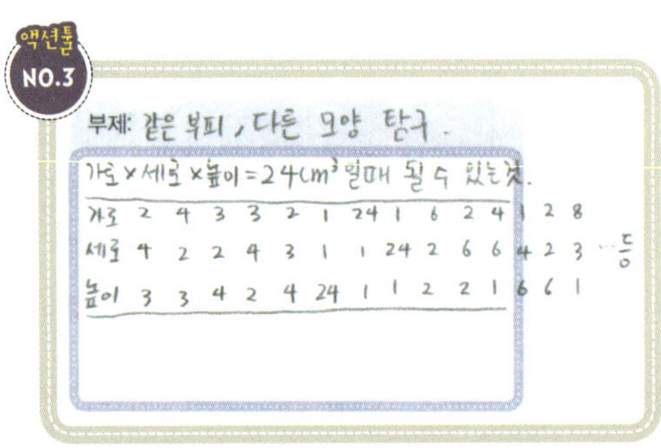

학생들은 이 때 부피 구하는 방법에 대한 정확한 이해가 없으면 찾기 힘들다. 따라서 이 활동을 통해 얼마나 부피에 대한 개념과 구하는 방법에 대한 원리를 이해했는지 관찰 과정을 통해 알 수 있다.

학생들과 함께 많은 모양을 찾아보는 과정을 통해 친구에게 배우는 경험도 하고 공유하는 경험도 할 수 있도록 한다.

부제에 대한 탐구가 끝난 뒤 정리 단계에서 이번 시간에 배운 내용을 가지고 문장 만들기 활동을 통해 스스로 정리해 보도록 하는 활동도 필요하다.

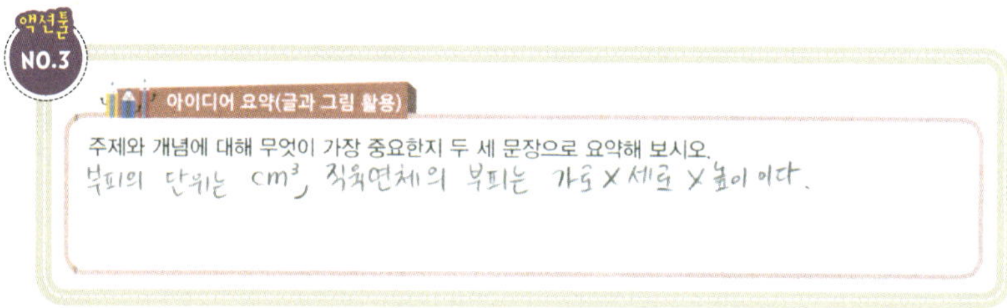

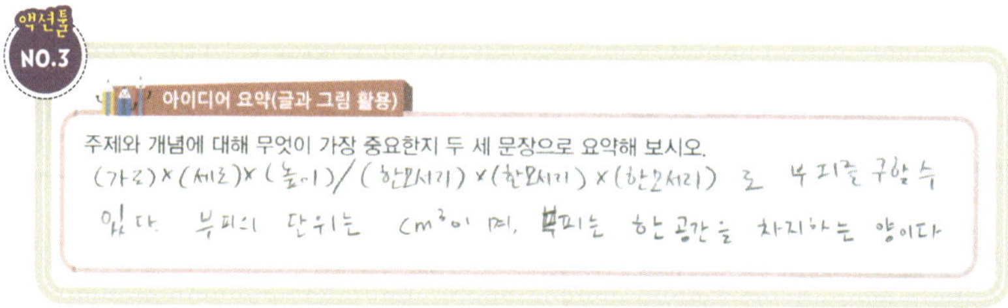

나의 이해도 평가하기

직육면체 부피 구하기를 분석하기 활동을 통해 알아본 뒤 얼마나 잘 배웠는지를 알아보기 위해 스스로 자기 이해도 평가하기를 실시해 보는 것은 주제에 대해 더 깊게 생각하는 데 도움을 주고, 이미 알고 있는 지식과 새로운 지식을 연결하는 데도 도움을 준다.

교사 2시간 동안 우리는 직육면체의 부피 구하는 방법을 알고 구해 보는 학습을 했습니다. 우리가 잘 배웠는지, 어느 정도 이해했는지 스스로 평가하는 시간을 가져 보겠습니다.

학생 잘 이해하지 못한 것은 어떻게 하나요?

교사 이해가 안 된 부분은 질문으로 만들어 보세요. 그리고 스스로 자기 이해 정도를 표현해 보세요.

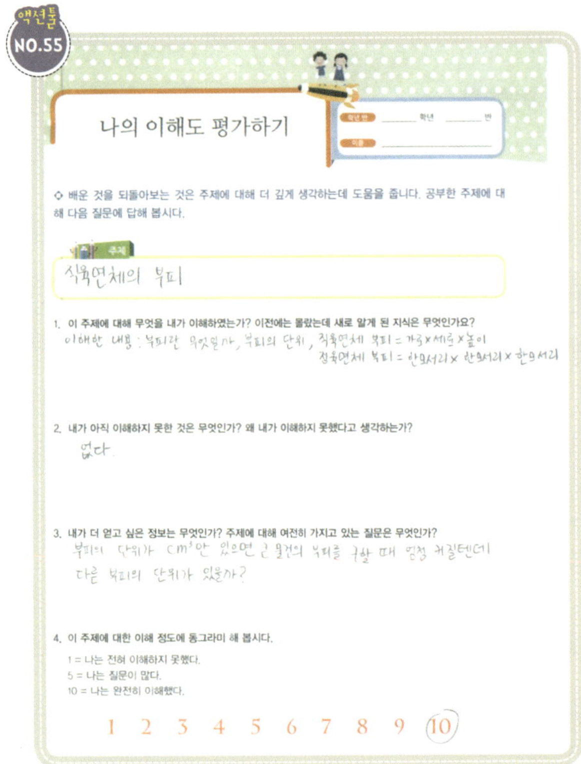
액션툴 NO.55

나의 이해도 평가하기

학년 반 ___ 학년 ___ 반
이름 ___

◇ 배운 것을 되돌아보는 것은 주제에 대해 더 깊게 생각하는데 도움을 줍니다. 공부한 주제에 대해 다음 질문에 답해 봅시다.

주제: 직육면체의 부피

1. 이 주제에 대해 무엇을 내가 이해하였는가? 이전에는 몰랐는데 새로 알게 된 지식은 무엇인가요?
이해한 내용 : 부피란 무엇일까, 부피의 단위, 직육면체 부피 = 가로×세로×높이
직육면체 부피 = 한모서리×한모서리×한모서리

2. 내가 아직 이해하지 못한 것은 무엇인가? 왜 내가 이해하지 못했다고 생각하는가?
없다.

3. 내가 더 얻고 싶은 정보는 무엇인가? 주제에 대해 여전히 가지고 있는 질문은 무엇인가?
부피의 단위가 cm^3만 있으면 큰 물건의 부피를 구할 때 엄청 커질텐데 다른 부피의 단위가 있을까?

4. 이 주제에 대한 이해 정도에 동그라미 해 봅시다.
1 = 나는 전혀 이해하지 못했다.
5 = 나는 질문이 많다.
10 = 나는 완전히 이해했다.

1 2 3 4 5 6 7 8 9 (10)

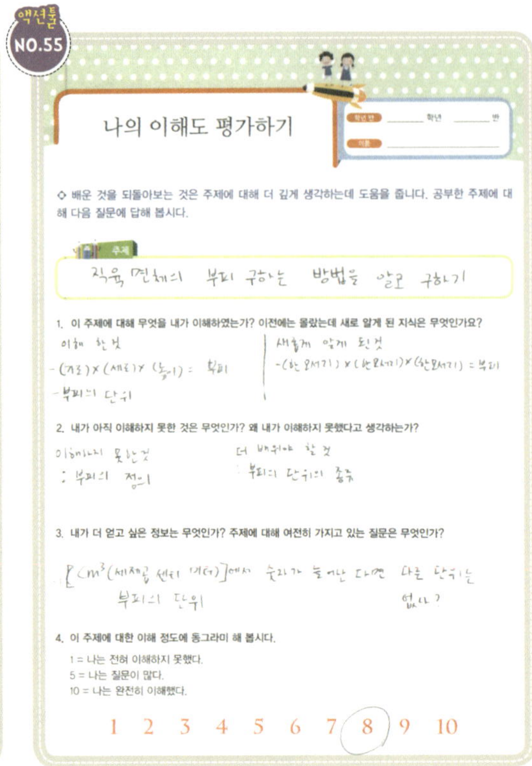
액션툴 NO.55

나의 이해도 평가하기

학년 반 ___ 학년 ___ 반
이름 ___

◇ 배운 것을 되돌아보는 것은 주제에 대해 더 깊게 생각하는데 도움을 줍니다. 공부한 주제에 대해 다음 질문에 답해 봅시다.

주제: 직육면체의 부피 구하는 방법을 알고 구하기

1. 이 주제에 대해 무엇을 내가 이해하였는가? 이전에는 몰랐는데 새로 알게 된 지식은 무엇인가요?
이해한 것
-(가로)×(세로)×(높이) = 부피
-부피의 단위
새롭게 알게 된 것
-(한 모서리)×(한 모서리)×(한 모서리) = 부피

2. 내가 아직 이해하지 못한 것은 무엇인가? 왜 내가 이해하지 못했다고 생각하는가?
이해하지 못한 것
: 부피의 정의
더 배워야 할 것
: 부피의 단위의 종류

3. 내가 더 얻고 싶은 정보는 무엇인가? 주제에 대해 여전히 가지고 있는 질문은 무엇인가?
[cm^3(세제곱 센티미터)]에서 숫자가 늘어난다면 다른 단위는 없나? 부피의 단위

4. 이 주제에 대한 이해 정도에 동그라미 해 봅시다.
1 = 나는 전혀 이해하지 못했다.
5 = 나는 질문이 많다.
10 = 나는 완전히 이해했다.

1 2 3 4 5 6 7 (8) 9 10

이 때 학생들이 만든 질문은 친구들과 다시 이야기하는 시간을 주어 배움을 공유하고 거기서 해결이 안 될 경우 선생님이 질문에 대한 답변을 할 수 있도록 한다.

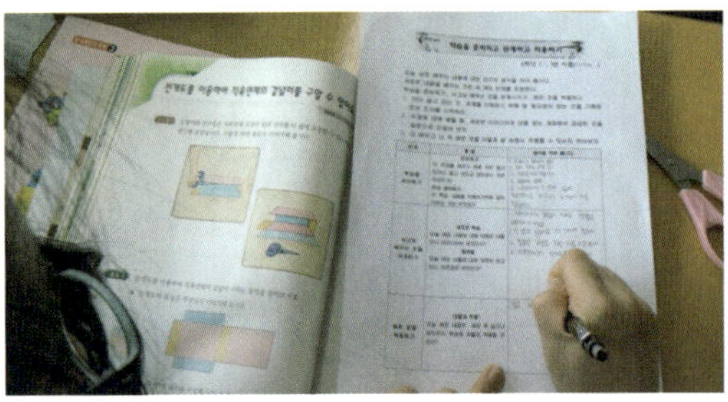

생각해 보기

액션툴을 활용하여 수학 수업을 진행하였다.

일반적으로 선생님들은 수학시간에 공식을 알려 주고 문제를 많이 해결하게 하는 것이 중요하다고 인식하고 있다.

하지만 이런 액션툴을 활용하여 스스로 탐구하고 고민하고 친구들과 대화 과정을 통해 서로 아는 것을 공유하면서 더 많은 것을 학습하게 된다.

탐구하는 과정에서 비판적 사고력을, 친구들과 의논하면서 협업력과 의사 소통력을 그리고 스스로 탐구하면서 창의력이 신장된다.

주어진 공식이 아니라 만드는 식을 찾아볼 수 있도록 하자.

주제

미술 작품 감상하기

관련교과: 미술

교과 성취 기준

⊙미6321. 미술 작품의 감상 관점과 방법을 안다.

⊙미6322. 미술 작품의 특징을 설명할 수 있다

⊙미6323. 전시회를 관람하고 감상문을 작성할 수 있다.

수업이 끝난 후 학생들은 무엇을 얻게 되는가?

일반화된 지식
• 미술 작품을 감상할 때 소재, 주제, 표현 방법, 조형 요소와 원리 등을 볼 수 있다. • 미술 작품에 대해 말할 때 미술 용어를 사용한다. • 미술 작품에는 화가의 표현 의도가 들어 있다. • 미술 작품은 시대적, 문화적 배경을 반영한다. • 미술 작품을 감상하고 어떤 가치를 지니고 있는지 개인적인 평가를 내릴 수 있다.

핵심 개념	핵심 기능
• 작품 감상 관점 및 감상 방법 • 소재, 주제 • 표현 의도, 표현 방법 • 조형 요소와 원리 • 미술 용어 • 작가와 작품	• 학습 계획하기 • 작품 감상하기 • 발표 자료 만들기 • 발표하기 • 요약하기 • 자기 평가하기

어떤 역량을 기르기 위한 교수 설계를 할 것인가?

학습과 혁신 기술	정보, 미디어, 과학 기술	삶과 직업 기술
☑ 창의력 ☑ 비판력 ☑ 소통력 ☑ 협업력	☑ 정보 능력 ☐ 미디어 능력 ☑ 정보, 소통, 기술 능력(정보적용능력)	☑ 융통성과 적응력 ☑ 주도력과 자주적인 방향 결정 ☑ 사회적이고 간문화적인 기술 ☐ 생산성과 책무성 ☑ 리더십과 책임감

학생들이 해결해야 할 수행 과제는 무엇인가?

학생들은 모둠별로 미술 작품 한 개를 선택하여 작품과 작가에 대한 설명 자료를 만들어 관람객들에게 설명해야 한다.

목표(G)	미술 작품에 대해 설명 자료를 만들어 발표할 수 있다.
역할(R)	도슨트(박물관이나 미술관 등에서 관람객들에게 전시물을 설명하는 안내인)
청중(A)	관람객
상황(S)	우리 미술관에서는 미술 작품 전시회가 열린다. 관람객들에게 미술 작품을 잘 이해시키기 위해서 작품과 작가에 대한 자료를 만들어 관람객들에게 설명해야 한다.
수행(P)	미술 작품을 선택하여 작품과 작가에 대한 설명 자료 만들고 발표하기
기준(S)	• 감상 작품을 선택하여 제목, 작가, 처음 보았을 때 느낌 등 기본 사항을 제시할 것 • 작품을 자세히 볼 수 있는 질문 3개를 제시할 것 • 질문에는 소재, 주제, 표현 방법, 조형 요소 및 원리 등 감상 관점을 포함할 것 • 시대적 배경, 문화적 배경, 작가의 의도를 포함한 작가의 이야기를 제시할 것 • 작품의 미적 가치와 작품에 대한 평가를 내릴 것 • 바른 태도와 적당한 목소리로 발표할 것

루브릭(평가 준거)

수행 과제	우수(5)	보통(3)	미흡(1)
작품 소개	작품을 선택하여 제목, 작가명, 첫 느낌 모두를 제시하였다.	작품을 선택하여 제목, 작가명, 첫 느낌 중 1~2개를 제시하였다.	작품을 선택하여 제시하였다.
작품을 자세히 볼 수 있는 질문	질문에는 소재, 주제, 표현 방법, 조형 요소 및 원리 등 감상 관점을 포함하고 있다.	질문에는 소재, 주제, 표현 방법, 조형 요소 및 원리 등 감상 관점 중 1~2가지를 포함하고 있다	작품에 관련된 질문이 제시되어 있다.
작가의 이야기	시대적 배경, 문화적 배경, 작가의 의도를 포함한 작가의 이야기를 제시하였다.	시대적 배경, 문화적 배경, 작가의 의도 중 일부를 포함한 작가의 이야기를 제시하였다.	작가의 이야기를 제시하였다.
발표 태도	바른 태도와 적당한 목소리로 발표하였다.	바른 태도로 발표하였다.	발표하는 태도가 조금 미흡하였다.

수행 과제 외의 평가 도구

- 발표 자료 제작 및 발표 후 자신의 이해도 평가하기(자기평가)
- 관람객으로서 작품 요약서 및 작품 평가(서술형 평가)

차시 설계를 위한 질문은 무엇인가?

일반화된 지식	본질적 질문
미술 작품을 감상할 때 첫 느낌, 소재, 주제, 표현 방법, 조형 요소와 원리 등을 볼 수 있다.	• 작품을 처음 보았을 때 어떤 느낌이 들었는가? • 미술 작품을 감상할 때 무엇을 보아야 할까? • 미술 작품을 구성하는 요소와 원리는 무엇일까? • 이 작품은 어떤 표현 방법을 사용했을까? • 작품 속에는 어떤 내용이 들어 있을까?
미술 작품에 대해 말할 때 미술 용어를 사용한다.	• 미술 작품에 대해 이야기할 때 어떤 용어들이 사용될까?
미술 작품에는 화가의 표현 의도가 들어 있다.	• 작가는 어떤 의도로 작품을 만들었을까? • 작가가 전하려고 하는 것은 무엇일까?
미술 작품은 시대적, 개인적 배경을 반영한다.	• 작품이 만들어질 때 시대적, 개인적 배경은 어땠을까?
미술 작품을 감상하고 어떤 가치를 지니고 있는지 개인적인 평가를 내릴 수 있다.	• 작품은 어떤 미적 가치를 지니고 있는가? • 작품에 대해 어떤 생각이 드는가? • 작품이 마음에 드는가?

주제 학습은 어떻게 진행하며 어떤 액션툴을 사용할 것인가?

차시	차시 주제	활동 과정	액션툴	4C 창의력	4C 비판력	4C 소통력	4C 협업력	정보 사용 능력
1	미술 작품 감상 계획 세우기	미술 작품 감상 경험 나누기						
		공부할 문제 확인하기						
		미술 작품 감상 단계 토의하기						
		미술 작품 감상 단계 정리하기	NO 14. 핵심 생각		○		○	
		수행 과제 확인하기						
		감상할 작품 선정하기						
		수행 과제 해결 계획 세우기	NO 2. 나의 수행 계획하기		○	○		
		차시 준비물 확인하기						

차시	차시 주제	활동 과정	액션툴	4C				정보 사용 능력
				창의력	비판력	소통력	협업력	
2~3	발표 자료 제작하기	전시 학습 상기하기						
		공부할 문제 확인하기						
		나의 학습 계획 확인하기						
		준비해 온 작품 사진 보며 질문 정리하기						
		질문 중 좋은 질문 3개 고르기	NO 8. 주제에 대해 질문하기	○	○			
		질문에 답 찾아 정리하기						
		발표 자료 제작하기						
		수행 과제 하며 알게 된 점과 새로운 질문 하기	NO 2. 나의 수행 계획하기		○	○		
		차시 예고하기						
4~5	주제 발표하기	전시 학습 상기하기						
		공부할 문제 확인하기						
		발표 방법 정하기						
		도슨트가 되어 내가 감상한 작품 친구들에게 발표하기						
		발표 들으며 작품 요약서 쓰고 작품 평가하기						
		수업을 통해 알게 된 점과 생각한 점 나누기						
		자기 평가하기	NO 55. 나의 이해도 평가하기		○			

학습 주제

미술 작품 감상 계획 세우기 (1/5차시)

- **학습 도구:** NO 14. 핵심 생각, NO 2. 나의 수행 계획하기
- **교수·학습의 흐름**

미술 작품 감상 단계 정리하기

교사▸ 지금까지 미술 작품을 보는 단계에 대해 토의해 보았습니다. 토의한 내용을 바탕으로 미술 감상 단계에서 중요한 핵심 생각을 액션툴(핵심 생각)을 활용하여 정리해 보도록 하겠습니다.

학생▸ 핵심 생각은 중요한 생각인가요?

교사▸ 네. 핵심 생각은 우리가 이야기 나눈 많은 세부 내용을 담을 수 있는 중심 개념을 의미합니다. 미술 작품 감상 단계에서 중요한 개념을 브레인스토밍해 봅시다.

학생들은 감상 단계에서 중요한 개념을 포스트잇에 적어 칠판에 붙인다.

교사는 학생들과 함께 각 항목이 어느 범주에 속하고 하위 항목이 무엇인지 질문하며 유목화하여 핵심 생각을 정한다.

교사▸ 여러분들의 의견을 모아 미술 작품 감상 단계에 대한 핵심 생각은 작품 만나기, 작품 자세히 보기, 작가의 의도 해석하기, 작품 평가하기 4개로 정해졌습니다. 우리가 합의한 핵심 생각을 액션툴 NO.14의 첫 번째 열에 정리해 봅시다.

학생들은 첫 번째 열에 핵심 생각을 정리한다.

교사▸ 이제 짝과 함께 이야기하며 각 핵심 생각에 해당하는 세부 내용을 정리해 봅시다. 세부 내용은 핵심 생각을 구체적으로 설명하거나 예시를 제시할 수 있습니다.

학생들은 짝과 대화하며 세부 내용을 정리한다. 액션툴 NO.14

학생1▸ 작품 만나기의 세부 내용은 무엇을 쓰면 좋을까?

학생2▸ 작품을 처음 만날 때 우리가 보는 것을 정리하면 좋을 것 같아.

학생1▸ 작품을 처음 본 느낌을 쓰자.

학생 2 좋아. 작품을 처음 볼 때 작가가 누구인지, 제목이 무엇인지도 중요할 것 같아.

학생 1 작품을 자세히 볼 때는 조형 요소와 조형 원리, 표현 방법, 재료 등을 봐야지.

학생 2 작품의 의미를 생각할 때는 작가의 이야기, 시대적 배경 등을 살펴봐야 해.

학생 1 작품을 평가할 때는 먼저 작품의 선호도를 쓰고 이유를 써야지.

학생 2 그래, 이유에는 작가의 생각이나, 색, 형 등에 대해 이야기하면 좋을 것 같아.

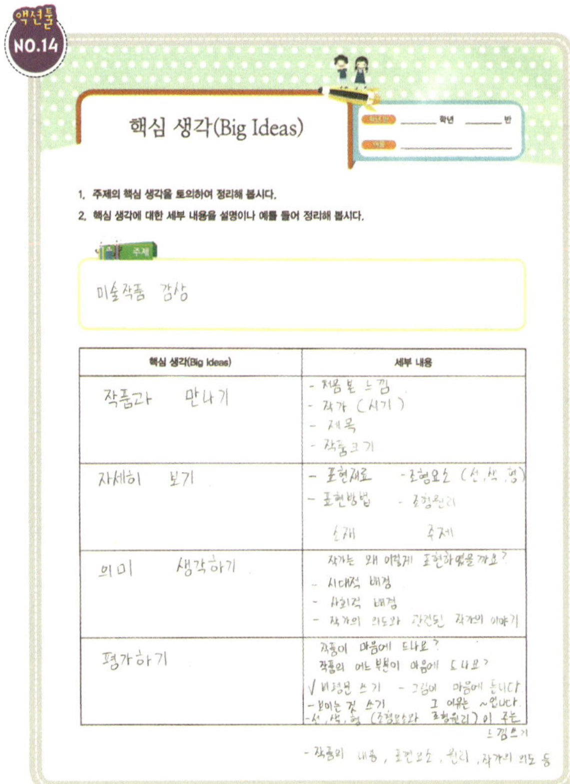

액션툴 NO.14

핵심 생각(Big Ideas)

1. 주제의 핵심 생각을 토의하여 정리해 봅시다.
2. 핵심 생각에 대한 세부 내용을 설명이나 예를 들어 정리해 봅시다.

주제

미술작품 감상

핵심 생각(Big Ideas)	세부 내용
작품과 만나기	- 처음 본 느낌 - 작가 (시기) - 제목 - 작품크기
자세히 보기	- 표현재료 -조형요소 (선, 색, 형) - 표현방법 - 조형원리 소재 주제
의미 생각하기	작가는 왜 이렇게 표현하였을까요? - 시대적 배경 - 사회적 배경 - 작가의 의도와 관련된 작가의 이야기
평가하기	작품이 마음에 드나요? 작품의 어느 부분이 마음에 드나요? √ 비평문 쓰기 - 그림이 마음에 듭니다 - 보이는 것 쓰기 그 이유는 ~입니다. - 선, 색, 형 (조형요소와 조형원리)이 주는 느낌쓰기 - 작품의 내용, 표현요소, 원리, 작가의 의도 등

생각해 보기

토의 후 학생들의 생각을 정리하는 것은 중요하다. 토의한 내용의 크고 중요한 개념들을 핵심 생각으로 정하여 그 핵심 생각의 세부 내용을 정리해 보면 전체 내용이 이해하기 쉬워진다.

수행 과제 해결 계획 세우기

교사 정보를 찾는 것과 여행 계획을 짜는 것은 어떤 공통점이 있을까요?

학생 여행 계획을 짤 때 목적지가 먼저 정해져야 하듯이 정보를 찾을 때도 무엇에 대한 정보를 찾아야 하는지 목적이 먼저 정해져야 할 것 같아요.

학생 네. 목적지나 목적이 정해지면 그것을 찾아가는 방법을 찾아야 해요.

교사 그럼 우리도 각자의 주제를 확인하고 그 주제를 해결하기 위해 액션툴 NO.2 를 활용해서 수행 계획을 세워 봅시다.

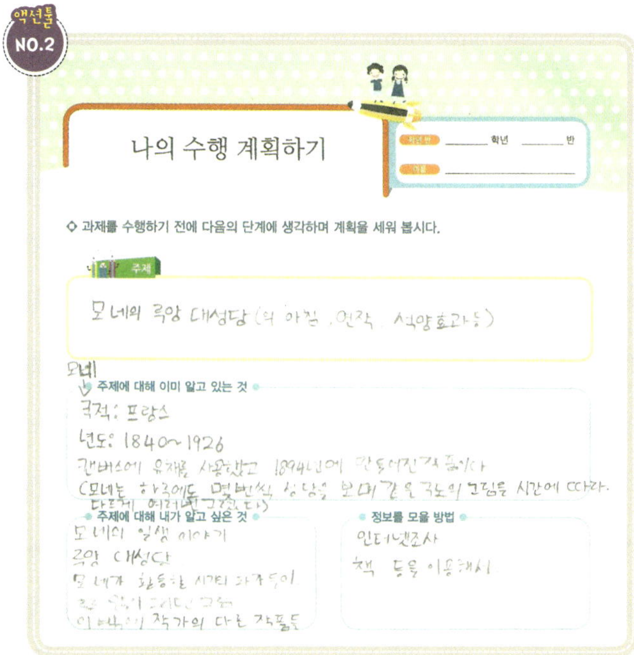
액션툴 NO.2

나의 수행 계획하기

학년 ___ 반 ___

이름 ___

◇ 과제를 수행하기 전에 다음의 단계에 생각하며 계획을 세워 봅시다.

주제

모네의 루앙 대성당(의 아침, 연작, 석양효과 등)

모네

주제에 대해 이미 알고 있는 것

국적: 프랑스

년도: 1840~1926

캔버스에 유채를 사용했고 1894년에 만들어진 작품이다

(모네는 하루에도 몇번씩 성당을 보며 같은 구도의 그림을 시간에 따라 다르게 여러번 그렸다)

주제에 대해 내가 알고 싶은 것

모네의 일생 이야기

루앙 대성당

모네가 활동한 시기의 화가들이

이 화가의 작가의 다른 작품들

정보를 모을 방법

인터넷조사

책 등을 이용해서

생각해 보기

교과서에 나온 작품들을 살펴보며 그 중에 마음에 드는 작품을 정하게 한다. 그리고 교과서에 나온 정보나 그 외 내가 알고 있는 사항을 바탕으로 이미 알고 있는 것을 정리하도록 한다. 그런 다음 주제에 대해 알고 싶은 것과 그것을 어떻게 알아낼지 방법을 생각해 본다.

학습 주제

발표 자료 제작하기 (2~3/5차시)

- **학습 도구:** NO 8. 주제에 대해 질문하기, NO 2. 나의 수행 계획하기
- **교수·학습의 흐름**

질문에 답 찾아 정리하기

교사 지난 시간에 수행 계획을 세우고 필요한 자료들을 찾아오기로 했습니다. 준비해 온 자료를 살펴보며 발표 자료를 제작하도록 하겠습니다. 첫 시간에 작성한 핵심 개념들이 잘 드러나도록 합시다. 발표 자료에 들어가야 할 것은 어떤 것이 있을까요?

학생 작가, 작품명, 제작연도 등 처음 작품을 만날 때 알게 되는 사항이 들어가야 해요.

학생 작품을 자세히 보며 생긴 질문과 질문에 대한 답이 들어가는 것이 좋아요.

학생 작가의 의도를 생각해 보고 그것과 관련된 작가의 이야기를 넣으면 친구들이 작품에 대해 더 잘 이해할 수 있을 것 같아요.

학생 작품을 감상하고 평가한 내용도 쓰면 좋겠어요.

교사 네, 그런 내용이 들어가도록 발표 자료를 제작하겠습니다. 먼저 작품을 자세히 보기 위한 질문을 정해 보도록 하겠습니다. 작품을 자세히 보며 궁금한 점을 바탕으로 질문을 많이 만들어 봅시다.

학생들은 생각할 수 있는 질문을 최대한 많이 생각해 본다. 액션툴 NO.8

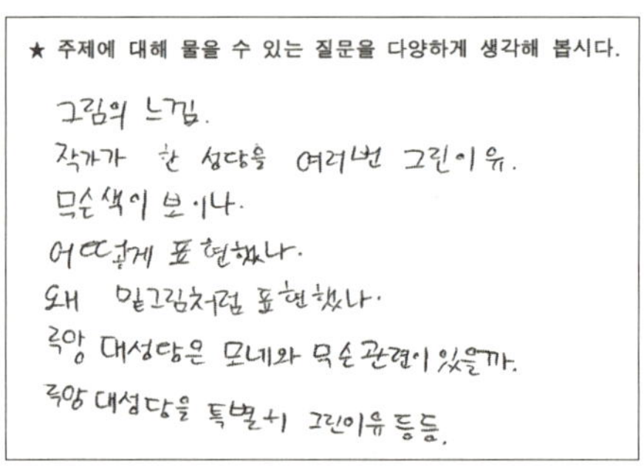
★ 주제에 대해 물을 수 있는 질문을 다양하게 생각해 봅시다.

그림의 느낌.
작가가 한 성당을 여러번 그린이유.
무슨색이 보이나.
어떻게 표현했나.
왜 밑그림처럼 표현했나.
루앙 대성당은 모네와 무슨관련이 있을까.
루앙 대성당을 특별히 그린이유 등등.

교사 짝과 이야기를 나누며 질문 중 좋은 질문 3개를 골라 봅시다. 그런 다음 액션툴 NO.8 '주제에 대해 질문하기'에 질문 3개를 적습니다. 그리고 준비해 온 자료와 인터넷을 이용하여 질문의 답을 찾아 정리하도록 합니다. 액션툴 NO.8

액션툴 NO.8

주제에 대해 질문하기

학년 반 ____ 학년 ____ 반

이름 ________

1. 주제에 대해 물을 수 있는 질문을 생각해 봅시다.
2. 질문 중에서 세 가지 중요한 질문을 찾아봅시다.
3. 질문에 대해 연구하여 답을 정리해 봅시다.

주제

모네의 루앙 대성당에 대하여 (아침, 한낮, 석양효과 등)

질문 1	질문 2	질문 3
그림의 첫느낌	작가가 한 성당을 여러번 그린 이유.	왜 정교하게 하지 않고 밑그림처럼 표현했나.
답	답	답
선이 명확하지. 않고 빛의 느낌만 표현한 듯한 느낌이 새로우면서도 부드러워서 재미있다	시간의 성당을 비추는 햇빛의 효과를 관찰하며 그리고 싶었던 것	시간이 지날 때마다 빨리 그려야 하기 때문에 스케치처럼 그렸다

생각해 보기

질문을 만들기 전에 작품을 자세히 보도록 한다. 단순하게 보이는 것, 보이는 색 등 쉬운 질문부터 시작해도 좋다. 그리고 작품을 자세히 보면서 그림이 다른 그림과 비교했을 때 특별한 점을 찾아본다. 특별한 점을 바탕으로 궁금한 것을 질문으로 만들도록 한다. 그 외에도 생각나는 질문들을 다양하게 적어 보도록 한다.

발표 자료 제작하기

교사 이제 자신이 정한 주제에 대한 발표 자료를 만들어 봅시다. 조사한 내용을 바탕으로 화가의 특성이 잘 드러나는 제목을 붙이도록 합니다.

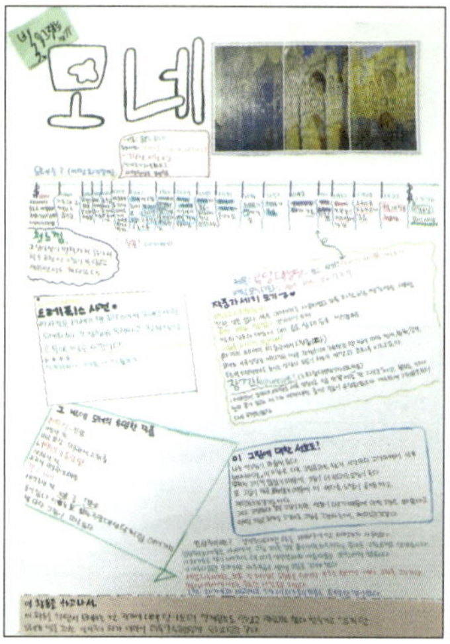

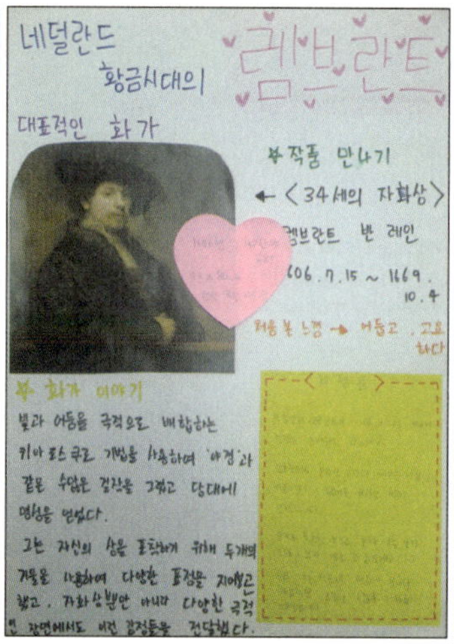

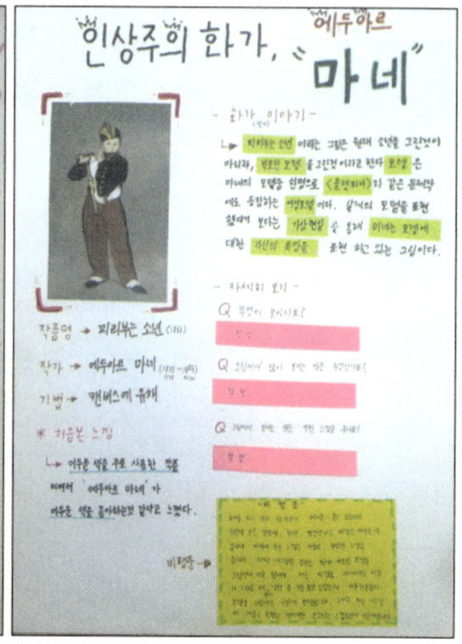

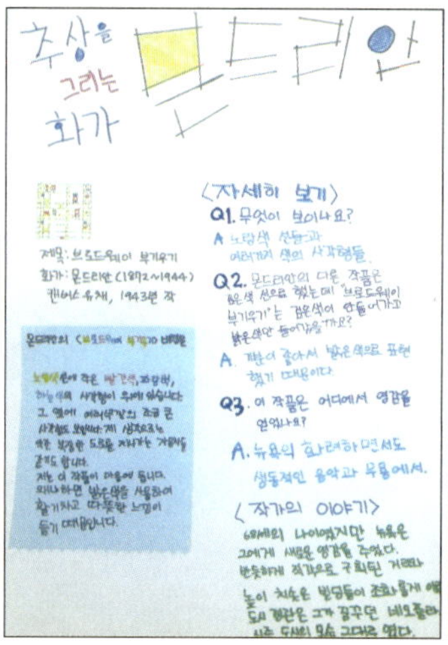

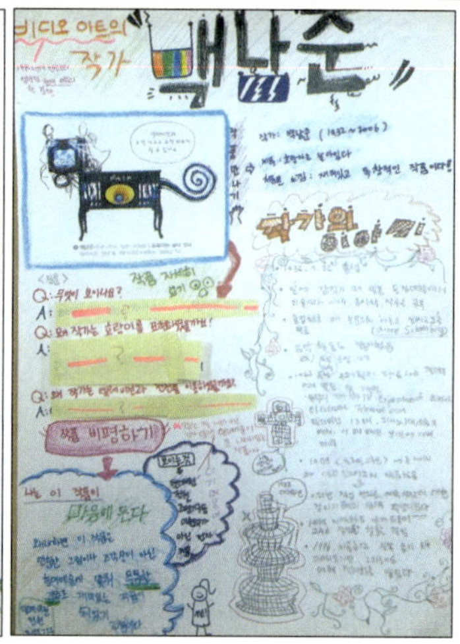

생각해 보기

발표 자료는 작품 만나기, 작품 자세히 보기, 작가의 의도 알기, 작품 평가하기가 잘 드러나도록 제작하도록 한다.

- **작품 만나기**: 처음 보았을 때의 느낌, 작가명, 작품제목, 제작연도, 재료 등을 제시한다.
- **작품 자세히 보기**: 작품을 자세히 보기 위한 세 가지 질문과 답을 정리하고 친구들에게 발표할 때 친구들이 생각을 해 볼 수 있도록 답은 적지 않거나 다른 종이로 가리도록 한다.
- **작가의 의도 알기**: 작가의 의도와 관련한 재미있는 이야기를 조사하여 정리한다.
- **작품 평가하기**: 작품을 감상하고 난 후 비평문을 작성하도록 한다. 비평문은 보이는 것, 선과 색이 주는 느낌, 작품에 대한 선호도와 이유가 잘 드러나도록 작성한다.

수행 과제 하며 알게 된 점과 새로운 질문 하기

교사 수행 과제를 해결하여 발표 자료를 만들었습니다. 이번 주제를 학습하며 어떤 생각이 들었는지 이야기해 봅시다.

학생 발표 자료를 만들며 작가와 작품에 대해 잘 알게 되었습니다.

학생 저는 작가와 작품에 대해 질문한 것을 해결하며 더 알고 싶은 것이 생겼어요.

교사 그렇군요. 활동을 하면서 새롭게 알게 된 사실을 정리해 봅시다. 그리고 새로운 질문도 해봅시다. 액션툴 NO.2

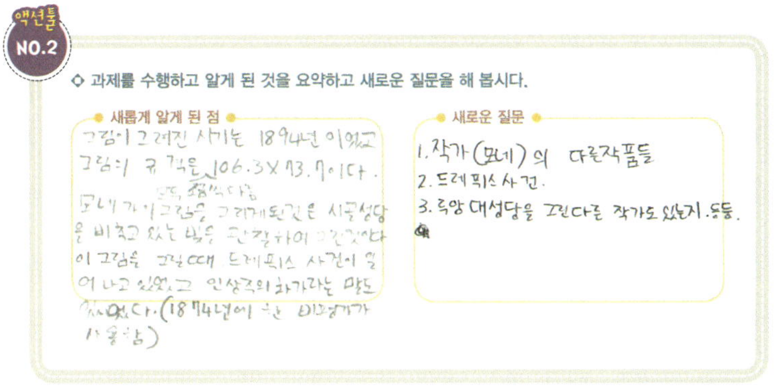

교사 다음 시간에는 오늘 제작한 자료를 가지고 도슨트가 되어 친구들에게 발표하는 시간을 갖겠습니다. 다음 시간까지 새로운 질문에 대해서도 답을 찾아보도록 합시다.

학습 주제

주제 발표하기 (4~5/5차시)

- **학습 도구:** NO 55. 나의 이해도 평가하기
- **교수·학습의 흐름**

도슨트가 되어 친구들에게 내가 감상한 작품 발표하기

교사▸ 지난 시간에 수행 계획에 따라 발표 자료를 제작하고 새로운 질문도 해 보았습니다. 새로운 질문에 대해 다시 알아본 내용을 생각하며 도슨트가 되어 친구들에게 자기가 감상한 작품을 발표해 보도록 하겠습니다. 듣는 친구들은 친구의 발표를 들으며 궁금한 점을 질문하도록 합시다. 그리고 감상한 작품을 감상지에 요약하여 정리하고 작품 평가도 해 봅시다.

학생들은 자유롭게 돌아다니며 친구를 만나 친구가 감상한 작품에 대해 듣고 내가 감상한 작품을 친구들에게 발표한다. 듣는 친구는 들으면서 궁금한 점을 질문하도록 한다.

학생1▸ 나는 빛을 그리는 화가 모네에 대해 발표할게. 내가 선정한 작품은 클로드 모네의 '루앙대성당'이야. 이 그림을 처음 보니 어떤 생각이 들었니?

학생2▸ 같은 모양인데 색이 다른 그림이 3개 있구나. 그런데 흐릿해서 좀 답답해 보여.

학생1▸ 응. 나는 그림의 선이 명확하지 않고 부드러워서 새로우면서 재미있게 느껴졌어. 너는 작가가 왜 한 성당을 여러 번 그렸다고 생각하니?

학생2▸ 잘 그리려고 연습을 많이 한 거 같아.

학생1▸ 이 그림은 성당을 비추는 햇빛의 효과를 관찰하여 빛의 강도에 따라 달라지는 효과를 구상한 거래.

학생2▸ 그럼 빛의 효과가 어떻게 달라진 거야?

학생1▸ 첫 번째 그림은 아침 안개가 끼었을 때고 두 번째 그림은 정오, 세 번째 그림은 흐린 날을 표현한 거래.

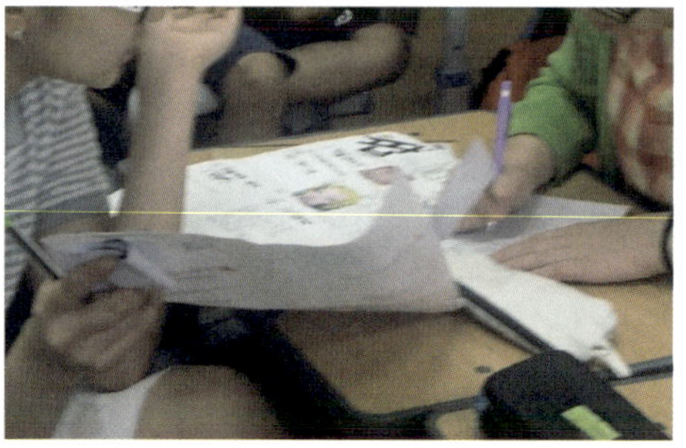

학생2▸ 그러고 보니 그렇게 보인다!

학생1▸ 그럼 왜 정교하게 하지 않고 밑그림처럼 표현했을까?

학생2▸ 신비롭게 보이게 하고 싶었을까?

학생1▸ 시간이 지날 때마다 빨리 그려야 하기 때문에 스케치처럼 그린 거래.

학생2 그렇구나. 빠르게 빛이 주는 느낌을 그린 거구나.

학생1 작가와 관련된 이야기를 들려줄게. 모네는 시골 성당을 비추고 있는 빛을 관찰하며 햇빛에 따라 흰색, 황금색, 갈색, 푸른색, 오렌지색으로 보이는 성당의 모습이 하늘의 빛깔과 조화를 이루게 해서 그렸대. 모네의 '해돋이 인상'이란 작품에서 인상주의라는 이름이 나왔다고 해. 인상주의 화가들은 야외에서 그림을 그리는 것을 좋아하며, 하루하루의 일상을 그림 소재로 삼았대. 이 화가들은 빛이 바뀌는 데 따른 색의 변화와 아름다움을 포착하려고 했다고 해. 그 무렵의 다른 화가들은 보통 잘 차려입은 모델들을 데려와 포즈를 취하게 해서 그림을 그리거나 신화나 역사에 나오는 중요한 사건들을 그렸대. 그런 화가들과 비교하면 인상주의 화가들의 작품은 무척 특별한 것이었어.

학생2 빛의 변화에 따른 색의 변화를 표현해서 색이 아름답게 보였구나.

학생1 너는 이 작품이 마음에 드니?

학생2 처음에는 흐릿해서 형태가 잘 안 보여 그림이 잘 이해가 안 되었는데 너의 설명을 들어 보니 색이 아름다워 보여서 작품이 마음에 들어.

학생1 내가 이 그림이 마음에 든 이유는 선이 명확하지 않아서 부드러운 느낌이 들어서야. 또 그림이 빛을 표현했기 때문에 더 색다른 느낌이 들기도 해. 그리고 같은 그림이지만 색감이 다르기 때문에 어떤 그림은 따뜻하고 어떤 그림은 차가운 느낌이어서 그림을 구경하는 게 재미있어.

학생2 좋은 작품을 소개해 줘서 고마워. 이제 내가 준비한 화가를 소개해 줄게.

내가 감상한 작품 정리하기

6학년 (   )반 (   )번 이름:

★ 친구들의 발표를 들으며 작품의 특징을 정리하고 작품을 평가해 봅시다.

작가	작품 제목	작품의 특징	작품 평가하기
에스허르	폭포	기하학적인 환상을 세밀하게 표현했다	X, 물이 올라간다는 게 이상하다
쿠시	라만차 지방의 동물상	거대한 나비가 풍차 대신 달려있다. 저멀리 보이는 구름이 참 풍성하다	O, 신비롭고 사람이 작은게 재미있다
앤디 골즈워디	나뭇잎 강돌	강돌을 반으로 쪼개서 이어 만든 게 신기하다 나뭇잎이 정교하다.	△, 작품이 징그럽다 색이 별로다.
바자렐리	1220-MC	빅토르 바자렐리가 옵티컬 아트의 선구자 옵아트의 창시자다.	O, 착시현상이 보여 난다. 신비롭고, 멋지다
레오나르도 다빈치	모나리자	리자 부인이 여행을 갔다가 사망해서 미완성일수도, 그때는 눈썹이 없는 것이 유행이었는지도	O, 눈썹이 없어서 특이하고 개성있다

자기 평가하기

교사 ▸ 이제 주제 학습을 마쳤습니다. 주제 학습을 마무리하며 잘 이해했는지 액션툴 NO.55 를 활용하여 평가해 보도록 하겠습니다.

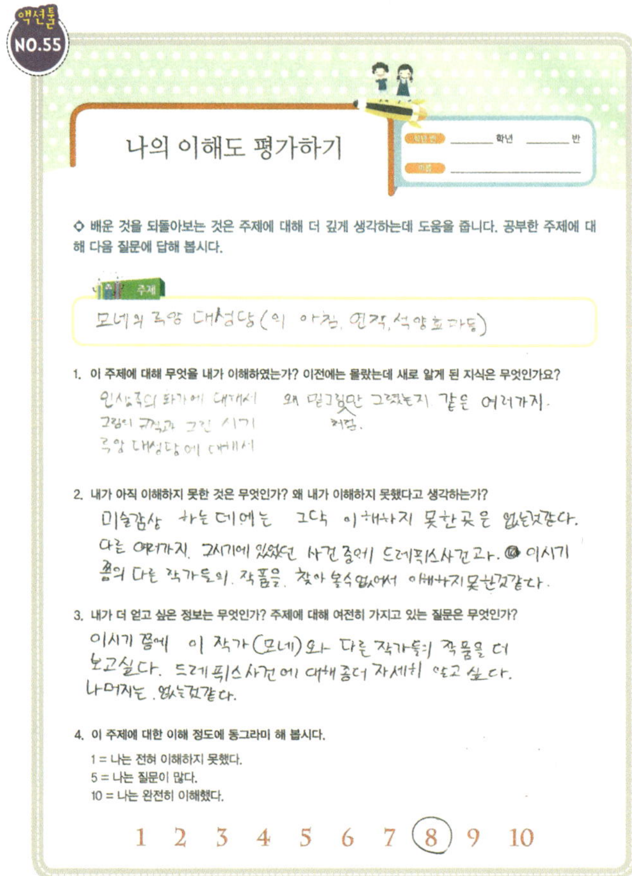

액션툴 NO.55

나의 이해도 평가하기

학년 반: _____학년 _____반

이름: __________

◇ 배운 것을 되돌아보는 것은 주제에 대해 더 깊게 생각하는데 도움을 줍니다. 공부한 주제에 대해 다음 질문에 답해 봅시다.

주제

모네의 루앙 대성당(의 아침, 인각, 석양효과등)

1. 이 주제에 대해 무엇을 내가 이해하였는가? 이전에는 몰랐는데 새로 알게 된 지식은 무엇인가요?

인상주의 화가에 대해서
그림의 규칙과 그린 시기
루앙 대성당에 대해서
왜 밑그림만 그렸는지 처럼. 같은 여러가지.

2. 내가 아직 이해하지 못한 것은 무엇인가? 왜 내가 이해하지 못했다고 생각하는가?

미술감상 하는데에는 그다지 이해하지 못한곳은 없는것같다.
다른 여러가지. 그시기에 있었던 사건중에 드레퓌스사건과. 이시기 즘의 다른 작가들의. 작품을. 찾아 볼수없어서 이해하지못한것같다.

3. 내가 더 얻고 싶은 정보는 무엇인가? 주제에 대해 여전히 가지고 있는 질문은 무엇인가?

이시기 쯤에 이 작가(모네)와 다른 작가들의 작품을 더 보고싶다. 드레퓌스사건에 대해 좀더 자세히 알고 싶다.
나머지는. 없는것같다.

4. 이 주제에 대한 이해 정도에 동그라미 해 봅시다.

1 = 나는 전혀 이해하지 못했다.
5 = 나는 질문이 많다.
10 = 나는 완전히 이해했다.

1 2 3 4 5 6 7 (8) 9 10

수업을 통해 알게 된 점 나누기

교사 ▸ 주제 학습에 대한 자기의 이해도 평가를 해 보았습니다. 자기 평가한 내용을 바탕으로 활동을 하면서 알게 된 것과 알고 싶은 것, 생각한 점 등을 릴레이 발표해 보도록 하겠습니다.

학생 ▸ 저는 이번 활동을 통해서 작가의 그림에는 각각 재미있는 사실이 얽혀 있다는 것을 알게 되었어요.

학생 ▸ 작품 비평문을 잘 쓸 수 있게 되었어요.

학생 ▸ 여러 화가들의 작품을 접할 수 있게 되어 좋았어요.

학생 ▸ 친구들이 조사한 작품을 보고 작가들만의 독특한 화풍이 있다는 것을 알게 되었어요.

학생▶ 여러 가지 신기하고 특이한 기법을 많이 접하게 되었어요. 그런 기법들에 대해서 알아보고 싶어요.

학생▶ 다른 부분에 대해서는 잘 이해한 것 같은데 조형 요소와 조형 원리는 조금 어려웠어요. 조금 더 공부해 보고 싶어요.

학생▶ 작품을 보는 방법을 잘 알게 되었어요.

학생▶ 재미있고 신기한 작품을 많이 보아서 좋았어요.

액션툴을 사용한 학생들의 소감

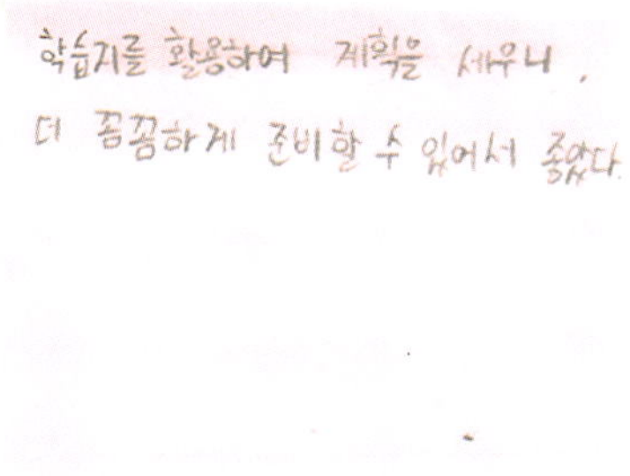
학습지를 활용하여 계획을 세우니,
더 꼼꼼하게 준비할 수 있어서 좋았다.

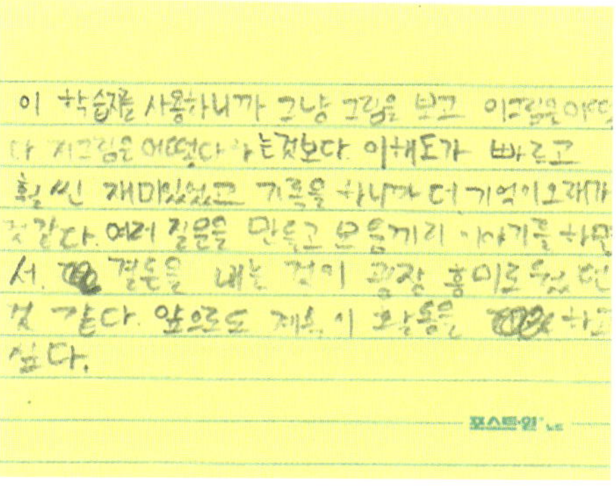
이 학습지를 사용하니까 그냥 그림을 보고 이그림은 이떻
다 저그림은 어떻다 하는것보다 이해도가 빠르고
훨씬 재미있었고 기록을 하니까 더 기억이 오래가
는것같다. 여러 질문을 만들고 모둠끼리 이야기를 하면
서. 결론을 내는 것이 굉장 흥미로웠던
것 같다. 앞으로도 계속 이 활동을 하고
싶다.

CoRe 질문을 활용한 수업 사례

문제를 평화적으로 해결해요.

1 학습 내용

학생들이 학습해야 할 내용은 무엇인가?

2 학습 필요

이 내용을 학습해야 하는 까닭은 무엇인가?

3 교과 지식

이 학습 내용과 관련하여 교사가 알아야 할 내용은 무엇인가?

4 학습 평가

이 내용에 대한 학생들의 이해도나 어려움을 평가하는 방법은 무엇인가?

5 지도 유의점

지도할 때 고려해야 할 유의점은 무엇인가?

6 학생 진단

이 내용을 학습할 학생들이 겪을 어려움은 무엇인가?

7 교수 처방

이 내용을 지도할 때 사용하는 교수법과 그 이유는 무엇인가?

8 액션툴 적용

주제 학습은 어떻게 진행하며, 어떤 역량을 길러 주는 액션툴을 사용할 것인가?

1 학습 내용

학생들이 학습해야 할 내용은 무엇인가?

교육과정 성취 기준

『문제를 평화적으로 해결해요.』 주제는 '타인과의 관계' 영역에 속하며, 핵심 가치는 '배려'이다. 관련된 성취 기준은 다음과 같다.

영역 성취 기준

자신과 가정 · 학교 · 이웃관계 등에서 만나는 사람들과의 관계에 대한 올바른 이해를 바탕으로 다른 사람과 조화롭게 살아갈 수 있는 도덕적 능력과 태도를 지닌다. 인간으로서 기본적인 도리를 가정 · 학교 · 이웃관계에서 실천할 수 있고, 다른 이들의 필요와 요구에 공감하면서 그들을 존중하고 배려하기 위해 노력하려는 태도를 지닌다.

학습 내용별 성취 기준

배려하고 봉사하는 삶

나와 함께 살아가는 주위 사람들에 대해 관심을 가지고, 그들의 삶에 공감하며 그들을 배려하고 봉사하는 태도를 지닌다. 이를 위해 어려움에 처하거나 남에게 무시 또는 소외당하는 사람의 고통을 공감해 보면서 배려의 필요성과 의미를 찾아보고, 타인을 배려하고 봉사하는 삶의 실천 방법에 대해 토의한다.

① 배려와 봉사의 의미와 중요성
② 구성원들이 서로 배려하고 봉사하는 공동체의 특징과 장점
③ 배려와 봉사를 실천하는 방법과 꾸준히 실천하는 태도

대화와 갈등 해결

일상생활에서 발생하는 다양한 갈등의 원인과 대화의 중요성을 인식하여 여러 가지 갈등을 대화를 통해 평화적으로 해결할 수 있는 도덕적 역량과 태도를 기른다. 이를 위해 일상생활의 다양한 갈등 문제를 대화를 통해 평화적으로 해결하는 경우와 그렇지 않은 경우의 장 · 단점을 분석하고, 평화적인 갈등 해결 방법을 사례를 통해 구체적으로 제시한다.

① 갈등의 종류와 갈등 해결의 의미와 중요성
② 대화를 통한 평화적인 갈등 해결의 방법과 과정 및 절차
③ 폭력 없는 학교, 학급 규칙 만들기

주제 학습 목표

이 학습은 학급에서 흔히 일어날 수 있는 갈등 상황을 통해 자신과 상대의 욕구를 이해하고 공감하며, 모둠원과 협력하여 평화적으로 문제를 해결하는 방법을 찾는 데 주안점이 있다. 그러한 과정에서 주위 사람들과 따뜻한 관계를 만들기 위해 '어떻게 행동하면 좋을까?' 하는 윤리적 성찰과 일상적 실천이 일어나도록 한다.

인지적	올바른 배려의 의미를 안다.
정의적	상대방이 진정으로 원하는 것, 필요로 하는 것이 무엇인지 생각하며 실천에 옮기려는 마음을 지닌다.
행동적	문제를 평화적으로 해결한다.

2 학습 필요

이 내용을 학습해야 하는 까닭은 무엇인가?

배려와 봉사는 개인의 차원을 넘어 학급, 사회, 세계를 위해 모두가 함께 실천해야 하는 삶의 자세이다. 인간이 질적으로 성숙한 삶을 살기 위해서는 관계적 존재로서 서로 배려하고 나누고 봉사하는 삶의 태도가 필요하기 때문이다.

배려는 따뜻한 관계를 만들어 주지만 상대가 진정으로 원하는 것을 알고, 그에 알맞은 배려를 하는 일은 쉬운 일이 아니다. 상황과 맥락에 따라 배려하는 방법과 내용이 달라지기 때문이다. 상대방이 진정으로 원하는 것, 필요로 하는 것이 무엇인지 주위 사람에 대해 관심을 가지고 공감해야 하며, 상대방을 배려하기 전에 내 마음이 진심인지, 다른 사람에게 잘 보이려고 하는 겉치레인지 자신의 마음을 들여다보는 것이 필요하다.

학급에서 생활하다 보면 많은 문제가 발생한다. 어떤 문제는 쉽게 해결되지만 어떤 문제는 잘 해결되지 못한다. 화를 내고, 싸우고, 때로는 포기하고 회피하게 된다. 이 수업은 어떤 문제가 있을 때 그저 막연히 생각하고 결정했던 기존의 사고방식에서 벗어나 아이디어를 창출하는 40가지 원리인 트리즈 기법을 활용하여 자신이 처한 문제에 대해 다양한 방법을 찾는 다면적 사고로 전환함으로써 보다 적극적인 인간관계를 만들어 가도록 하는 것이다. 이것이 본 학습이 필요한 까닭이다.

3 교과 지식
이 학습 내용과 관련하여 교사가 알아야 할 내용은 무엇인가?

학습의 계열

본 학습과 관련된 2009 개정 교육과정의 내용 체계를 살펴보면 다음과 같다.

내용 / 영역	주요 가치 · 덕목		초등학교 3 · 4학년	초등학교 5 · 6학년	중학교 1~3학년군
	전체 지향	영역별			
우리 · 타인과의 관계	존중 책임 정의 배려	효도 예절 협동	(가) 화목한 가정 (나) 친구 간의 우정과 예절 (다) 감사하는 생활 (라) 이웃 간의 도리와 예절 (마) 인터넷 예절 (바) 서로 돕는 생활	(가) 정보 사회에서의 올바른 생활 (나) 웃어른 공경과 예절 (다) 배려하고 봉사하는 삶 (라) 대화와 갈등 해결	(가) 가정생활과 도덕 (나) 친구 관계와 도덕 (다) 사이버 윤리와 예절 (라) 이웃에 대한 배려와 상호 협동 (마) 타인 존중의 태도 (바) 평화적 해결과 폭력 예방 (사) 청소년 문화와 윤리

관련 지식

배려의 종류

- 자기 배려: 배려는 자신을 소중히 여기는 수준에서 시작한다. 남이 옳지 않은 행동으로 나를 힘들게 할 때, 남에게 자신의 힘든 점을 이야기하고 마음의 짐을 벗어야 한다.
- 타인 배려: 나의 욕구와 남의 욕구를 이해하고 공감하는 태도로 나의 욕구를 조절한다. 남에게도 관심을 가지고 적극적으로 관여하며 돌보아 주는 태도가 구성원 모두에게 확대되도록 해야 한다.

출처: 도덕 6 교사용 지도서, 교육부, 2015, p. 260.

트리즈

트리즈(TRIZ)는 겐리히 알츠슐러가 200만 건 이상의 전세계 특허를 분석하여 천재들의 창의적 사고의 공통점을 추출해 정리한 창의적 아이디어 발상법이다.

어떤 문제가 있을 때, 그 문제의 모순을 찾아내고 그것을 해결하기 위한 아이디어나 해결안을 생각하는 데 유용한 방법이다.

트리즈, 아이디어 만드는 40가지 원리

1. 여러 개로 나누기
2. 필요한 것만 선택하기
3. 부분을 다르게 바꾸기
4. 비대칭으로 바꾸기
5. 두 가지 이상을 합치기
6. 하나로 여러 기능 하기
7. 속으로 넣기
8. 균형 맞추기
9. 미리 조금 나쁘게 하기
10. 미리 하기
11. 예방하기
12. 주변을 활용하여 효과적으로 변화시키기
13. 거꾸로 해 보기
14. 구부러지게 하기
15. 유연하게 하기
16. 많거나 적게 하기
17. 차원 바꾸기
18. 흔들리게 하기
19. 반복적으로 하기
20. 좋은 일이 계속 생기게 하기
21. 빠르게 하기
22. 나쁜 것을 좋게 하기
23. 진행 사항 알게 하기
24. 대신해 줄 것을 찾아보기
25. 자동으로 하게 만들기
26. 대체 수단 이용하기
27. 아주 값싸게 하기
28. 다른 에너지 사용하기
29. 공기나 액체 사용하기
30. 얇은 막 사용하기
31. 구멍이 많게 하기
32. 색깔 바꾸어 보기
33. 같은 재료 사용하기
34. 버리거나 다시 사용하기
35. 액체, 고체, 기체로 바꾸기
36. 액체, 고체, 기체로 바뀔 때 현상 활용하기
37. 팽창을 시키거나 줄이기
38. 활성화가 잘 되게 하기
39. 비활성화가 되게 하기
40. 다양한 재료 사용하기

트리즈 닥터 크리에이티브 아이디어 카드 어린이용

트리즈의 기본 도구인 40가지 발명 원리를 귀여운 캐릭터와 쉬운 그림으로 표현하여 누구나 쉽게 이해하고 기발한 발상을 하도록 구성한 아이디어 발상 카드

❂ 트리즈 카드 활용 방법

- 카드의 원리를 적용하면, 어떻게 '주제'를 개선할 수 있을까?(개선)
- 카드의 원리를 적용해서 세상에 없던 '주제'를 만든다면 어떤 모습일까?(발명)

출처: http://etriz.com

트리즈 독서 토론 기법

❂ 목적

- 갈등의 상황을 해결하는 다양한 방식을 유도할 수 있다.
- 평화적 문제 해결의 과정을 익힐 수 있다.

❂ 트리즈 독서 토론 수업 적용 프로세스

- (1단계) 문제 발견: 등장인물이 처한 상황의 문제를 발견한다.
- (2단계) 모순 정의(문제 정리): A를 하면 B가 문제이다. B를 하면 A가 문제이다.
- (3단계) 사고 전환: A를 만족시켜 주면서도 B도 해결할 수 있는 것으로 정의한다.
- (4단계) 문제 해결: 트리즈의 패턴 40가지 중에서 해결 방법을 적용하기
해결 방안 중 가장 적절한 해결 방안을 선택하기

❂ 진행 방법

가. 책을 각자 읽거나 함께 읽는다.

나. 등장인물이나 배경 등에 나타난 문제를 발견하여 적고 발표한다.

다. 이번 차시에 어떤 문제를 다룰 것인지 결정한다.

라. 결정된 문제를 모순 정의 해 본다.

마. 갈등의 양상에 따라 40가지 원리를 활용하여 해결 방안을 생각해 보고 토론하여 적절한 방안을 결정한다.

출처: 독서 토론 직무연수, 황보 현, 2012.

학습 평가

4 이 내용에 대한 학생들의 이해도나 어려움을 평가하는 방법은 무엇인가?

수행 과제

성취 기준	• 나와 함께 살아가는 주위 사람들에 대해 관심을 가지고, 그들의 삶에 공감하며 그들을 배려하고 봉사하는 태도를 지닌다. • 일상생활에서 발생하는 다양한 갈등의 원인과 대화의 중요성을 인식하여 여러 가지 갈등을 대화를 통해 평화적으로 해결할 수 있는 도덕적 역량과 태도를 기른다.
평가 요소	주변 사람의 처지를 공감하고 평화적인 문제 해결 방법 찾기
수행 과제	등장인물이 겪고 있는 갈등을 이해하고, 그들의 처지를 공감하며, 등장인물 모두를 배려한 평화적인 문제 해결 방법 찾기
문제 상황	**도와줄 필요가 있을까?** **은오:** (앙칼진 목소리) "너는 고맙다는 말부터 해야 하는 거 아니야?" **병준:** (흥분된 말투) "누가 도와달라고 부탁한 적 있어?" (다툼이 벌어진 곳에 학급 친구들이 모여든다.) **병준:** "내 물건 함부로 치우지 마. 내가 느리니까 도와준다는 핑계로 알림장 대신 써 주는 것도 싫어. 자존심 상한다고." **은오:** "뭐라고? 난 널 도와준 거야. 맨날 치워 주고 기다려 주는 일은 쉬운 줄 아니?" (병준이와 짝을 해 본 친구들은 모든 상황을 이해한다는 듯) **친구 1:** "은오야, 이제부터 도와주지 마. 고마운 것도 모르는데 잘해 줄 필요 없어." **친구 2:** "맞아, 병준이는 짝 없이 앉아 봐야 해. 그래야 정신 차릴 걸?" **병준:** (발개진 얼굴을 가린 채 책상에 엎드린다.) 병준이는 평소 이해 속도와 행동이 다소 느려서 선생님께서 늘 신경을 쓰신다. 병준이와 짝이 되면 챙기고 보살펴야 하는 일이 많아 모두들 병준이를 조금은 귀찮게 생각한다. 출처 : 도덕 6 교과서, p. 117~118. 예화자료 각색

평가 준거

수행 과제	우수(5)	보통(3)	미흡(1)
등장인물의 마음 공감하기	등장인물이 문제 행동을 한 경우와 그렇지 않은 경우에 얻을 수 있는 긍정적인 점을 각각 2가지씩 서술한다.	등장인물이 문제 행동을 한 경우와 그렇지 않은 경우에 얻을 수 있는 긍정적인 점을 각각 1가지씩 서술한다.	등장인물이 가진 문제는 찾았으나 등장인물의 마음을 공감하지 못하여 인물이 한 행동에 대한 속마음을 1가지 이하로 서술한다.
문제 해결 아이디어 제시하기	모둠별로 트리즈 카드를 활용하여 문제를 개선하기 위한 해결 방안을 6~8가지 제시한다.	모둠별로 트리즈 카드를 활용하여 문제를 개선하기 위한 해결 방안을 3~5가지 제시한다.	모둠별로 트리즈 카드를 활용하여 문제를 개선하기 위한 해결 방안을 1~2가지 제시한다.
토의 활동	모둠원과 협력하여 문제 해결의 전 과정에 배려를 실천하며 적극적으로 참여한다.	모둠원과 협력하는 문제 해결의 전 과정에 잘 참여하였으며, 친구를 배려하는 모습이 대체로 보인다.	모둠원과 협력하는 문제 해결의 전 과정에 소극적으로 참여하였고, 친구를 배려하는 모습을 보기 어렵다.

5 지도 유의점

지도할 때 고려해야 할 유의점은 무엇인가?

이 수업은 학급에서 흔히 일어날 수 있는 갈등의 상황 속에서 진정한 배려와 봉사가 무엇인지 생각해 보고, 평화적으로 문제를 해결하는 과정을 익히는 데 주안점이 있다. 그러므로 단순히 '도와준다', '도와주지 않는다'는 찬반 논쟁의 차원에 머물거나, 문제 상황에서 막연히 생각하고 결정하는 사고를 하지 않도록 하는 것이 중요하다. 학생 발달 수준과 교사의 수업 전문성 수준에서 고려해야 할 유의점을 살펴보면 다음과 같다.

학생의 발달 수준

교사는 학생들의 평소 학교에서의 생활 태도를 관찰하는 것이 필요하다. 배려와 봉사는 언어로 익히는 것이 아니라, 구체적인 행위를 직접 해 보며 익히거나 배려와 봉사의 마음이 깊은 곳으로부터 우러나올 수 있도록 감동적인 예화 및 자료의 제시가 필요하기 때문이다. 평화롭지 못한 우리 학급의 문제 상황과 비슷한 그림책을 선정하거나 학급의 이야기로 각색하여 제시하면 더욱 효과적이다. 또한 나의 생각과 친구의 생각의 차이를 인식하고 인정하려는 마음가짐을 갖게 하는 것도 중요한 내용 중의 하나라고 볼 수 있다.

등장인물의 마음을 공감하여 모순을 찾는 단계에서는 교사 중심의 전체학습 또는 2인1조, 4인1조 등 학생 수준에 따라 학습 형태를 선택하여 진행한다.

수업 전문성 수준

배려와 관련된 이야기와 생활 속의 경험을 바탕으로 자신과 다른 사람에 대한 배려의 중요성을 인식하고 실천하도록 하며, 도덕적 갈등이나 문제 사태를 배려하는 관계 속에서 해결할 수 있도록 경험해 보게 하는 것이 중요하다.

배려와 봉사의 가치는 경험 속에서 이루어짐을 알고 실천에 초점을 맞추고 사회적 실천을 통해 인간이 어떻게 살아가야 하는지 배울 수 있는 기회가 되도록 한다. '배려 손가락 접기'와 같이 배려 놀이를 활용하면 좋다.

학급의 문제와 직접 연결되는 경우 해결책으로 제안된 것을 실행할 수 있도록 하며, 문제를 해결하는 전 과정에서 학생들이 어떻게 배려하고 양보하는지 자세히 관찰하고 모둠별로 긍정적인 점을 찾아 수행평가에 반영하고 피드백한다.

본 학습은 문제 상황에 대한 본질적 이해를 바탕으로, 갈등을 겪고 있는 모든 등장인물이 행복해질 수 있는 방법으로서 문제 해결 방법을 찾는 것이다. 이를 위하여 문제 상황에 등장하는 인물의 마음을 충분히 공감하는 것이 필요하므로 핫시팅이나 빈 의자 기법 등 교육연극 기법을 적극적으로 활용하면 좋다.

6 학생 진단

이 내용을 학습할 학생들이 겪을 어려움은 무엇인가?

상황 진단

오개념	배려와 봉사는 남에게 양보하여 자신이 희생, 피해, 손해 보는 것이라고 생각한다.
문제 상황 진단	학생들은 배려와 봉사를 '자신의 것을 남에게 양보하고 도움을 주는 것이므로 자신은 피해 또는 손해를 보는 것'으로 오해한다. 심지어 자신을 일방적으로 희생하면서, 타인의 입장만을 고려해야 하므로 하지 말아야 한다고 생각하기도 한다. 또한 타인에게 인정(칭찬)받기 위해 자신을 억압하더라도 타인을 도와야 한다고 생각하는 학생도 있다. 그러나 진정한 배려와 봉사는 타인에 대한 배려와 함께 자기 배려도 이루어져야 한다. 배려와 관련된 다양한 문제를 좋은 관계 속에서 올바르게 해결하는 힘을 갖도록 하는 것이 필요하다.
난기능	문제를 평화적으로 해결하는 것을 어려워한다.
문제 상황 진단	인간관계에서의 문제는 단순히 흑백으로 구분하기가 어렵다. 상황과 맥락에 따라 다를 뿐 아니라 학생들의 입장에 대한 공감과 욕구가 해결되지 않은 경우에는 해결되지 않은 감정이 남아 또 다른 문제로 연결되기 때문이다. 그러므로 문제가 발생한 상황에 대한 근본적인 이해를 바탕으로, 모두가 원하는 바가 무엇인지를 알고 서로 행복해질 수 있는 방법으로 문제를 해결하려는 태도가 중요하다. 다양한 문제 해결 방법 중에서 현실적으로 가장 좋은 문제 해결 방법이 무엇인지 판단하고 찾아봄으로써 갈등을 평화적으로 해결하려고 하는 것이 필요하다.

지도 요소

다음은 본 주제 학습에서 학생들에게 꼭 가르쳐야 할 2가지 핵심 내용이다.

- **핵심 지식:** 올바른 배려에 대해 알기
- **핵심 기능:** 문제를 평화적으로 해결하기

7 교수 처방

이 내용을 지도할 때 사용하는 교수법과 그 이유는 무엇인가?

교수 처방 1

_[오개념] 배려와 봉사는 남에게 양보하여 자신이 희생, 피해, 손해 보는 것이라고 생각한다.

'배려'의 의미를 국어사전에서 찾아보면 '도와주거나 보살펴 주려고 마음을 씀'으로 정의되어 있다. 이것은 나, 다른 사람 그리고 주변에 관심을 가지고 마음을 다해 보살피는 것을 의미한다. 그런데 학생들은 자신을 일방적으로 희생하면서, 타인의 입장만을 고려하는 것으로 오해하여 자신이 손해 또는 피해를 본다고 생각한다. 타인에게 인정받기 위해 억지로 돕는 행동을 하는 학생도 있다.

진정한 배려는 나의 욕구와 타인의 욕구를 이해하고 공감하는 태도로 나의 욕구를 조절하는 것이며, 상대방의 입장에서 생각하고 이해하여, 그 사람이 바라는 것을 해 주는 것이다. 내가 힘들 때 무조건 참고 있는 것은 자신에 대한 배려가 아니다. 그러므로 학급 실태에 맞는 사례를 예화 자료로 활용하여 진정한 배려에 대한 의미를 파악하는 것이 필요하다.

다음은 내가 한 배려와 내가 받은 경험을 바탕으로 이야기 속 등장인물이 처한 상황에 대하여 공감하고, 모두를 위한 진정한 배려가 무엇인지 탐구하도록 한다.

교수 처방 단계

① **'나는 ~한 적이 있다.' 배려 손가락 접기 놀이**
- 순서를 정하여 배려한 경험을 돌아가며 말한다.
- 같은 경험을 한 학생은 손가락을 접는다.
- 다섯 손가락을 빨리 접는 사람이 이긴다.
- 같은 방식으로 배려받은 경험으로 손가락 접기 놀이를 한다.
- '배려' 의미와 종류 찾기

② **'도와줄 필요가 있을까?' 소리극 듣고 의견 나누기**
- 소리극을 듣고 자신의 생각, 느낌, 경험 나누기
- 등장인물의 문제를 찾아 설명하기(트리즈 토론 1단계 문제 발견)
- 등장인물 인터뷰하기(핫시팅 기법)

③ **'진정한 배려' 재정의하기**

교수 처방 2

_ **[난기능]** 문제를 평화적으로 해결하는 것을 어려워한다.

학급에서 생활하다 보면 자주 다툼이 생긴다. 이러한 다툼을 해결하여 다시 평화로운 상태를 만드는 것도 중요하지만, 올바른 방법으로 갈등을 해결하는 것은 더 중요하다. 갈등은 드러난 갈등에 대한 대처뿐만 아니라 갈등 이면의 원인과 내용에 대한 분석을 토대로 잠재된 갈등의 뿌리를 변화 또는 제거할 때 해결되며, 해결책이 갈등 당사자 모두에게 수용될 수 있어야 하기 때문이다.

평화적 갈등 해결은 살아가면서 피할 수 없는 여러 갈등과 분쟁을 건설적이고 자발적인 방법으로 해결하는 것과 그것을 가능하게 하는 사고의 전환을 포함한 모든 노력을 의미한다. 그러나 학생들은 겉으로 드러난 현상을 보고 단순하게 문제 해결법을 생각하며, 갈등 이면의 자신의 속마음을 보려고 하지 않는다. 갈등의 상황에서 빨리 벗어나고 갈등 상황을 회피하고 싶어서 갈등을 빨리 봉합하려고 하는 경우도 종종 있다.

그러므로 문제가 발생한 상황에 대한 근본적인 이해를 바탕으로, 모두가 원하는 바가 무엇인지를 알고, 서로 행복해질 수 있는 방법으로서 문제를 해결하는 과정을 익히도록 하는 것이 필요하다. 다양한 문제 해결 방법 중에서 현실적으로 가장 좋은 문제 해결 방법이 무엇인지 판단하고 찾아봄으로써 갈등을 평화적으로 해결하도록 한다.

교수 처방 단계

① **'이상적 질문' 설명하기**

- 카이스트 배승민 교수의 '원주민의 주택문제'를 스토리텔링으로 제시

> 이 사람들이 사는 흙집은 환풍 문제가 있어. 이 흙집은 요리를 할 때 발생하는 열로 밤에 집을 덥히게 되어 있는데, 문제는 매연을 배출하지 않아서 여자들이 시력을 잃는 일이 빈번하다는 거지.
>
> (9번째 지능, 이소윤 외 1, 청림출판, 2015, p. 126: 16.)

- 모순 찾기
- 긍정적 사고로 전환하여 해결 가능한 질문으로 만들기
  - ~하면서 ~하려면 어떻게 할까?
  - 요리할 때 발생하는 열을 난방에 이용하면서, 환기도 시켜 주부의 눈을 보호하려면 어떻게 해야 할까?

② **등장인물의 입장 공감하기**

- 은오와 병준이 갈등 상황 파악하기
- 인물이 문제 행동을 했을 때와 그렇지 않았을 때 얻을 수 있는 좋은 점 찾기(트리즈 토론 2단계 모순 찾기)
- 인물의 문제를 이상적 질문으로 정리하기(트리즈 토론 3단계 사고 전환)
  - ~하면서 ~하려면 어떻게 할까?

• 이상적 질문 발표하기

③ **문제 해결 아이디어 찾기(트리즈 토론 4단계 해결 방안)**

• 트리즈 원리 알아보기

– '아이디어 슝슝 발명송' 노래 부르기

• '트리즈 원리를 적용하여 어떻게 문제를 해결할 수 있을까?' 토의하기

④ **이상적인 문제 해결책 제안하기**

⑤ **협력 활동 및 자신의 이해도 평가하기**

액션툴 적용

8 주제 학습은 어떻게 진행하며, 어떤 역량을 길러 주는 액션툴을 사용할 것인가?

차시	차시 주제	활동 내용	액션툴 (참고사항)	4c 관련 요소			
				창의력	비판력	소통력	협업력
1	진정한 배려	'배려' 손가락 접기 놀이				○	
		배려의 의미와 종류					
		'도와줄 필요가 있을까?' 소리극 듣기					
		자신의 생각, 느낌, 경험 나누기				○	
		등장인물의 문제 발견하기	(트리즈 토론 1단계)		○		
		등장인물 인터뷰하기				○	
		'진정한 배려' 재정의하기					
		수행 과제 확인하기					
2~3	평화적 문제 해결	배려 릴레이 Talk(1인 1문장)					
		'이상적 질문' 설명하기 – 원주민 주택문제 사례					
		공부할 문제 확인하기					
		등장인물 공감하기(모순 찾기)	(트리즈 토론 2단계)		○		
		이상적 질문 만들기(사고 전환)	(트리즈 토론 3단계)				
		다양한 문제 해결 아이디어 찾기	NO 51. 트리즈 기법 (트리즈 토론 4단계)	○	○		
		가장 이상적인 해결책 제안하기		○			
		자기 협력 평가하기	NO 54. 협력 활동 평가하기		○	○	
		수행 과제 하며 알게 된 점과 생각한 점 나누기	NO 55. 나의 이해도 평가하기		○		

★ 수업 대화 제시

학습 주제

진정한 배려 (1차시)

■ **교수·학습의 흐름**

배려 손가락 접기 놀이(동기 유발)

교사 손가락을 모두 펴서 번쩍 들어 주세요. "나는 버스에서 자리를 양보한 적이 있다." 이런 행동을 한 적 있는 사람은 손가락 한 개를 접어요.

교사가 말한 행동을 한 적이 있는 학생은 손가락을 접는다.

교사 "아랫층 사람을 위해 소리 나지 않게 걸어다닌 적이 있다."

교사가 말한 행동을 한 적이 있는 학생은 손가락을 접는다.

교사 누가 선생님처럼 "나는 ~한 적이 있다." 배려했던 경험을 말해 볼까요?

학생1 "우산을 가져오지 않은 친구와 우산을 같이 쓴 적이 있다."

학생2 "친구가 아파서 대신 식판을 들어 준 적이 있다."

학생3 "나는 청소당번이 아닌데 청소를 도와준 적이 있다."

교사 와~ 다섯 손가락을 다 접었군요. 손가락을 빨리 접어서 선생님 기분이 참 좋아요. 선생님의 기분이 좋은 이유는 무엇일까요?

학생 다른 사람을 도와주는 좋은 일을 많이 해서요.

학생 우리가 배려하는 행동을 해서 기분 좋은 것 같아요.

교사 예. 그래서 기뻤어요. 배려한 경험이 상당히 많군요. 우리는 태어나기도 전부터 다른 사람과 많은 배려를 주고받으며 살지요. 이번에는 내가 어떤 배려를 받았는지 찾아볼까요? 모둠별로 해 봅시다. 순서대로 돌아가며 배려받은 경험을 말하고, 그런 경험이 있으면 손가락을 접어 주세요. 모둠원 모두 손가락을 접으면 빙고를 외쳐 주세요.

모둠별로 배려받은 경험을 한 명씩 돌아가며 말하며 다섯 손가락 접기 놀이를 한다.

문제 발견(트리즈 토론 1단계)

교사 병준, 은오, 친구들에게 무슨 문제가 있는지 찾아 이야기 나누어 봅시다. '누가 ~ 하는 것이 문제다.'의 형식으로 포스트잇에 작성하세요.

학생들은 포스트잇에 문제를 찾아 쓴다.

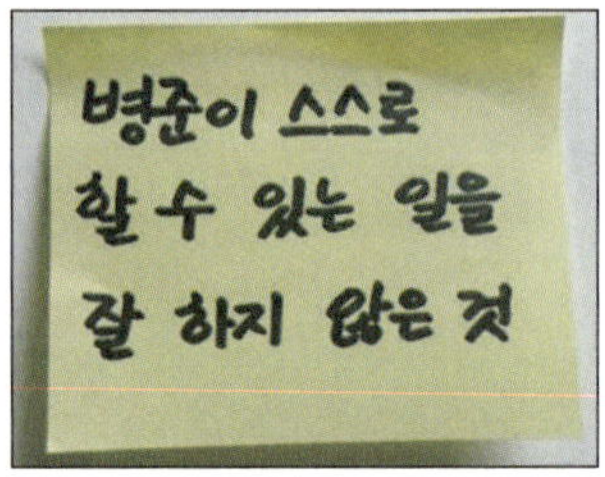

교사 내가 문제라고 생각하는 것과 왜 그것이 문제라고 생각하는지 모둠별로 의견을 나누고 모둠에서 대표 문제를 1가지 선정한 후 포스트잇은 모아서 칠판에 붙여 주세요.

학생들은 모둠별로 대화하며 다른 친구들의 의견을 경청한다.

모둠 대화의 예

학생1 은오가 도와주는 것이 문제라고 생각해. 병준이에게 물어보고 도움이 필요할 때만 도와주었다면 병준이가 자존심 상해하지 않았을 테니까.

학생2 병준이가 스스로 할 수 있는 일을 잘 했으면 은오가 도와주지 않겠지. 병준이가 스스로 할 수 있는 일을 하지 않은 것이 문제라고 생각해.

학생3 병준이가 고맙다는 말을 하지 않는 것이 문제야. 도움을 받은 건 사실이니까 도움을 받았으면 고맙다고 말을 하는 것이 옳아.

학생4 친구들이 은오의 편만 들어 주고 병준이를 너무 몰아세우는 것이 문제라고 생각해. 병준이가 속상하잖아. 병준이 의견도 들어 주어야지.

학생1 우리 모둠 대표 문제는 무엇으로 할까?

학생3 은오가 병준이를 도와주면서 무시하는 것이 있었을 것 같아서 은오가 도와주는 것을 문제로 하면 좋겠어.

학생4 좋아. 나도 찬성.

학생2 은오가 병준이에게 물어보고 도와주면 좋을 것 같아. 그 문제로 하자.

학생1 나도 좋아. 그럼 우리 모둠 대표 문제는 '은오가 무조건 병준이를 도와주는 것'으로 하자.

활동을 마친 모둠은 포스트잇을 등장인물에게 붙인다.

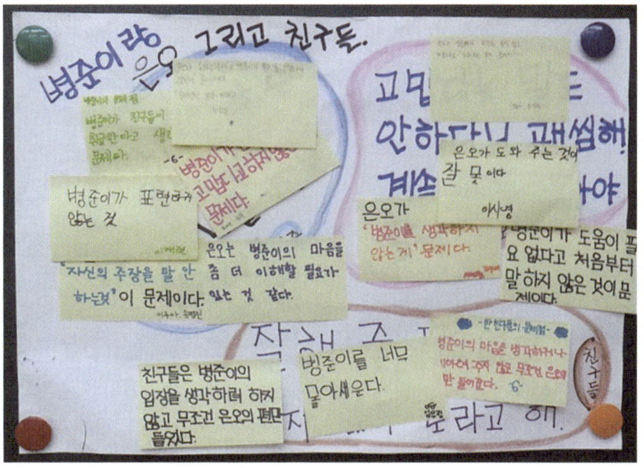

등장인물 인터뷰

교사 우리가 생각한 문제에 대하여 병준이와 은오는 어떻게 생각하는지 교실로 초대하여 인터뷰를 해 봅시다. 병준이의 역할을 할 사람 있나요? ○○는 앞에 놓여 있는 빈 의자에 앉아 주세요.

병준이의 역할을 맡은 ○○는 칠판 앞의 의자에 앉는다.

교사 병준이를 비난하는 것처럼 들리지 않도록 유의하면서 궁금한 것을 물어볼게요. ○○는 친구들 질문에 병준이처럼 생각해 보고 솔직하게 답해 주세요.

학생1 은오가 도와준 것이 싫다면 도와주지 말라고 말한 적이 있니?

병준 없어.

학생2 그렇게 하지 않은 이유가 무엇이니?

병준 은오가 도와주면 빨리 마칠 수 있고, 대신해 주면 편하기도 해서.

학생3 은오가 도와줘서 좋은데 왜 갑자기 도와주지 말라고 화를 냈어?

병준 내가 할 일을 은오가 대신해 주니까 나를 무시하는 것 같았어.

학생4 그럼 네가 진짜 원하는 것이 뭐야?

병준 할 수 있는 일도 너무 느리니까 내가 하겠다는 말을 못했어. 나도 너희들처럼 잘 하고 싶어.

학생5 그럼 우리가 어떻게 해 주었으면 좋겠어?

병준 내가 잘 하도록 도와주있으면 좋겠어.

교사 평소에 병준이가 느려서 도움을 주어야 한다고만 생각했는데, 병준이도 잘 하고 싶은 마음이 있었군요. 솔직하게 잘 대답해 준 ○○에게 박수 보내 주세요.

같은 방식으로 은오, 친구들의 역할을 할 사람을 정하고 인터뷰를 한다.

생각해 보기

무엇?	뜨거운 의자라고도 불린다. 이야기 속에 등장하는 인물을 한 아이가 맡아 의자에 앉는다. 나머지 아이들은 그 아이에게 질문을 하거나 인터뷰를 한다. 인물의 성격이나 생각이 중요할 때 활용한다.
언제?	• 인물의 성격이나 인물의 한 행동에 대한 의도, 목적, 이유 등을 파악할 때 • 갈등 상황에 있는 여러 인물들을 각각의 입장에서 생각해 볼 때
어떻게?	① 칠판 앞에 빈 의자를 놓는다. ② 인물(interviewee) 역할을 맡을 학생을 선정한다. ③ 인물로 선정된 학생은 의자에 앉는다. ④ 학생의 질문에 대해 인물이 된 것처럼 생각하고 대답한다.
팁	• 의자에 앉은 학생이 장난을 치거나 제대로 대답하지 못하는 경우, 다른 학생으로 대체하거나 교사가 대신 인물의 역할을 한다. • 질문의 내용이 좋다거나 답을 잘했을 경우 칭찬을 한다. • 수준에 따라 인물을 1명에서 2~3명으로 선정할 수 있으며, 교사가 질문을 하고 학생이 인물이 되도록 변형하여 운영할 수 있다.

학습 주제

평화적 문제 해결 (2~3차시)

- **학습 도구:** NO 45. 트리즈 기법
- **교수·학습의 흐름**

등장인물 공감하기 - 모순 찾기(트리즈 토론 2단계)

교사▸ 진정한 배려는 자기 배려와 타인 배려가 함께 이루어져야 해요. 타인에게 인정받기 위해 억지로 돕거나 자신을 일방적으로 희생하면서 타인의 입장만을 고려하는 것은 잘못된 배려예요. 갈등 대상자 모두가 만족할 수 있는 방법을 찾기 위해 문제를 정리해 볼게요.

교사▸ 모둠에서 정한 문제에서 출발합니다. 문제라고 생각되는 행동을 했을 때와 그런 행동을 하지 않았을 때 어떤 일이 생길까요? 전 시간에 인물 인터뷰한 내용을 생각해 보고 얻을 수 있는 좋은 점을 찾아 기록하세요.

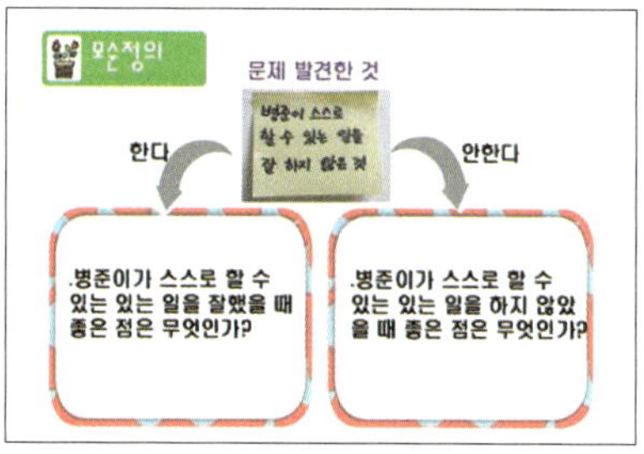

모둠에서는 준비물(B4 1장, 사인펜)을 준비한다.

모둠별로 협력하여 문제 행동을 했을 때와 그렇지 않았을 때 결과를 예상하여 긍정적인 측면을 찾아 이야기하며 토의 내용을 정리한다.

모둠 대화의 예

학생1▸ 은오가 병준이를 도와주면 선생님께 칭찬받을 수 있고, 친구들에게도 인정받을 수 있을 것 같아.

학생2▸ 병준이는 일을 빨리 마칠 수 있을 거야.

학생3▸ 은오는 병준이를 도와주어서 뿌듯함을 느낄 것 같아.

학생4▸ 병준이는 도움을 받으니까 고마워하고 둘 사이도 좋아질 것 같아.

– 이하 생략 –

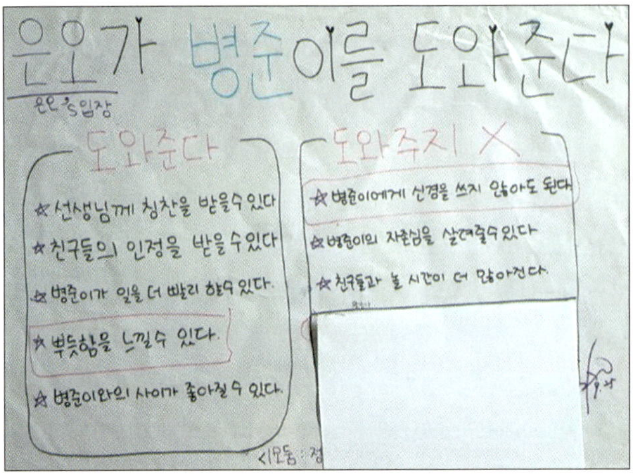

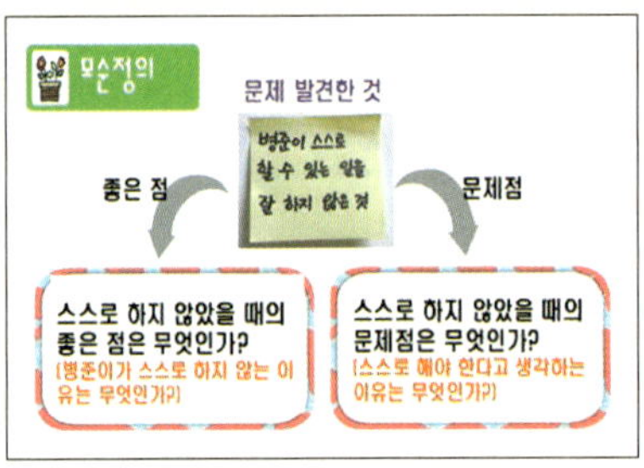

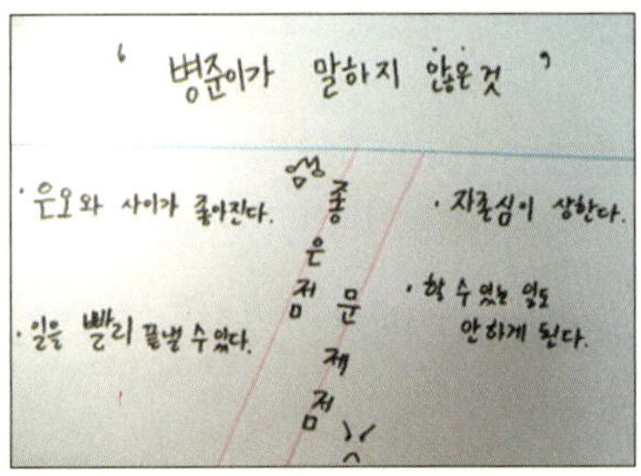

생각해 보기

- 2단계는 모순을 찾는 단계이므로 한 가지 행동에 대하여 그 행동을 했을 때 어떤 좋은 점과 문제점이 있는지 찾아보는 활동으로 대신할 수 있다.

- 처음에는 전체학습으로 진행하는 것이 좋다. 학급에서 해결할 문제를 한 가지 정하고, 함께 모순을 찾아 이상적 질문을 만든다.

이상적 질문 만들기 - 사고 전환(트리즈 토론 3단계)

교사 원주민의 주택문제를 해결하기 위하여 만들었던 이상적 질문을 기억하나요?

학생 네. '요리할 때 발생하는 열을 난방에 이용하면서 환기도 시켜 주부의 눈을 보호하려면 어떻게 할까?'였어요.

교사 잘 기억하고 있군요. 서로 모순이 되는 것을 찾아 '~하면서 ~하려면 어떻게 해야 할까?' 하는 형식으로 만들었어요. 우리의 문제 상황에도 적용하여 이상적 질문을 만들어 봅시다.

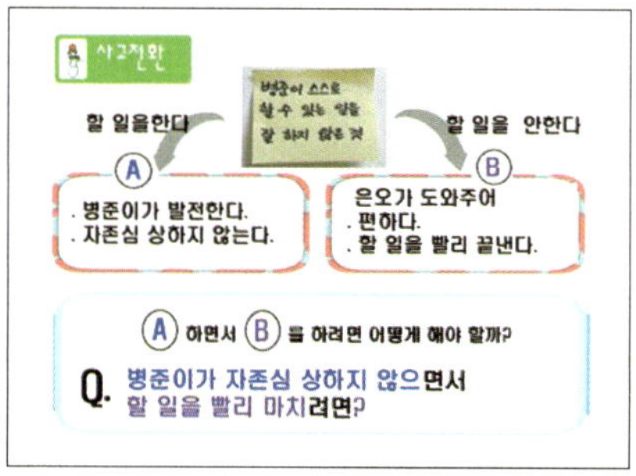

모둠 토의를 통해 두 사람 모두가 만족할 수 있는 방법을 찾기 위한 이상적 질문을 만든다.

모둠 대화의 예

학생1▸ 질문을 어떻게 만들까? '~하면서 ~하려면?'을 넣어 말로 먼저 만들어 보자.

학생2▸ 은오가 뿌듯함을 느끼면서, 병준이에게 신경 쓰지 않으려면?

학생3▸ 병준이에게 신경 안 쓰는데, 은오가 뿌듯한 마음을 느낄 수 있어?

학생4▸ 그래, 말이 안 맞네.

학생1▸ 그러니까 모순이지. 이것도 모순이다. 병준이가 은오의 도움으로 일을 빨리 마치면서 자존심을 살리려면 어떻게 할까?

학생3▸ 아하! 은오가 병준이를 도와주면서 뿌듯함을 느끼면 좋겠다.

학생1▸ 그럼, '은오가 뿌듯함을 느끼면서, 병준이에게 신경 쓰지 않으려면?' 이 걸로 하자.

학생 2, 3, 4▸ 좋아.

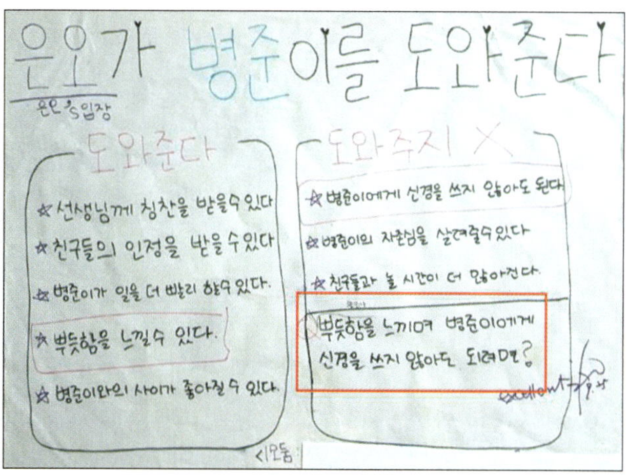

문제 해결 아이디어 찾기(트리즈 토론 4단계, NO 45)

교사 우리가 만든 문제로 병준이와 은오 모두가 만족할 해결책을 찾아봅시다. 반짝반짝 아이디어를 샘솟게 하는 비법을 소개해 드릴게요. 겐리히 알츠슐러라는 러시아 사람이 만든 40가지 문제 해결 이론인데 '트리즈(TRIZ)'라고 불러요. 그 중에서 가장 많이 사용되는 8가지 원리, '분추똑대포반차스', 어떤 원리인지 노래를 들어 보세요.

'아이디어 슝슝 발명송'(https://www.youtube.com/watch?v=jfaWKZULzgA) 노래를 듣는다.

교사 신나게 불러서 선생님도 신이 났어요. 멋진 아이디어를 만드는 마법의 주문 '분추똑대 포반차스' 이 주문을 병준이와 은오의 문제에 사용한다면 어떤 원리를 적용할 수 있을까요?

학생 '1번 쪼개기' 원리를 적용할 수 있어요.

교사 어떻게 적용할 수 있을까요?

학생 병준이가 혼자 할 수 있는 일과 도움을 받아야 하는 일로 나누어요.

교사 병준이 혼자 할 일과 도움이 필요한 일로 나눈다는 의견이군요. 좋은 생각이에요. 그럼 액션툴에 각자 아이디어를 찾아 정리해 보세요.

학생들은 액션툴 NO.45 트리즈 기법에 문제 해결 방법을 정리한다.

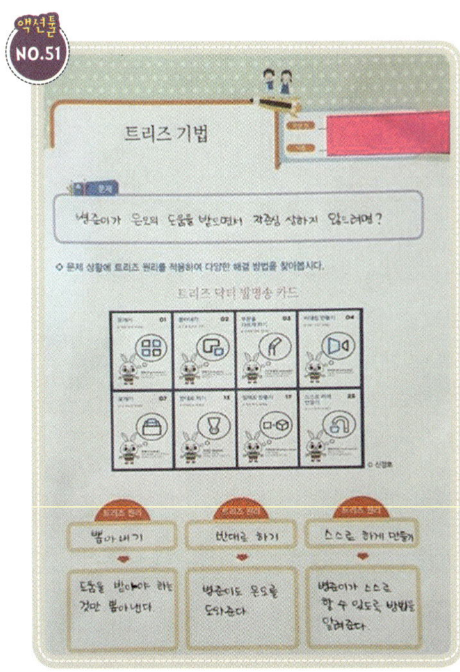

생각해 보기

다음은 트리즈 카드를 활용하여 4인 1조 모둠별로 활동한 결과물이다. 이것은 병준이와 은오의 갈등을 평화적으로 해결할 수 있는 다양한 방법을 찾을 수 있을 뿐 아니라 학생들의 문제 해결력을 키우는 데 도움이 된다.

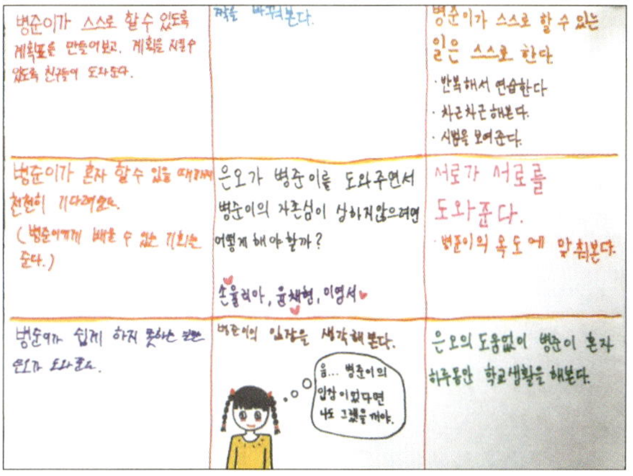

3부

4C
핵심 학습역량
액션툴

4C 핵심 학습역량 액션툴

01. 나의 학습 계획하기
02. 나의 수행 계획하기
03. 주제 분석하기
04. 팀의 규칙 만들기
05. 좋은 웹사이트 선택하기
06. 20가지 질문
07. 좋은 질문 만들기
08. 주제에 대해 질문하기
09. 답을 찾기 위한 질문
10. 한 번에 조금씩
11. 사실에 기초한 일반화
12. 일반화를 뒷받침하는 사실
13. 효과적인 도입과 결론
14. 핵심 생각(Big Ideas)
15. 지식에 색 입히기
16. 근거 찾기
17. 연결, 요약, 질문
18. 의사결정 나무
19. 합의하기
20. 네 개의 모서리
21. 알고 있는 것 확인하기
22. 팀별로 조사하기
23. 좋은 결정 내리기
24. 요점과 대조

25. 준비하고 정리하고 적용하기
26. 자료 처리하기
27. 관점에 따라 살피기
28. 다른 관점 존중하기
29. 근거 평가하기
30. 찬성과 반대(장점과 단점)
31. 상대의 관점으로 바라보기
32. 생각하고 판단하기
33. 3(질문)×3(자료) 조사하기
34. 결과 예상하기
35. 생각의 리모콘
36. 결론 요약하기
37. 원인 찾기(Round Robin Ideas)
38. 결과에 대한 원인 찾기(Fish-bon Map)
39. 브레인라이팅 기법
40. 연꽃 기법
41. 육색모자 사고 기법
42. PMI 기법
43. 5 Why 생각법
44. 디딤돌 기법
45. 트리즈 기법
46. 실타래 기법
47. K-W-L 조사하기
48. 손가락 중심생각 맵
49. 비교하고 분석하고
50. 피라미드 토론
51. 포토스탠딩 토론
52. 배움 돌아보기
53. 배움 나누기
54. 협력 활동 평가하기
55. 나의 이해도 평가하기

01 나의 학습 계획하기

학습 및 혁신 기술

✓ 창의성과 혁신
✓ 비판적 사고와 문제 해결
○ 의사소통
○ 협력

이럴 때 사용해요

- 학생들이 스스로 학습 계획을 세우고 그 계획에 따라 학습할 수 있도록 할 때
- 스스로 질문을 만들어 보고 그 질문에 대한 결과를 반성해 보는 경험을 거치도록 할 때

이렇게 사용해요

1. 학생들의 생각을 이끌어 낼 충분한 정보를 제공하면서 조사할 주제를 소개한다.
2. 주제에 대해 깊이 이해할 수 있도록 돕는 질문을 만들어 내는 것의 중요성을 강조한다.
3. 학생들은 그들이 주제에 대해 조사할 때에 배울 문제에 대한 질문의 리스트를 만든다.
4. 학생들은 답을 찾기 위해 거칠 단계의 개요인 학습 계획을 만든다.
5. 학생들은 그들의 질문에 답이 될 정보를 기록하면서 자료를 찾는다.
6. 자료에 대한 검토를 완료한 후에, 학생들은 "나의 성과 평가하기"에 포함된 반응을 체크하면서 질문에 대해 답한 성과를 평가한다.

수업 팁

- 학생들이 주제에 대해 넓게 생각하고, 다양한 질문들을 만들고, 주제와 관련된 개념지도를 만들 수 있도록 한다.
- 학생들은 모둠별로 질문을 함께 만들 수 있고, 주제에 대해 브레인스토밍을 하도록 한다.
- 학생들에게 새로운 것을 배울 때 어떻게 이 과정을 사용할 수 있는지 설명하도록 한다.

생각해 보기

선생님들은 토의, 소그룹 활동, 학생의 글, 그 외 다양한 방법으로 아래의 질문들을 추가할 수 있다.

- 여러분의 학습 계획 중 어떤 부분이 가장 완성하기 어려웠나요? 계획을 실행할 때 어떤 문제가 있었나요?

나의 학습 계획하기

학년 반 ________ 학년 ________ 반

이름 ______________________

◇ 학습을 계획하는 것은 자신이 배우고자 하는 것을 효율적으로 배우는 데 도움을 줍니다. 여러분은 학습을 계획하기 위해 아래의 질문들을 탐색하여 찾아보고 기록해 봅시다.

⊙ 이름 :

⊙ 주제 :

⊙ 계획하기:

1

내가 알고 싶은 것
주제에 대해
궁금한 것
질문 만들기

질문	질문 내용	해결 여부
1		
2		
3		
4		

2

필요한 정보를 얻을 수 있는 곳
질문을 해결하기
위한 정보 찾기

정보 창고	
정보 창고	

3

학습 계획
질문에 대한 답을
어떤 과정으로
해결할 것인지,
언제까지 해결할
것인지 계획 세우기

질문	해결 과정	해결 시기
1		
2		
3		
4		

4 계획 실행하기

해답

배운 것을 요약해 보자. 정보의 원천을 포함하고 답하는 데 도움을 주는 질문을 (번호로) 찾아라.

배운 내용 적어 보기	배움의 핵심	질문

5 나의 성과 평가하기

질문에 얼마나 잘 답했다고 생각하는지 학습 계획의 결과를 설명하는 아래의 진술에 체크하면서 확인해 보자.

- ☐ 나의 질문 중 대부분이 답을 찾았다.
- ☐ 나의 질문 중 몇 개만이 답을 찾았다.
- ☐ 나는 바른 질문을 했다.
- ☐ 주제를 보다 완전하게 학습하도록 할 수 있는 더 좋은 질문이 있다.
- ☐ 내가 사용한 자료는 질문을 해결하는 데 유용했다.
- ☐ 나는 내 질문에 더 잘 대답할 수 있는 새로운 방법 또는 자료를 찾았다.

6 배운 내용은 삶속에서 어떻게 활용될까?

배운 내용은 우리들의 삶속에서 어떤 연관이 있는지 관련 질문을 만들어 보자.

❶ ____________________

❷ ____________________

❸ ____________________

❹ ____________________

02 나의 수행 계획하기

학습 및 혁신 기술
- ○ 창의성과 혁신
- ✓ 비판적 사고와 문제 해결
- ✓ 의사소통
- ○ 협력

이럴 때 사용해요

• 학생들이 주제에 대한 정보를 찾기 위한 수행 계획을 만들 때

이렇게 사용해요

1. 정보를 찾는 것이 여행 계획을 짜는 것과 어떻게 같은지 토의해 본다.
2. 학생들에게 자기의 주제에 대해 질문을 만들도록 한다. 그 질문은 주제에 대해 깊이 이해하도록 돕는다.
3. 학생들은 그들이 이미 알고 있는 것들을 기록하고, 질문에 대해서도 아는 것을 바탕으로 부분적으로 답하도록 한다.
4. 학생들은 질문에 답하기 위해 필요한 정보를 확인하고, 어떻게 그 정보를 모을지 계획을 세울 수 있다.

수업 팁

• 질문은 학생들이 조사 내용을 구조화시켜 준다. 질문은 학생들이 주제에 대해 깊이 생각하도록 만들고 질문에 답하기 위해 정보를 찾도록 한다.
• 학생들이 질문에 대한 정보를 수집하기 위해 기초 지식, 인터넷, 책 등 다양한 정보의 원천에 대해 토의할 수 있다.
• 학생들은 정보를 서로 비교하고 질문과 연구 결과를 공유할 수 있다. 만일 모둠에서 어떤 문제를 해결할 수 없다면 전체 학급에서 함께 토의할 수 있다.

생각해 보기

• 왜 조사하기 전에 주제에 대해 이미 알고 있는 것에 대하여 생각해 보는 것이 도움이 되는가?
• 수행 계획을 세우는 것이 연구에 도움이 되었는가? 다른 상황에서도 그렇게 계획을 짤 수 있겠는가?

나의 수행 계획하기

학년 반 ________ 학년 ________ 반

이름 ____________________

◇ 과제를 수행하기 전에 다음의 단계에 대해 생각하며 계획을 세워 봅시다.

주제

주제에 대해 이미 알고 있는 것

주제에 대해 내가 알고 싶은 것

정보를 모을 방법

◇ 과제를 수행하고 알게 된 것을 요약하고 새로운 질문을 해 봅시다.

새롭게 알게 된 점

새로운 질문

03 주제 분석하기

학습 및 혁신 기술

- ○ 창의성과 혁신
- ✓ 비판적 사고와 문제 해결
- ✓ 의사소통
- ○ 협력

이럴 때 사용해요

- 학생들이 배운 것을 소주제와 작은 구성요소로 분석함으로써 그들이 주제를 더 잘 이해할 수 있게 도와줄 때
- 다양한 텍스트로부터 정보를 모으는 연습을 할 수 있는 기회를 학생들에게 제공할 때

이렇게 사용해요

1. 주제와 개념에 대해 검토하게 한다.
2. 부제 밑에 도움이 되는 정보를 모아 본다.
3. 부제에 대해 도서 등 다양한 자료를 이용해 탐구한다.
4. 부제 내용을 요약한다.
5. 짝 또는 모둠과 배운 내용을 공유한다.

수업 팁

- 부제에 대한 선지식이 낮은 경우에 다양한 예측을 통해 알아가게 한다.
- 브레인스토밍을 통해 부제에 대한 해결 방법을 찾아볼 수 있도록 한다.
- 삶과 연결시켜 보도록 한다. (활용도 생각해 보게 하기)

생각해 보기

- 주제를 부분으로 분석하는 것이 이해에 도움이 되는가? 왜 그런가? 또는 왜 그렇지 않은가?
- 정보를 효과적으로 모으는 데 있어서 부제를 사용하는 것이 어떻게 도움이 되는가?

주제 분석하기

학년 반 ________ 학년 ________ 반

이름 ________________

◇ 주제와 알맞은 부제를 정하고 각 부제에 적절한 정보를 찾아 써 넣어 봅시다.

주제

부제:

부제:

부제:

부제:

아이디어 요약(글과 그림 활용)

주제와 개념에 대해 무엇이 가장 중요한지 두세 문장으로 요약해 보시오.

04 팀의 규칙 만들기

학습 및 혁신 기술

- ○ 창의성과 혁신
- ○ 비판적 사고와 문제 해결
- ✓ 의사소통
- ✓ 협력

이럴 때 사용해요

- 연초에 또는 새로운 팀이나 모둠이 만들어지는 경우, 학생들이 함께 활동하기 위한 규칙을 정할 필요가 있을 때

이렇게 사용해요

1. 학생들과 함께 규칙 제정의 목적과 그것이 어떻게 팀워크에 도움이 되는지 이야기 나눈다.
2. 모둠의 모든 구성원들로부터 그룹을 위한 규칙들을 수집한다. 학생들이 부정적인 예(하지 말아야 할 것) 대신에 긍정적인 예(해야 할 것)로 말하도록 한다.
3. 모든 규칙들을 모은 후, 학생들이 채택할 규칙들에 대한 합의를 도출한다. 여기서 합의란 전체의 동의가 아닌 구성원들이 규칙을 준수하는 것에 동의하는 것을 말한다.
4. 활동 중에 모두가 볼 수 있도록 규칙들을 게시해 둔다.

수업 팁

- 학생들이 기본 규칙이라는 개념을 처음으로 접해 보는 것이면 모범적인 규칙들의 몇 가지 예를 제공한다. '한 번에 한 사람씩 말하기', '서로 잘 들어 주기' 등
- 교실에서 생각 나눔을 위한 정돈된 환경 조성을 위해서, 교사는 학급 전체를 위한 기본 규칙들을 수립할 수 있어야 하고 교실 앞쪽에 규칙들을 게시해야 한다.
- 만일 같은 모둠들이 자주 만난다면, 모든 모둠의 구성원들이 항상 볼 수 있도록 책상에 모둠의 기본 규칙들을 프린트해 놓는다.
- 규칙을 어기는 구성원들과 마찰이 생기면, 규칙들을 확인하고 다시 합의한다.

생각해 보기

- 일을 함께 할 때 모둠에게 기본 규칙이 왜 중요한가?
- 모둠 구성원이 기본 규칙을 따르지 않는다면, 구성원들은 무엇을 할 수 있는가?

팀의 규칙 만들기

학년 반 ________ 학년 ________ 반

이름 ________________________

◇ 기본 규칙들이 정해지면, 모든 구성원들은 규칙을 따라야 하는 책임이 있다.

1. 아래 표의 첫째 칸에 제정한 기본 규칙들을 써 봅시다.
2. 모둠활동 후, 자신이 얼마나 기본 규칙들을 잘 준수했는지 반성해 봅시다.
   - 1 = 전혀 안함 • 5 = 완벽함
3. 자신이 모둠활동에 어떻게 도움이 되었는지 간단하게 써 봅시다.

기본 규칙들	내 성취 정도 (1~5)

기술 향상시키기

자신이 모둠활동에서 참여한 정도를 바탕으로 하여 모둠 활동능력을 어떻게 향상시킬 수 있는지 써 봅시다.

05 좋은 웹사이트 선택하기

학습 및 혁신 기술
- ○ 창의성과 혁신
- ✓ 비판적 사고와 문제 해결
- ✓ 의사소통
- ✓ 협력

이럴 때 사용해요

- 웹사이트의 신뢰성에 접근하는 것과 유용한 정보를 위해 웹페이지를 훑어보는 것을 연습할 때, 인터넷에서 효과적으로 검색하는 법을 배우고자 할 때

이렇게 사용해요

1. 웹사이트의 신뢰성과 웹사이트가 검색 목적에 잘 맞는지를 평가할 수 있는 모형을 만든다 – 만든 사람, 설득력의 정도, 정보의 최신성.
2. 학생들은 웹사이트를 검토하거나, 그들이 신뢰하는 웹사이트 하나를 고른다.
3. 해당 웹사이트의 정보로 답할 수 있다고 생각하는 질문들을 만들기 위해 웹사이트를 대강 훑어보고 키워드, 주제, 그림 등에 주목한다.
4. 짝이나 모둠으로 모여서 서로의 활동을 공유한다.
5. 웹사이트의 신뢰성에 어떻게 접근했는지, 질문을 만드는 데 웹사이트의 특징을 어떻게 사용했는지 성찰하고, 미리 보기에 대한 결과를 놓고 학급 토의를 한다.

수업 팁

- 학생들이 조사하고 있는 주제를 정확하게 이해하고 있는지 확인한다.
- 모든 학생이 같은 웹사이트를 검토하거나, 모둠별로 다른 웹사이트를 맡길 수 있다.
- 학생들이 웹사이트를 선택할 경우, 사이트를 처음 훑어보았을 때 정보가 왜곡되거나 신뢰가 가지 않는다면 그 웹사이트를 포기하도록 한다.

생각해 보기

- 웹사이트의 신뢰성에 접근하기 위해서 중요한 것은 무엇인가?
- 미리보기를 통한 질문 만들기는 웹사이트를 보다 효율적으로 이용하는 데에 어떤 도움을 줄 수 있는가? 어디에 이것을 적용할 수 있는가?

좋은 웹사이트 선택하기

학년 반 ________ 학년 ________ 반

이름 ____________________

◆ 인터넷에서 특정한 정보를 찾을 때, 좋은 웹사이트는 매우 유용하다. 웹사이트가 목적에 적합한지 판단해 봅시다.

1. 신뢰할 만한 사이트인지 판단해 봅시다.
2. 원하는 정보를 가지고 있는지 알아보기 위해 사이트를 훑어봅시다.

• 웹사이트 주소 : • 저자 또는 후원자 : • 정보의 날짜 :
1. 왜 선택한 웹사이트의 정보가 신뢰할 수 있는지 설명해 봅시다.
2. 정보를 제공하는 키워드와 문구, 주제, 그림, 그래픽 등의 자료에 주목하며 웹사이트를 훑어봅시다. 그리고 웹사이트의 정보를 이용하여 답할 수 있는 몇 개의 중요한 질문들을 만들어 봅시다.
질문 1:
질문 2:
질문 3:
질문 4:
질문 5:

06 20가지 질문

학습 및 혁신 기술

- ✓ 창의성과 혁신
- ✓ 비판적 사고와 문제 해결
- ○ 의사소통
- ○ 협력

이럴 때 사용해요

• 학생이 배운 것이나 문제에 대하여 새로운 아이디어를 만들거나 생각을 발전시킬 때

이렇게 사용해요

1. 해결해야 하는 문제 상황을 기술한다.
2. 여러 질문 중에서 문제 해결에 적당한 질문 3개를 선택한다.
3. 선택한 질문의 번호와 질문의 답(적용 아이디어)을 활동지에 정리한다.
4. 가장 좋은 아이디어를 선택하여 글과 그림을 이용하여 표현한다.

수업 팁

• 활동 전에 아이디어에 대한 충분한 배경지식을 갖도록 한다.
• 활동 주제는 학생의 경험과 밀접한 관련이 있는 것으로 한다.
• 학생 수준과 학습 내용에 따라 질문의 내용 및 개수를 조절한다.
• 학생들이 구체적 아이디어를 가지고 다른 사람들과 공유하도록 한다.
• 친구와 협력하여 아이디어를 평가하고 선택할 수 있으며 별도의 종이를 활용하여 모둠 아이디어를 표현하도록 할 수 있다.
• 주제나 아이디어에 대해 더 많은 정보를 찾도록 인터넷 검색을 허용할 수 있다.

생각해 보기

• 질문을 사용하는 것이 처음 아이디어를 어떻게 더 창의적으로 만드는가?
• 마지막 아이디어가 맨 처음 떠오른 아이디어보다 더 나은가? 그렇다면 혹은 그렇지 않다면 이유는 무엇인가?

20가지 질문

학년 반 ________ 학년 ________ 반

이름 ____________________

문제 상황

◇ 아래의 질문을 선택하여 문제 상황에 적용하고 새로운 아이디어를 찾아봅시다.

질문	
1. 만약에...?	11. 우리가 무엇을 대체할 것인가?
2. 어떻게 ...을 우리가 개선할 수 있는가?	12. 우리가 추가할 것은 무엇인가?
3. 어떻게 다른 사람들에게 이익이 될 수 있는가?	13. 우리가 제거할 것은 무엇인가?
4. 우리가 잊은 것은 무엇인가?	14. 이것에 대해 바꿀 것은 무엇인가?
5. 다음 단계는 무엇인가?	15. 무엇이 이것을 하게 하는가?
6. 우리가 더 낫게 할 수 있는가?	16. 다른 아이디어로는 무엇이 있는가?
7. ...에 대해 어떻게 생각하는가?	17. 이것이 만드는 이슈는 무엇인가?
8. 우리가 ...의 질을 어떻게 개선할 수 있는가?	18. 당신이 본 패턴은 무엇인가?
9. ...을 어떻게 능률적으로 할 수 있는가?	19. 어떻게 이것을 단순화할 수 있는가?
10. 이것을 어떻게 변경할 수 있는가?	20. 왜 이것을 하는가?

잠재적 답안	
질문번호	적용한 아이디어

아이디어 요약(글과 그림 활용)

07 좋은 질문 만들기

학습 및 혁신 기술
- ✓ 창의성과 혁신
- ✓ 비판적 사고와 문제 해결
- ✓ 의사소통
- ✓ 협력

이럴 때 사용해요

- 주제에 대한 질문을 만드는 연습을 할 때
- 질문에 대한 답을 찾아봄으로써 학습 주제에 대한 이해를 돕고자 할 때

이렇게 사용해요

1. 무엇이 좋은 질문인지에 대한 학급 전체의 토의를 실시한다.
2. 180쪽의 평가 동사들을 사용하여 좋은 질문 만드는 방법에 대한 시범을 보인다.
3. 질문을 만드는 과정에서 짝활동, 모둠활동 등의 다양한 그룹을 활용한다.
4. 질문은 왼쪽 칸에 기록하고 질문에 대한 답을 오른쪽 칸에 기록한다. 답을 기록할 때는 자료를 이용했다면 자료의 출처도 함께 기록하도록 안내한다.
5. 질문을 만들고 답을 하는 활동을 한 후에 이 활동이 학습 주제를 공부하는 데 어떠한 도움이 되었는지 생각을 나눈다.

수업 팁

- 짝과 함께 질문을 교환하도록 한다.
- 좋은 질문의 예를 제시하는 동시에 좋지 않은 예도 보여 준다.
- 만든 질문을 카드에 쓰게 하고 카드를 무작위로 선택한다. 질문에 대한 자기 평가를 하고 다양한 학습 모둠으로 질문에 대한 답을 찾게 한다.

생각해 보기

- 좋은 질문을 만드는 것이 배움에 어떤 도움이 되는가?
- 어떤 질문 동사가 사용하기에 제일 쉬웠는가? 어떤 질문 동사가 사용하기에 가장 어려웠는가? 왜 그럴까?
- 질문의 질을 판단하기 위해 어떤 기준을 사용하였는가? 나의 질문은 얼마만큼 판단기준에 적합한가?

좋은 질문 만들기

학년 반 ________ 학년 ________ 반

이름 ______________________

◇ 아래에 있는 다양한 평가 동사를 이용하여 질문을 만들면서 배운 것을 되돌아봅시다.

① 다음 페이지의 왼쪽 칸에 있는 평가 동사를 이용하여 질문 만들기
② 자신이 만든 질문을 짝과 함께 나누기
③ 학습 내용을 정리하고 각각의 질문에 함께 답해 보기
④ 질문 만들기가 우리가 배우는 데 도움이 되었는지 반성하기

평가 동사	평가 동사	평가 동사
□ 분석하기	□ 바꾸어 말하기	□ 가정하기
□ 목록화하기	□ 비평하기	□ 조사하기
□ 평가하기	□ 복습하기	□ 이론화하기
□ 수정하기	□ 비판하기	□ 설명하기
□ 범주화하기	□ 개정하기	□ 쓰기
□ 협상하기	□ 방어하기	□ 묘사하기
□ 선택하기	□ 발명하기	□ 창안하기
□ 개요 쓰기	□ 정당화하기	□ 지지하기
□ 바꾸어 표현하기	□ 상상하기	□ 확장하기
□ 결합하기	□ 추론하기	□ 이론 형성하기
□ 예측하기	□ 해석하기	□ 적용하기
□ 비교하기	□ 인터뷰하기	□ 분류하기 또는 그룹화하기
□ 묶어 놓기	□ 연결하기	□ 대체하기
□ 구성하기	□ 거꾸로 하기	□ 제거하기
□ 질문하기	□ 대조하기	
□ 지지하기	□ 추천하기	기타 동사
□ 순위 매기기	□ 창조하기	
□ 추측하기	□ 해석하기	□ ____________
□ 보여 주기	□ 인터뷰하기	
□ 정의하기	□ 축소하기	□ ____________
□ 요약하기	□ 확대하기	
□ 재배치하기		□ ____________

나의 질문	다르게 생각하기

08 주제에 대해 질문하기

학습 및 혁신 기술
- ✓ 창의성과 혁신
- ✓ 비판적 사고와 문제 해결
- ○ 의사소통
- ○ 협력

이럴 때 사용해요

• 학생들이 주제에 대해 좋은 질문을 만드는 것을 연습할 때

이렇게 사용해요

1. 공부할 주제에서 좋은 질문을 찾아내는 방법을 토의해 본다.
2. 학생들은 개인, 짝, 모둠별로 이해하는 데 중요하다고 생각하는 질문들을 만든다.
3. 학생들은 만든 질문 중에 좋은 질문 3개를 선택해서 정리한다.
4. 학생들은 제공된 자료나 그들 스스로 찾은 자료를 바탕으로 질문에 답한다.
5. 학생들의 질문을 학급에 발표할 내용의 토대로 사용한다.

수업 팁

• 학생들이 다른 사람의 질문을 평가하도록 하고 질문의 질을 향상시키기 위한 토의를 한다.
• 학생들은 개인, 짝, 모둠별로 다른 사람의 질문과 답을 서로 나눌 수 있다.
• 만약 학생들이 자기 자신의 질문에 답한다면, 학급의 친구들 앞에서 질문과 답을 발표할 수 있어야 한다.

생각해 보기

• 좋은 질문을 판단할 때 적용한 기준은 무엇인가?
• 질문을 하는 것이 주제에 대해 생각하거나 이해하는 것에 어떤 도움을 주는가?

주제에 대해 질문하기

학년 반 ________ 학년 ________ 반

이름 ____________________

1. 주제에 대해 물을 수 있는 질문을 생각해 봅시다.
2. 질문 중에서 세 가지 중요한 질문을 찾아봅시다.
3. 질문에 대해 연구하여 답을 정리해 봅시다.

주제

질문 1	질문 2	질문 3
답	답	답

09 답을 찾기 위한 질문

학습 및 혁신 기술
- ✓ 창의성과 혁신
- ✓ 비판적 사고와 문제 해결
- ✓ 의사소통
- ✓ 협력

이럴 때 사용해요

• 다양한 질문을 만들어 학습주제를 연구하고 각자의 답을 공유할 때

이렇게 사용해요

1. 질문의 종류를 설명한다.
   ① 닫힌 질문 ② 이해 질문 ③ 적용 질문 ④ 평가 질문
2. 전체 활동으로 각 범주에 대한 질문을 하나씩 만들어 질문의 예를 알려 준다.
3. 모둠별로 주제에 관해 알고 싶은 다양한 질문을 만들고 질문을 분류해 보게 한다.
4. 만든 질문을 가지고 모둠별, 학급별 토의를 실시한다.

수업 팁

• 교사가 미리 질문을 만들어 제시하고 학생들이 선택하게 할 수도 있다.
• 모둠원들이 책임감을 가지고 질문을 만드는 데 참여하게 하고 해결하기 어려운 질문에는 다양한 정보를 제공하여 답을 찾을 수 있도록 지원한다.
• 만든 질문은 복습할 때나 시험 문제로도 활용할 수 있다.
• 함께 생각해 볼 질문을 선택하여 답을 찾아보고 답이 타당하고 믿을 만한지 확인한다.

생각해 보기

• 어떤 유형의 질문을 만들기가 어려웠으며 그 이유는 무엇인가?
• 어떤 질문이 학습 주제를 이해하는 데 도움이 되었는가?
• 질문을 만들기 위해 주어진 글의 어떤 부분을 사용했는가? 질문에 대한 답을 다른 주제와 연결하려면 어떻게 하는 것이 좋은가?

답을 찾기 위한 질문

학년 반 ________ 학년 ________ 반

이름 ______________________

◇ 주제에 맞는 다양한 질문을 만들고 네 개의 유형으로 구분해 봅시다.

주제

Point to It (닫힌 질문)	Put It Together (이해 질문)
1.	1.
2.	2.
3.	3.
Apply It (적용 질문)	**Evaluate It (평가 질문)**
1.	1.
2.	2.
3.	3.

◇ 만든 질문은 주제 학습에 어떤 영향을 주었나요?

영향

10 한 번에 조금씩

학습 및 혁신 기술
- ✓ 창의성과 혁신
- ✓ 비판적 사고와 문제 해결
- ✓ 의사소통
- ✓ 협력

이럴 때 사용해요

- 생각을 명확하게 표현하기 위해 올바른 단어를 선택하도록 할 때
- 주제를 요약하여 간결한 문장으로 정리하거나 발표하도록 기회를 줄 때

이렇게 사용해요

1. 학생들은 학습한 주제에서 핵심이 되는 단어를 선택한다.
2. 핵심 단어를 이용해 학습 주제를 요약하여 문장으로 나타내 보도록 한다.
3. 학생들에게 문장을 요약하는 데 쓸 수 있는 예산이 1000원 있다는 것을 설명한다. 각 문장은 100원의 기본 비용이 들며, 문장 속 각 단어는 추가 10원의 비용이 든다. (요약 문장을 쓰는 데 필요한 예산은 상황에 따라 변경할 수 있음.)
4. 문장 요약을 완성한 후, 모둠이나 학급 전체에서 문장을 공유한다.

수업 팁

- 학생들에게 문장은 완성된 생각으로 표현해야 한다는 것을 상기시킨다.
- 활동 후에 학생들이 자신의 생각을 더 자세하게 확장시키도록 한다.
- 주제의 핵심을 요약하여 문장으로 나타내는 이 활동은 학생들이 발표 자료를 만들 때 사용할 수 있다.

생각해 보기

- 생각을 간결한 문장으로 표현하는 과정에서 겪는 어려움은 무엇인가?
- 어떤 과정을 거쳐 가장 중요한 핵심을 찾아냈는가? 또 어떻게 중요한 것과 그렇지 않은 것을 결정하였는가?
- 전체적으로 중요한 핵심을 잡았는가? 그렇지 않다면 왜 그런가?

한 번에 조금씩

학년 반 ________ 학년 ________ 반

이름 ____________________

◇ 오늘 배운 내용을 요약해 봅시다.

배움 주제

▪ 각 단어는 10원, 각 문장은 100원의 비용이 든다. 당신은 주제 요약에 총 1000원을 소비할 수 있다.
▪ 각 문장을 아래에 한 줄로 쓰고 오른쪽 칸에 비용의 총합을 낸다.

요약 문장	비용 (문장당 100원+단어당 10원)

총 비용: ____________________

11 사실에 기초한 일반화

학습 및 혁신 기술
- ○ 창의성과 혁신
- ✓ 비판적 사고와 문제 해결
- ○ 의사소통
- ○ 협력

이럴 때 사용해요

• 주제에 대한 여러 가지 사실적 근거를 모으고, 이것에 근거하여 일반화할 때

이렇게 사용해요

1. 학습할 주제에 대해 알고 있는 것을 묻는다.
2. 예시를 활용하여 사실과 의견의 차이점을 알아본다.
3. 주제에 대한 사실을 모으는 것이 활동의 목적임을 설명한다.
4. 다양한 자료를 활용하여 주제와 관련된 학습을 한다.
5. 주제와 관련한 사실을 목록으로 만들고, 이것이 사실인지 의견인지 평가한다.
6. 모은 사실들을 사용하여 일반화한다.

수업 팁

• 개인별 활동 후, 1:1, 2:2로 협력하도록 유도할 수 있다.
• 사실을 활용하여 일반화하는 방법을 모델링하여 보여 준다.
• 사실에 대한 목록을 작성하고 전체 발표를 하여 사실에 대한 평가를 할 수 있다.
• 같은 정보의 원천을 사용할 수 있고, 사실 확인을 위해 다른 원천을 사용할 수 있다.

생각해 보기

• 만약 사실이 불확실하다면 사실을 어떻게 재확인할 수 있는가?
• 편견이나 의견이 선택한 사실에 영향을 줄 수 있다고 생각하는가? 그렇다면 혹은 그렇지 않다면 왜 그런가?

사실에 기초한 일반화

학년 반 ________ 학년 ________ 반

이름 ____________________

학습 주제

◇ 학습 주제와 관련한 여러 가지 사실을 모아 봅시다.

사실	출처

사실에 근거하여 일반화하기

12 일반화를 뒷받침하는 사실

학습 및 혁신 기술

✓ 창의성과 혁신

✓ 비판적 사고와 문제 해결

○ 의사소통

○ 협력

이럴 때 사용해요

- 원리와 의견을 뒷받침하는 근거를 찾아 나눌 때

이렇게 사용해요

1. 배울(배운) 학습 주제에 대한 원리나 의견(주장)을 찾는다.
2. 배운 것을 바탕으로 원리, 의견을 뒷받침하는 근거나 예를 찾는다.
3. 학생들의 경험에서 찾은 근거와 예일지라도 출처를 밝히도록 한다.
4. 근거와 예를 발표한다.

수업 팁

- 원리와 의견(주장)의 근거의 중요성을 강조한다.
- 개인 또는 모둠으로 활동할 수 있다.
- 다양한 자료를 바탕으로 원리나 의견을 만들게 한다.
- 정보를 공유하기 위해 다양하게 발표하게 한다.

생각해 보기

- 근거로 선택한 까닭을 설명할 수 있는가?
- 선택한 예와 근거가 원리와 의견을 충분히 뒷받침하는가?

일반화를 뒷받침하는 사실

학년 반 ________ 학년 ________ 반

이름 ________________

1. 어떤 원리와 의견인지 써 봅시다.

원리, 의견

2. 어떤 주장을 뒷받침하는 사실, 정보, 예를 써 봅시다.

근거(사실, 관련 정보, 예)	출처(찾은 곳)

3. 조사한 것을 어떤 방법으로 알리고 싶은가요?

알림, 방법

4. 조사한 것을 나누어 봅시다.

13 효과적인 도입과 결론

학습 및 혁신 기술
- ✓ 창의성과 혁신
- ○ 비판적 사고와 문제 해결
- ✓ 의사소통
- ✓ 협력

이럴 때 사용해요

• 듣는 사람의 주의를 끌고 감명을 남기는 연설, 발표, 글을 쓰는 일에서 효과적인 도입과 결론의 중요성을 이해시킬 때

이렇게 사용해요

1. 발표를 하거나 글을 쓸 때 효과적인 도입과 결론의 필요성에 대해 토의한다.
2. 학생들은 효과적인 도입과 결론을 구성하거나 지속적인 감명을 남기는 방법에 대하여 브레인스토밍한다.
3. 학생들은 주제에 대하여 도입과 결론의 각 방법에 대한 아이디어를 만들기 위해 학습지를 활용하여 개별활동 또는 모둠활동을 한다.
4. 학생들은 가장 효과적이라고 생각하는 아이디어를 선택하고 하나는 도입에, 하나는 결론에 사용한다.

수업 팁

• 듣는 사람의 주의를 사로잡으며, 지속적 감명을 줄 수 있는 도입과 결론을 만듦으로써 듣는 사람을 고려하는 것의 중요성을 이해시키도록 한다.
• 활동의 목표는 학생들이 의사소통하려는 다양한 방법을 보게 하는 것이며, 선택한 방법에 대한 계획을 세워 수행할 수 있도록 지도한다.
• 인상적인 처음과 끝을 가진 연설, 글, 영상을 찾아 활용할 수 있도록 한다.

생각해 보기

• 연설자의 연설을 듣거나 영상을 보고 나의 관심을 끄는 것은 무엇인가?
• 발표에서 사용한 도입과 결론을 왜 골랐는지 설명하라.
• 도입과 결론이 주제를 효과적으로 전달했다고 생각하는가? 그렇지 않다면 왜 그런가?

효과적인 도입과 결론

학년 반 ________ 학년 ________ 반

이름 ____________________

◇ 글, 발표 또는 연설이 좀 더 기억에 남도록 도입과 결론을 만들어 봅시다.

주제

1. 선택한 주제를 효과적으로 전달하기 위해 사용할 도입과 결론을 써 봅시다.

방법	도입과 결론
1. 듣는 사람의 관심을 끄는 문제 제기하기	
2. 다른 사람의 입장이 되어 생각 공유하기 (만약 당신이 ~라면)	
3. 강렬한 감정을 불러일으키는 표현으로 듣는 사람의 관심 끌기	
4. 강력한 의견이나 관점 공유하기	
5. 유명한 사람이나 인물의 말 인용하기	
6. 생생한 묘사를 통해 듣는 사람이 그림을 그리듯 상상하게 하기	

2. 주제를 표현하는 데 가장 효과적인 도입과 결론을 고르고 발표에 사용해 봅시다.

14 핵심 생각(Big Ideas)

학습 및 혁신 기술

- ✓ 창의성과 혁신
- ✓ 비판적 사고와 문제 해결
- ○ 의사소통
- ✓ 협력

이럴 때 사용해요

- 학생들이 배우고 있는 주제의 주요 부분이나 핵심 생각을 확인할 때

이렇게 사용해요

1. 핵심 생각(Big Ideas)이란 많은 세부 내용을 담을 수 있는 개념임을 토의를 통해 확인한다.
2. 배운 주제에 대해 핵심 생각을 브레인스토밍한다.
3. 학생들은 핵심 생각을 표의 첫 번째 열에 쓴다.
4. 학생들은 두 번째 열에 핵심 생각의 세부 내용을 설명하거나 예를 들어 정리한다.
5. 짝과 함께 의견을 나눈 후 전체 토의를 한다.

수업 팁

- 학생들에게 주제에 대한 핵심 생각을 생각해 보도록 한다.
- 읽기 자료를 사용한다면, 학생들이 주제와 핵심 단어 등을 볼 수 있도록 90초 동안 자료를 훑어보도록 한다.
- 각 핵심 생각에 대한 세부 내용을 짝이나 모둠 활동을 통해 완성할 수 있다.

생각해 보기

- 여러분이 중요하다고 생각한 핵심 생각을 선택한 까닭은 무엇인가?
- 핵심 생각을 확인하면서 어려웠던 점과 쉬웠던 점은 무엇인가?

핵심 생각(Big Ideas)

학년 반 ________ 학년 ________ 반

이름 ____________________

1. 주제의 핵심 생각을 토의하여 정리해 봅시다.
2. 핵심 생각에 대한 세부 내용을 설명이나 예를 들어 정리해 봅시다.

주제

핵심 생각(Big Ideas)	세부 내용

15 지식에 색 입히기

학습 및 혁신 기술
- ✓ 창의성과 혁신
- ✓ 비판적 사고와 문제 해결
- ✓ 의사소통
- ✓ 협력

이럴 때 사용해요

- 주제에 대한 지식을 요약하기 위해 함께 협력할 때

이렇게 사용해요

1. 학급을 여러 모둠으로 나누고 각 모둠에 주제를 제공한다.
2. 각 모둠은 특정한 색을 이용해서 토의 결과를 기록한다. (색깔별로 기록하는 것은 어떤 모둠이 어떤 아이디어를 더해 주었는지 알기 위해서임)
3. 일정 시간이 지나면 토의와 기록을 멈추고, 학습지를 다음 모둠에게 줄 수 있게 한다.
4. 새로운 학습지를 받으면 이미 적혀 있는 다른 모둠의 답을 살펴보며 새로운 주제에 대한 의견을 기록한다. 주제를 모두 살펴볼 수 있도록 계속 순환한다.
5. 학습지를 원래의 모둠에게 돌려준다. 다른 모둠으로부터의 조언을 살펴보고 새로운 아이디어를 더할 수 있도록 한다.
6. 궁금한 것이 있다면, 조언을 해 준 모둠에 의견을 물어볼 수도 있다.

수업 팁

- 모둠은 전체 학급에서 수집한 아이디어들이 포함된 발표를 할 수 있다.
- 이 활동은 모둠 내에서 모둠원들끼리 각각 다른 색깔을 사용하여 활용할 수 있다.
- 온라인 협동학습을 할 경우, 각 모둠은 지정된 색을 이용해서 각 질문에 답할 수 있도록 한다.
- 기록양식을 코팅해서 미리 만들어 두고, 색이 다른 접착 메모지를 이용해 활용할 수 있다.

생각해 보기

- 미리 알고 있는 것을 생각하는 것이 주제를 이해하는 데 어떻게 도움이 되었는가?
- 새로운 아이디어를 떠올리는 데 다른 사람(모둠)의 아이디어를 어떻게 사용하였는가?

지식에 색 입히기

학년 반 ________ 학년 ________ 반

이름 ________________________

◇ 주제와 관련하여 함께 생각해 봅시다.

주제

1. 이 주제에 대해 어떤 사실을 알고 있나요?

2. 주제와 관련된 예시자료가 있나요?

3. 왜 이 주제를 배우는 것이 중요할까요?

16 근거 찾기

학습 및 혁신 기술
- ○ 창의성과 혁신
- ✓ 비판적 사고와 문제 해결
- ✓ 의사소통
- ○ 협력

이럴 때 사용해요

• 학생들이 여러 가지 자료를 이용하여 정보를 종합하고, 이 정보를 이용하여 설득력 있는 논거를 만들어 낼 때

이렇게 사용해요

1. 학생들이 관심 있는 주제를 제시하거나 학생 스스로 선택할 수 있도록 한다.
2. 발표 학생들이 증거를 이야기할 때 함께 하게 될 청중을 정한다.
3. 주제를 뒷받침할 수 있는 통계자료, 인용, 예시의 예시를 제공한다.
4. 교사가 참고자료를 찾는 방법을 안내하고, 학생 스스로 다양한 방법으로 참고자료를 찾아볼 수 있도록 한다.
5. 수집한 자료를 이용하여 학급과 공유할 설득력 있는 증거를 준비한다.

수업 팁

• 학생 스스로 주제를 선택한다면 주제를 어떻게 발전시킬지에 대한 안내에 신경을 써야 하고 주제에 대한 의견이 대립될 수 있음을 알려 준다.
• 주제에 대한 구체적인 증거를 포함하도록 지도한다.
• 인터넷 자료의 신뢰도에 대한 토의를 하도록 한다.
• 주제, 활동 방법 등의 선택에 학생들의 흥미를 반영한다.

생각해 보기

• 청중을 설득할 수 있는 주제에 적합한 증거를 찾았는가?
• 뒷받침할 증거를 찾을 때 어떤 편견에 마주하였는가?

근거 찾기

학년 반 ________ 학년 ________ 반

이름 ____________________

◇ 청중을 설득하기 위해서는 나의 주장을 뒷받침해 줄 강력한 근거를 가지고 있어야 한다. 아래에 있는 세 가지 종류의 근거를 고려하여 자신의 논거에 맞는 방법을 선택하고 발표할 때 활용할 수 있는 근거를 정리해 보자.

⊙ 주제: ____________________

⊙ 주제에 대한 나의 입장: ____________________

____

⊙ 청중: ____________________

증거의 종류	예시
통계자료 수량, 비교 자료들을 주의깊게 확인함으로써 사실이라는 것을 확인하기	
인용 권위자, 유명한 인사들, 지도자 또는 전문가로부터 인용하기	
예시 또는 이야기 주제와 관련된 당신 자신 또는 다른 누군가의 직접적인 경험에 관한 예시나 이야기를 흥미로운 방법으로 나타내기	

17 연결, 요약, 질문

학습 및 혁신 기술
- ✓ 창의성과 혁신
- ✓ 비판적 사고와 문제 해결
- ○ 의사소통
- ○ 협력

이럴 때 사용해요

- 학생들이 알고 있는 것이 무엇인지 평가하고, 새로운 내용과 연결하고, 가장 중요한 점이 무엇인지 요약하고, 주제에 대해 구체적인 질문을 만들 때

이렇게 사용해요

1. 연결: 학생들은 이미 알고 있는 내용과 새로 배운 내용이 얼마나 비슷한지 생각해 본다.
2. 요약: 학생들은 주제에서 가장 중요한 점이 무엇인지 찾아 기록한다. 왜 그것을 중요한 점으로 골랐는지 생각해 보도록 한다.
3. 질문: 학생들은 이해되지 않는 것, 더 알고 싶은 것에 대하여 명확한 질문을 만들어 본다.
4. 학생들의 질문을 학급 토의 또는 다른 주제로의 전환에 이용한다.

수업 팁

- 학생들은 질문에 대한 답을 토의하기 위해 모둠활동을 한다.
- 중요하다고 생각하는 것이 무엇인지 다른 모둠과 공유할 수 있도록 발표 준비를 한다.
- 학생들은 온라인 매체를 활용하여 질문을 게시할 수 있고, 질문에 답할 수 있도록 한다.

생각해 보기

- 이미 알고 있는 것과 연결 짓는 것이 배움에 있어 어떻게 도움이 되는가?
- 가장 중요한 아이디어를 결정하는 데 있어 어떤 기준을 사용하는가?
- 왜 사람마다 중요한 정보가 다른가?
- 주제를 이해하기 위해서는 어떻게 질문을 해야 하는가?
- 질문하는 것이 요약하는 것보다 더 쉬운가? 아니면 더 어려운가? 왜 그런가?

연결, 요약, 질문

학년 반 ________ 학년 ________ 반

이름 ____________________

◇ 이미 알고 있는 것과 비교해 보고 무엇이 가장 중요한지 요약하면서, 이해되지 않는 것이나 더 알고 싶은 것에 대해 질문을 해 봅시다.

1. 연결

이미 알고 있는 것과 새로 배운 것이 얼마나 비슷한가요?

2. 요약

이 주제에서 가장 중요한 점이 무엇인가요?

3. 질문

이해되지 않는 것은 무엇이며, 더 알고 싶은 것은 무엇인가요?

18 의사결정 나무

학습 및 혁신 기술
- ✓ 창의성과 혁신
- ✓ 비판적 사고와 문제 해결
- ✓ 의사소통
- ✓ 협력

이럴 때 사용해요

- 학생들이 문제에 대한 잠재적인 해결책을 브레인스토밍하고, 선택권을 분석하고, 어떤 것이 가장 좋은지 선택하는 것을 도와줄 필요가 있을 때

이렇게 사용해요

1. 문제를 찾거나 학생들에게 그들이 공부하고 있는 주제에 관련된 문제점을 찾을 필요가 있을 때 사용한다.
2. 모둠에서 해결책을 가운데에 적고 왼쪽에는 그 해결책의 좋은 점, 오른쪽에는 나쁜 점을 기록한다.
3. 모둠원들의 의견을 보고 가장 좋은 의견을 선택해서 적고 이유를 쓴다.

수업 팁

- 최선의 해결책을 결정하기 위해, 학생들은 문제를 명확히 이해해야 한다.
- 학생들이 모든 해결책에는 좋은 점과 나쁜 점이 모두 존재한다는 것을 알게 도와준다. 핵심은 가장 효과적인 해결책을 찾는 것이다. 학생들이 이것에 대한 예를 자신의 일상이나 현재 상황에 비추어 찾도록 한다.
- 잠재적인 해결책을 찾는 데 있어 필요한 기준을 학생들에게 준다. 그것이 효율이 높은가? 가능한가? 이와 같은 문제와 부합하는 기준을 선택하게 하는 것이 중요하다.

생각해 보기

- 문제에 대해 이해하는 것이 해결책을 만들고 분석하는 데 어떻게 도움이 되는가?
- 어떤 기준이 해결책을 결정하는 데 있어서 가장 중요한가?

의사결정 나무

학년 반 ________ 학년 ________ 반

이름 ____________________

◇ 의사결정을 할 때, 해결책에 대한 찬성과 반대, 다른 방법을 생각해 봅시다.

1. 여러분이 해결하고 싶은 문제를 확인하고 위쪽의 칸에 씁니다.
2. 각자의 해결책을 생각하고, 가운데 칸에 씁니다.
3. 왼쪽 칸에 해결책의 좋은 점을 열거하고, 오른쪽 칸에 나쁜 점을 기록합니다.
4. 해결책을 고르고 그 이유를 빈칸에 적어 봅시다.

문제

+	해결책 1	−

+	해결책 2	−

+	해결책 3	−

+	해결책 4	−

나는 (   )번 해결책을 고르겠다. 이유는?

19 합의하기

학습 및 혁신 기술
- ✓ 창의성과 혁신
- ✓ 비판적 사고와 문제 해결
- ✓ 의사소통
- ✓ 협력

이럴 때 사용해요

• 학생들이 문제에 대한 합의에 도달하기 위해 협상, 설득, 타협을 연습할 때

이렇게 사용해요

1. 합의의 의미에 대해 설명한다.
   • 합의는 모든 구성원이 결정에 전적으로 동의하지 않더라도 그것을 인정하는 것이다.
   • 다수결에 의해 결정하지 않으며, 모두가 동의할 때까지 협의를 계속하는 것이다.
2. 합의 과정에서 결정이나 해결책을 명확히 명시한다.
3. 학생들은 자신의 의견을 나타내는 숫자를 손가락으로 모두가 동시에 표현한다.
   • 1 = 결정과 해결책에 반대함
   • 3 = 동의하지 않으나 수동적으로 결정이나 해결책을 따르겠음
   • 5 = 결정이나 해결책을 적극적으로 지지함
4. 모든 구성원이 3 이상의 지지를 보이지 않는다면, 최소 3 이상의 지지를 하기 위해 필요한 것을 묻고 모둠 토의를 통해 결정이나 해결책을 바꾼 후 재투표한다.
5. 학생들이 합의에 도달하면, 모둠은 결정이나 해결책에 대한 실행 계획을 만든다.

수업 팁

• 합의는 다수결의 원칙이 아니라 모두가 지지하기로 동의하는 것임을 강조한다.
• 학생들은 친구들에게 실시한 설문 결과를 결정이나 해결책의 개선을 위해 이용할 수 있다.

생각해 보기

• 합의 참여자로서의 역할을 되돌아본다. 의견을 명확히 제시하였는가? 합의 과정에서 협조적이었는가? 갈등을 어떻게 조정하였는가?
• 합의가 투표보다 더 좋은 이유는 무엇인가? 합의가 필요한 경우는 언제인가?

합의하기

학년 반 ________ 학년 ________ 반

이름 ____________________

1. 먼저 토의하게 될 결정이나 해결책을 쓰고, 동의의 정도를 1~5까지 표시해 봅시다.
   - 1 = 결정과 해결책에 반대함
   - 3 = 동의하지 않으나 수동적으로 결정이나 해결책을 따르겠음
   - 5 = 결정이나 해결책을 적극적으로 지지함
2. 다음 단계로 넘어가기 위해 충분한 합의(최소 3인 이상)가 이루어졌는지 평가해 봅시다.
3. 만약 그렇지 않다면, 합의에 도달하기 위해 무엇이 필요한지 토의하고 결정이나 해결책을 바꾼 후, 합의에 이를 때까지 이 과정을 계속 반복해 봅시다.

1단계 – 결정 또는 해결책 :

합의의 정도					
그룹 구성원	1	2	3	4	5

2단계 – 바뀐 결정 또는 해결책 :

합의의 정도					
그룹 구성원	1	2	3	4	5

3단계 – 개정된 결정 또는 해결책 :

합의의 정도					
그룹 구성원	1	2	3	4	5

20 네 개의 모서리

학습 및 혁신 기술

○ 창의성과 혁신
✓ 비판적 사고와 문제 해결
✓ 의사소통
✓ 협력

이럴 때 사용해요

- 정보를 비판적으로 사고하고, 사실에 근거해 의견을 세우는 방법을 탐색할 때

이렇게 사용해요

1. 학습한 것과 관련된 주제를 제공하거나 학생을 통해 주제를 찾도록 한다.
2. 학생들은 주제에 대하여 '강하게 동의함, 동의함, 동의하지 않음, 강하게 동의하지 않음' 등의 입장을 결정한다.
3. 교실에 네 모서리를 지정하고 자신의 의견에 해당하는 곳으로 이동하게 한다.
4. 모인 학생들은 각자의 의견과 이유를 비교하고 자신들의 입장을 설명할 수 있는 의견을 정리한다.
5. 학습 주제에 대한 부족한 부분에 대한 조사를 실시한다.

수업 팁

- 주제에 대한 동의 정도를 결정하고 동시에 의견과 일치하는 모서리로 이동한다.(학습 후에 동의 정도에 대한 입장 변경 기회 제공)
- 주제에 대한 비판적인 사고를 하도록 지도한다.
- 주제에 대한 다양한 의견이 존재하지 않는다면, 교사가 지정해서 입장을 방어하도록 지도한다.
- 다른 입장을 적극적으로 들을 것을 강조한다.

생각해 보기

- 왜 사람들은 같은 주제에 대해 다른 생각을 가지고 있을까?
- 다른 사람이 발표할 때 적극적으로 들었는가?

네 개의 모서리

학년 반 ________ 학년 ________ 반

이름 ____________________

◇ 다음에 있는 주제에 대한 동의 정도를 결정해 봅시다.

□ 강하게 동의함　□ 동의함　□ 동의하지 않음　□ 강하게 동의하지 않음

1.
2.
3.

주제

1.
2.
3.

1.
2.
3.

1.
2.
3.

◇ 주제에 대해 더 탐구해 본 뒤에, 당신의 동의 정도는 무엇인가?

□ 강하게 동의함　□ 동의함　□ 동의하지 않음　□ 강하게 동의하지 않음

◇ 주제 탐구 과정에서 알게 된 새로운 지식을 정리해 봅시다.

____

____

____

네 개의 모서리

학년 반 ________ 학년 ________ 반

이름 ________________________

◇ 다음에 있는 주제에 대한 동의 정도를 결정해 봅시다.

☐ 강하게 동의함 ☐ 동의함 ☐ 동의하지 않음 ☐ 강하게 동의하지 않음

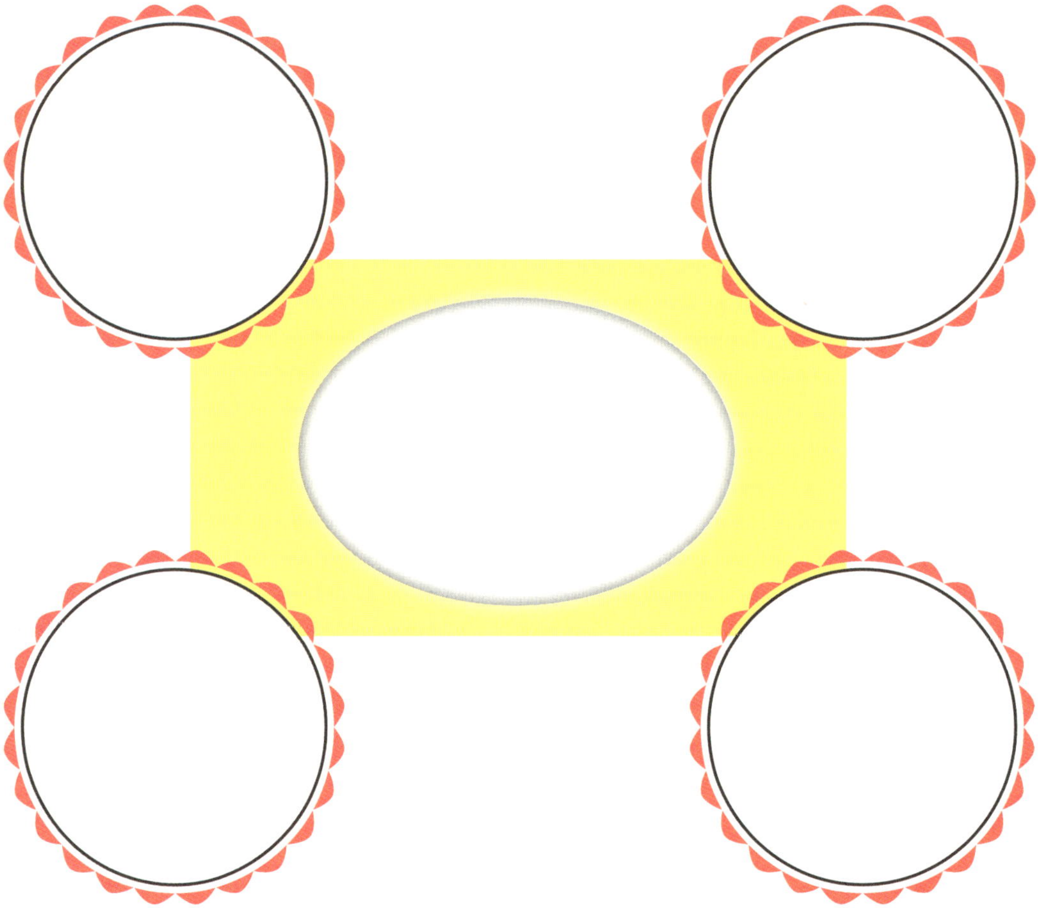

21 알고 있는 것 확인하기

학습 및 혁신 기술

- ○ 창의성과 혁신
- ✓ 비판적 사고와 문제 해결
- ✓ 의사소통
- ○ 협력

이럴 때 사용해요

• 소개한 내용에 대해 학생들이 이미 알고 있는 것을 상기시킬 때, 학생들의 사전지식이 얼마나 정확한지를 평가할 때

이렇게 사용해요

1. 학생들은 주제에 대해서 아는 것, 생각하는 것 등 모든 것을 상기해 보고, 첫 번째 칸에 생각을 기록한다.
2. 학생들은 사전지식을 목록화함으로써 그 지식들에 대하여 얼마나 확신하는지를 나타낸다.
3. 학생들에게 모든 사람이 부정확한 정보를 가지고 있다는 것을 알려 주고 그 예를 제시한다. (예: 과학자가 이전에 생각한 태양계 행성의 수)
4. 모든 생각을 다 적은 후에, 왜 그런 확실성을 가졌는지에 대한 설명을 쓴다.
5. 주제에 대해서 더 많이 배울수록, 이해를 명확히 하고 잘못된 이해를 수정하기 위해 목록을 재확인한다.

수업 팁

• 학생들에게 사전지식을 점검하게 하고 가능한 동일 수업시간에 설명을 시작한다.
• 알거나 안다고 생각하는 목록별로 둘 이상의 소그룹으로 활동할 수 있다.
• 학생들이 편안하게 잘못된 정보를 확인하게 한다.
• 학급에서 의견을 나누기 전에 개인적으로 생각할 시간을 허용해야 한다.
• 신뢰하는 사실들을 뒷받침하는 문헌들을 인터넷을 이용하여 찾게 한다.

생각해 보기

• 알고 있는 것의 확실성의 정도를 결정하는 데 사용한 기준들은 무엇인가?
• 새로운 것을 배우기 전에 아는 것에 대해 생각해 보는 것이 왜 중요한가?

알고 있는 것 확인하기

학년 반 ________ 학년 ________ 반

이름 ____________________

◇ 공부할 문제에 대해 이미 알고 있는 것을 생각해 봅시다. 그리고 왼쪽 칸에 이미 알고 있는 것에 대해 확실하다고 생각하는 내용을 정도에 따라 적고, 오른쪽 칸에 왜 그것이 확실한지 또는 아닌지 이유를 쓰시오.

⊙ 주제 :

⊙ 주제에 대해 아는 것 또는 내가 안다고 생각하는 것

90~100퍼센트 확실한 것	이유
50~89퍼센트 확실한 것	**이유**
50퍼센트 미만으로 확실한 것	**이유**

22 팀별로 조사하기

학습 및 혁신 기술
- ○ 창의성과 혁신
- ✓ 비판적 사고와 문제 해결
- ✓ 의사소통
- ✓ 협력

이럴 때 사용해요

• 모둠으로 학습 주제에 대해 궁금한 것을 조사하여 새로운 주제를 소개하거나 폭넓고 깊게 공부할 때

이렇게 사용해요

1. 세 개의 모둠으로 나눈다.
2. 모둠별로 주제와 관련해 중요한 내용이나 핵심 개념에 관한 질문을 만든다.
3. 만든 질문에 대해 이미 알고 있는 것을 토의한다.
4. 각 질문에 대해 모둠원들이 선택하거나 지정받은 것을 조사한다.
5. 질문에 대한 답을 모둠과 공유하고 요약한다.

수업 팁

• 원하는 주제에 따라 모둠을 선택하거나 교사가 임의로 주제를 배정할 수 있다.
• 주제에 대해 배워야 할 것이 무엇인지 찾아보고 깊이 있는 조사를 하도록 격려한다.
• 핵심 키워드를 놓치지 않고 조사해야 함을 강조한다.
• 같은 질문에 대해 조사한 정보가 심한 차이가 있을 경우 어떻게 할지 의논하게 한다.
• 조사 시간을 제한하고 각 활동의 과정을 안내한다.
• 주제에 따라 팀의 수를 조절할 수 있다.

생각해 보기

• 주제에 대해 이미 알고 있는 것을 생각하는 것은 어떤 의미가 있을까?
• 주제와 관련하여 만든 질문은 조사할 가치가 있는 것인가?
• 질문에 대해 각자 조사한 정보가 답을 결정하는 데 어떤 도움이 되었는가?

팀별로 조사하기

학년 반 ________ 학년 ________ 반

이름 ________________

1. 모둠별로 주제에 대해 자세히 조사할 수 있는 질문을 만들어 봅시다.
2. 주제와 질문을 적고 질문에 대해 이미 아는 것을 의논하여 써 봅시다.
3. 정해진 시간 동안 질문에 대해 정보를 찾아 써 봅시다.
4. 조사가 끝나면 모둠원과 조사한 정보를 공유하고 각 질문에 대한 최종 답을 문장으로 나타내 봅시다.

주제	질문 1	질문 2	질문 3
질문에 대해 이미 알고 있는 것			
구성원 1의 정보			
구성원 2의 정보			
구성원 3의 정보			
답(문장으로)			

23 좋은 결정 내리기

학습 및 혁신 기술
- ✓ 창의성과 혁신
- ✓ 비판적 사고와 문제 해결
- ✓ 의사소통
- ✓ 협력

이럴 때 사용해요

- 문제 해결 방안을 평가하기 위한 기준을 만들고, 이를 적용하여 결정함으로써 추론적 사고력을 기르고자 할 때

이렇게 사용해요

1. 주어진 의사결정 상황이나 주제를 이해하고, 의사결정을 명확히 한다.
2. 해결 방안을 평가하기 위한 기준을 결정한다.
3. 의사결정에 따른 해결 방안을 브레인스토밍하여 기록한다.
4. 기준에 따라 각 해결 방안을 평가하여 총점을 구한다.
5. 가장 좋은 해결책을 고르고, 학급 토론에서 선택 결과와 이유를 발표한다.

수업 팁

- 결정의 기준이나 근거에 대해 깊이 고민하는 것은 좀 더 수준 높은 의사결정 능력을 기르는 데 도움이 된다는 사실을 알게 한다.
- 기준이나 해결 방안의 수는 상황에 따라 변경하여 사용한다.
- 기준 중에서 중요도에 차이가 있다면, 각 기준에 대하여 중요도 가산점(1~3점)을 줄 수 있다.

생각해 보기

- 중요한 결정을 할 때 왜 많은 해결 방안에 대해 생각해 보는 것이 중요한가?
- 해결 방안을 만들기 위해 기준을 정하는 것은 더 나은 결정을 하는 데 도움이 되는가?
- 기준을 만들어 내는 것과 대안을 생각해 내는 것 중 더 어려운 것은 무엇인가? 왜 그런가?

좋은 결정 내리기

학년 반 ________ 학년 ________ 반

이름 ______________________

◇ 중요한 결정을 내릴 때, 평가 기준을 세우고 각각의 해결 방안을 평가하여 선택해 봅시다.

1. 주제에 대해 생각해 보고 의사결정을 명확히 합니다.
2. 결정을 내리는 데 중요한 기준을 생각하여 첫째 줄에 적어 봅시다.
3. 선택할 수 있는 해결 방안을 적어 봅시다.
4. 각각의 해결 방안을 기준에 따라 평가하여 점수를 기록해 봅시다.

1 — 2 — 3 — 4 — 5

기준과 맞지 않다 ⟷ 기준과 매우 잘 맞다

주제 및 내려진 결정

주제:

내려진 결정:

기준 / 해결 방안				점수
대안 1				
대안 2				
대안 3				

내가 선택한 대안은 ______________________________ 이다.

그러한 결정을 내린 이유는 ______________________________

____

24 요점과 대조

학습 및 혁신 기술

- ○ 창의성과 혁신
- ✓ 비판적 사고와 문제 해결
- ✓ 의사소통
- ✓ 협력

이럴 때 사용해요

• 논란이 많은 사안의 다른 측면을 보는 것을 연습할 때

이렇게 사용해요

1. 학생들에게 연구하고 있는 주제와 관련된 사안을 제공하거나, 스스로 사안을 수집하게 한다. 그 사안은 논란이 많은 성격을 지녔거나, 서로 다른 시각을 허용해야 한다.
2. 사안의 양 측면 모두를 봐야 하는 이유를 설명한다.
3. 학생들은 사안에 대해 찬성하는 이유를 학습지의 왼쪽 칸에 쓰고, 반대하는 이유를 오른쪽 칸에 써 넣는다.
4. 학생들은 완성된 학습지를 학급 토론, 토의 또는 사안에 대한 찬성 및 반대의 설득적인 발표를 위한 근거로 이용할 수 있다.

수업 팁

• 하나의 사안에 대해 사람들은 어떤 다른 시각을 가지고 있는지 이해하도록 돕는다.
• 하나의 방법이나 주제에 대해 깊이 몰입했을 때 사안의 다른 측면을 보기 어렵다는 것을 논의하고, 다양한 시각과 관점으로 사안을 보는 것의 중요성을 강조한다.
• 두 사람이 서로의 의견에 동의하지는 않지만 존중하는 방법에 대해 논의한다.
• 학생들이 사안에 대한 관점을 공유할 수 있는 블로그 포스트를 설계하고, 사안에 대해 지지하거나 반대하는 이유를 온라인 공동작업 도구에 입력할 수 있다.
• 학생들이 다른 사람의 사안을 지지하거나 반대하는 이유들을 얻을 수 있도록 온라인 조사를 하고, 그 결과를 이용하여 논쟁의 틀을 형성할 수 있다.

생각해 보기

• 한 사안의 양쪽 측면에 대해 생각하는 것이 왜 중요한가?
• 생각한 근거의 질을 판단하기 위해 어떤 기준을 사용했는가? 근거들은 논리적이며 뒷받침할 증거가 있는가?

요점과 대조

학년 반 ________ 학년 ________ 반

이름 ________________________

◇ 왼쪽 화살표에는 사안에 찬성하는 사람들의 이유, 오른쪽 화살표에는 사안에 반대하는 사람들의 이유를 나열해 봅시다.

• 사안 : ____

사안에 찬성하는 이유	사안에 반대하는 이유

25 준비하고 정리하고 적용하기

학습 및 혁신 기술

- ✓ 창의성과 혁신
- ✓ 비판적 사고와 문제 해결
- ○ 의사소통
- ○ 협력

이럴 때 사용해요

- 학생들은 새로운 것을 학습하는 세 가지 단계를 거친다. 이 단계마다 정리할 때 학습지를 활용할 수 있다.
- 학습을 준비하기, 배운 내용 정리하기, 배운 것을 적용할 때

이렇게 사용해요

1. 학생들은 "학습 준비하기" 아래에 있는 칸을 완성한다.
2. 학생들은 학습할 때, 주제에 대해 알고 있는 내용을 나열하고 주제에 대해 여전히 갖고 있는 의문점을 생각하면서 "배운 내용 정리하기" 아래에 있는 칸을 완성한다.
3. 공부를 마친 뒤에, 학생들은 새로운 학습 내용을 자신의 삶과 다른 학습에 어떻게 적용할지 "배운 것 적용하기" 칸에 기록한다.
4. 수업시간이나 짝 또는 모둠 토의시간에 각 칸에 있는 정보를 공유할 기회를 제공한다.

수업 팁

- "새로 배운 것" 칸에 학생들은 새로운 개념이나 새로 이해한 내용만 기입해야 한다.
- 학생들은 두 가지로 생각할 수 있다.
  1. 무엇이 이해되지 않았고 무엇을 분명하게 할 필요가 있는지 반성하는 질문들
  2. 학습 활동에 포함되지 않은 정보의 필요성을 인지한 질문들

생각해 보기

- 여러분이 주제에 대해 이미 알고 있거나 알고 있다고 생각하는 것을 사고하는 것이 학습을 준비하는 데 어떻게 도움을 주었는가?
- 어떤 칸이 가장 채우기 어려웠는가? 왜 그러했는가? 이것이 모든 상황에 적용된다고 보는가? 또는 이것이 주제의 기반이 된다고 생각하는가?

준비하고 정리하고 적용하기

학년 반 ________ 학년 ________ 반

이름 ______________________

◇ 오늘 새로 배울 내용에 대한 자기의 생각을 적어 봅시다.

새로운 내용을 배울 때에는 '학습 준비하기', '배운 내용 정리하기', '배운 것 적용하기'의 세 단계를 밟는다.

1. 학습 준비하기: 이미 알고 있는 것, 주제를 이해하기 위해 알 필요성이 있는 것을 기록하면서 조사를 시작해 봅시다.
2. 배운 내용 정리하기: 주제에 대해 배울 때, 새로운 아이디어와 답을 얻는 과정에서 궁금한 것을 질문으로 만들어 봅시다.
3. 배운 것 정리하기: 다 배우고 난 뒤 배운 것을 어떻게 삶속에서 적용할 수 있는지 적어 봅시다.

학습 준비하기

배운 내용 정리하기

배운 것 정리하기

26 자료 처리하기

학습 및 혁신 기술
- ✓ 창의성과 혁신
- ✓ 비판적 사고와 문제 해결
- ✓ 의사소통
- ○ 협력

이럴 때 사용해요

• 학생들의 배경지식과 텍스트에 기초하여 추론하는 것을 연습할 때

이렇게 사용해요

1. 추론이 어떤 것인지 설명한다.(추론: 텍스트의 정보와 자신의 경험이 결합되어 도출된 결론)
2. 추론하는 과정과 결론을 이끌어 내는 방법을 학생들이 이해할 수 있도록 절차를 모형화하여 지도한다.
3. 근거와 그것에 의한 영향을 생각하며 읽게 한다.
4. 추론 내용과 근거를 공유한다.

수업 팁

• 자신의 추론에 자신감을 가지도록 격려한다.
• 자신의 추론을 짝 또는 모둠과 공유하며 새로운 추론을 할 수 있는 기회를 제공한다.
• 학생들의 경험을 바탕으로 자신의 추론을 정당화하도록 격려한다.

생각해 보기

• 일상생활에서 이루어지는 추론의 예를 여러 개 보여 준다.
• 추론의 근거는 어떻게 결정했으며 이에 대해 다른 사람도 동의할까? 그 이유는 무엇인가?
• 근거가 불충분한 추론은 어떤 문제가 생길까? 자신의 경험이나 본 것을 예로 들어 설명해 보자.
• 추론을 잘 하는 것은 나의 학습에 어떤 도움이 되었는가?

자료 처리하기

학년 반 ________ 학년 ________ 반

이름 ________________

1. 어떤 자료인지 써 봅시다.

주제

2. 글을 읽고 주제에 도달할 수 있는 결론을 생각해 봅시다.
3. 추론한 결론을 선택하여 텍스트의 근거와 나의 경험과 관련된 근거를 적어 봅시다.

결론이나 추론:

글에서 찾은 근거	나의 경험에서 나온 근거
예 1. 어디 갔다 왔는지 걱정한다. 2. 아내와 함께 꽃밭 만들기를 한다. 3. 아내가 자꾸 "쪼지 마세요." 말해도 화를 내지 않는다.	예 1. 우리 집 식구들도 늦게 오면 걱정한다. 2. 집안 일을 함께 한다. 3. 동생이 자꾸 해 달라고 해도 화내지 않고 함께 논다.

27 관점에 따라 살피기

학습 및 혁신 기술

- ○ 창의성과 혁신
- ✓ 비판적 사고와 문제 해결
- ✓ 의사소통
- ✓ 협력

이럴 때 사용해요

- 서로 다른 관점을 살펴보고 관점이 다른 이유를 예상하고 입증하기 위해 인터뷰를 진행할 때

이렇게 사용해요

1. 개인이나 모둠별로 학습의 중심이 될 주제나 문제점을 찾고 의견을 기록한다.
2. 반대의 관점을 가진 사람들이 어떻게 생각하고 이야기할지를 예상해 보고, 같은 관점 내 차이도 생각해 본다.
3. 같은 관점과 반대의 관점 두 가지 인터뷰를 진행하고, 관점이나 시각이 상호작용에 미치는 영향에 대해 토의를 한다.

수업 팁

- 주제나 문제점에 대한 배경지식을 학생들 수준에서 나눈다.
- 다양한 시각과 관점으로 문제를 인식하는 것의 중요성을 알게 한다.
- 인터뷰 대상의 범위를 정한다.
- 활동 중이나 후에 의견을 요약하고 정리할 수 있도록 지도한다.

생각해 보기

- 다른 관점을 예상하는 것이 인터뷰 과정에 어떤 도움을 주었는가?
- 다른 사람의 관점을 존중하면서 어떻게 자신의 관점을 표현할 수 있을까?
- 관점에 대한 의견 교환 후에 관점이나 생각이 어떻게 바뀌었는가?

관점에 따라 살피기

학년 반 ________ 학년 ________ 반

이름 ____________________

◇ 주제 혹은 문제점

___

___

___

나와 같은 관점

관점이 다른 사람과의 인터뷰와 의견을 나눈 후 나의 생각의 변화

주제에 대한 나의 생각

나와 반대의 관점을 지닌 사람과 이야기를 하면 어떤 생각이 드는가?

나와 다른 관점

28 다른 관점 존중하기

학습 및 혁신 기술
- ○ 창의성과 혁신
- ✓ 비판적 사고와 문제 해결
- ✓ 의사소통
- ✓ 협력

이럴 때 사용해요

• 주제에 관해 다른 의견을 가지고 있는 사람과의 대화나 인터뷰를 준비할 때

이렇게 사용해요

1. 주제에 관한 쟁점을 확인하고, 대화할 개인이나 모둠을 결정한다.
2. 대화를 준비하기 위해 4가지 질문에 대한 생각을 학습지에 정리한다.
3. 학생들은 개인이나 모둠과 대화나 인터뷰를 한다.
4. 대화나 인터뷰를 하는 데 준비과정이 어떠한 도움이 되었는지 되돌아본다.

수업 팁

• 더 좋은 대화나 인터뷰를 위해, 함께 자료를 검토하고 공유할 수 있도록 모둠활동으로 구성할 수 있다.
• 활동의 목적이 다른 관점에 대해 생각하는 것을 배우도록 돕는 것이라면 실제 대화나 인터뷰는 생략할 수 있다.
• 대화나 인터뷰하는 영상을 촬영하여 자기평가와 반성을 위한 자료로 활용할 수 있다.
• 인터뷰와 관련된 자료영상을 보여 준다. 인터뷰하는 사람의 말과 행동을 보고, 인터뷰 대상자를 어떻게 존중하는지 확인해 보게 한다.

생각해 보기

• 질문들 중 완성하기에 가장 어려운 것은 무엇이었는가? 그 이유는 무엇인가?
• 다른 사람의 생각이나 의견을 존중하는 것은 왜 중요한가?
• 나의 생각이나 의견이 받아들여지지 않을 때 어떠했는가?
• 다른 사람의 생각이나 의견에 가장 크게 존중을 보이는 행동은 무엇인가?

다른 관점 존중하기

학년 반 ________ 학년 ________ 반

이름 ____________________________

◇ 나와 다른 의견을 가지고 있는 사람과 대화하는 것은 어려울 수 있다. 대화를 준비하기 위해 다음 질문에 대해 생각해 봅시다.

주제 및 대화할 사람

주제:

대화할 사람 또는 모둠:

1. 주제에 대해 이 사람은 어떻게 생각하고 있나요?

2. 이 사람이 1번과 같이 생각하는 이유는 무엇일까요?

3. 어떤 질문을 하고 싶은가요?

4. 나의 어떤 행동으로 상대방의 생각과 견해를 인정하고 존중한다는 것을 보여 줄 것인가요?

29 근거 평가하기

학습 및 혁신 기술
- ○ 창의성과 혁신
- ✓ 비판적 사고와 문제 해결
- ✓ 의사소통
- ✓ 협력

이럴 때 사용해요

- 주제의 일반화나 의견을 뒷받침하는 자료를 모으고 자료의 타당성을 평가할 때

이렇게 사용해요

1. 모둠활동으로 학습 주제에 대한 일반화와 의견을 만들어 낸다.
2. 각 모둠이 공통된 형식으로 기록하게 하고 정해진 시간 동안만 의견을 나눈다.
3. 각 모둠은 주제에 대한 하나의 일반화나 의견을 선택한다.
4. 뒷받침하는 자료로 최소한 2가지 이상의 정보 자료를 활용한다.
5. 조사한 근거 자료가 주제의 일반화에 타당한지 1~5등급으로 판단한다.
   1 = 뒷받침하지 못함. 5 = 제대로 뒷받침함.

수업 팁

- 이전 학습을 이용하여 학습 주제의 일반화나 의견을 뒷받침하는 활동의 필요성에 대해 의견을 나누도록 한다.
- 뒷받침 자료의 정리를 위해 Google과 같은 검색 도구를 사용하고 이를 통해 자료 수집과 정리에 도움을 받도록 한다.
- 자료는 정리해서 발표를 하고, 이 자료는 결과물로 정리해 둔다.
- 학습 주제의 일반화와 의견이 광범위하다면 자료를 정리하는 과정을 여러 단원에 걸쳐 지속한다.

생각해 보기

- 참고하고 선택한 정보 자료가 합리적으로 설명되었는가?
- 뒷받침 자료를 찾는 과정 중에 서로 충돌하는 정보는 어떻게 처리하였는가?
- 모둠원들이 정보의 타당성에 동의하였는가? 왜 사람들은 다른 의견을 가질까? 정보의 타당성에 대한 동의를 이루어 낼 수 있는가?

근거 평가하기

학년 반 ________ 학년 ________ 반

이름 ______________________

◇ 학습 주제

◇ 브레인스토밍

학습 주제에 대한 일반화와 의견을 브레인스토밍하기

◇ 조사하기

학습 주제에 대해 브레인스토밍한 내용을 SWOT 기법으로 분석한다.

자료 1	얼마나 타당한가?(1~5)

자료 2	얼마나 타당한가?(1~5)

◇ 요약하기

근거 평가하기

학년 반 ________ 학년 ________ 반

이름 ____________________

◇ 학습 주제

____

◇ 브레인스토밍

학습 주제에 대한 일반화와 의견을 브레인스토밍하기

____

____

____

◇ 조사하기

학습 주제에 대해 브레인스토밍한 내용을 SWOT 기법으로 분석한다.

SWOT 기법
환경분석을 통해 강점(strength)과 약점(weakness), 기회(opportunity)와 위협(threat) 요인을 규정하고 이를 토대로 학습 전략을 수립하는 기법

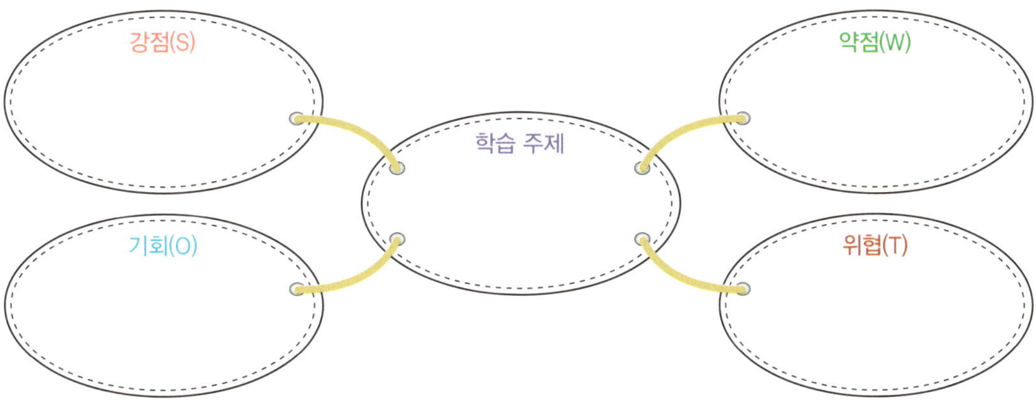

◇ 요약하기

____

____

30 찬성과 반대(장점과 단점)

학습 및 혁신 기술
- ○ 창의성과 혁신
- ✓ 비판적 사고와 문제 해결
- ✓ 의사소통
- ✓ 협력

이럴 때 사용해요

• 학습 주제에 대한 찬성과 반대의 입장에 근거한 관점을 만들어 낼 때

이렇게 사용해요

1. 찬성과 반대의 입장을 모두 가지고 있는 주제와 관련된 아이디어를 고른다.
2. 주된 아이디어에 대한 근거를 찾아내고 다양한 관점들을 만들고 기록한다.
3. 학습 주제를 조사하고 관점의 근거를 찾고 찬성과 반대 양쪽에서 기록한다.
4. 찬성과 반대에 대한 내용 확인 후, 아이디어에 대한 찬성과 반대의 입장 중에서 하나를 택하고, 발표할 수 있도록 준비한다.

수업 팁

• 모든 사람이 같은 관점을 가질 수 없음을 인식하게 한다.
• 친근한 주제나 상황으로 제시한다.
• 모둠활동을 기반으로 전체 학급 토론의 기초를 만들 수 있다.
• 정리한 아이디어는 일기 · 편지 · 감상문 · 기행문 등 여러 형태로 정리한다.
• 찬성과 반대를 모두 이해하기 위해서 의도적으로 반대되는 관점에서 주장을 펼치도록 한다.
• 학습 주제에 관한 정보의 신뢰성에 대해서도 생각해 보는 경험을 갖도록 지도한다.

생각해 보기

• 같은 정보를 보고 어떻게 찬성과 반대의 다른 관점을 지닐 수 있는가?
• 찬성과 반대의 방법으로 자료를 정리하는 것이 의사 결정을 도울 수 있는가?
• 하나의 아이디어에서 찬성과 반대(장점과 단점)를 모두 고려하는 것이 왜 중요한가?
• 긍정적으로 생각하는 것과 부정적으로 생각하는 것 중 어떤 것이 더 쉬운가?

찬성과 반대(장점과 단점)

학년 반 ________ 학년 ________ 반

이름 ____________________

◆ 학습 주제에 대해 장점과 단점을 모두 고려하는 것은 좋은 결정을 하는 데 꼭 필요하다.

1. 다양한 관점에 대해 생각해 보고 정리해 봅시다.
2. 다양한 정보들을 찾으면서 관점이 지닌 장점과 단점을 찾아 봅시다.
3. 조사를 마친 후에 장점과 단점을 통해 판단한 아이디어나 쟁점에 대한 관점을 다시 정리해 봅시다.

◆ 학습 주제

____

◆ 학습 주제에 대한 나의 생각

____

◆ 생각 정리하기

관점 ____________________________________

장점	단점

관점 ____________________________________

장점	단점

◆ 자신의 생각을 정리해 봅시다.

____

____

찬성과 반대(장점과 단점)

학년 반 ________ 학년 ________ 반

이름 ____________________

벤 다이어그램

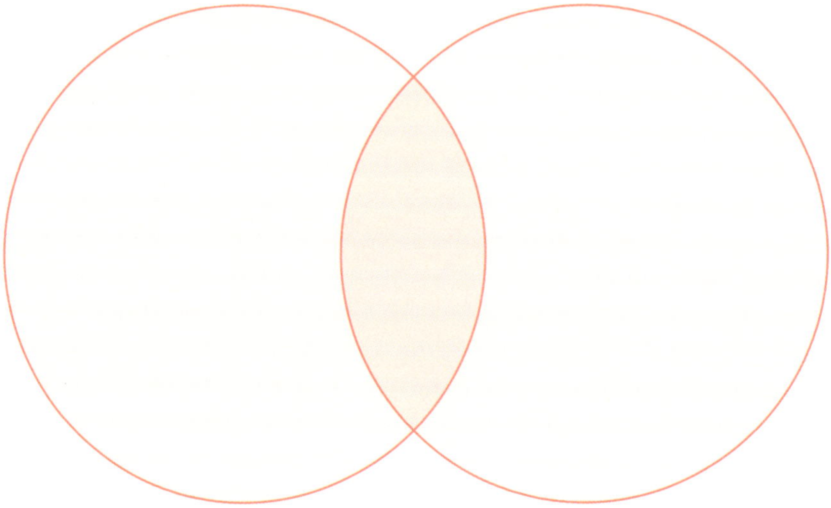

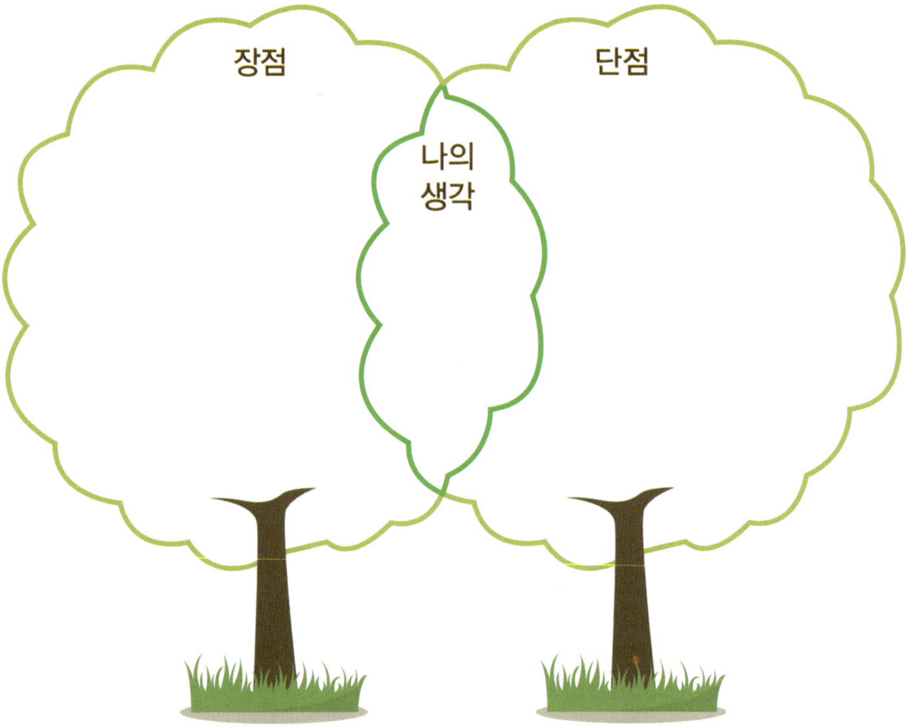

31 상대의 관점으로 바라보기

학습 및 혁신 기술

- ○ 창의성과 혁신
- ✓ 비판적 사고와 문제 해결
- ✓ 의사소통
- ○ 협력

이럴 때 사용해요

- 정해진 역할(인물)의 관점에서 생각하고 조사해 볼 때

이렇게 사용해요

1. 조사할 주제 또는 개념에 대해 정의를 내려 보게 하고 명확히 지도한다.
2. 개인별 또는 모둠별로 세 가지 이상의 역할을 정해 자신이 고르거나 맡겨진 역할의 관점에서 개념을 조사하게 한다.
3. 모둠이나 개인의 조사 결과에 찬성하거나 반대하는 것을 기록한다.
4. 조사를 마친 후 각 역할의 관점에서 주제나 개념에 대해 조사하고 생각한 것을 공유한다.
5. 일상생활에서 상대의 관점으로 바라봄으로써 해결할 수 있는 것을 찾아본다.

수업 팁

- 각 역할에 따른 관점이 어떻게 달라지는지 예를 들어 제시하고 관점에 따라 문제를 어떻게 바라볼 것인지 생각하게 한다.
- 같은 역할을 맡은 학생끼리 모여 주제 또는 개념에 대해 의논하고 비슷한 점과 다른 점을 찾으며 생각을 공유한다.
- 본래 모둠으로 돌아와 각 입장에서의 개념 또는 주제에 대한 생각을 나눈다.

생각해 보기

- 다른 역할이나 관점에서 생각해 보는 것은 어떤 어려움이 있었는가?
- 다른 관점에서 보았을 때 좋은 점과 나쁜 점은 무엇인가?
- 맡은 역할의 관점에서 답할 때 어려웠던 점은 무엇인가?
- 이 활동은 나에게 어떤 영향을 주었는가?

상대의 관점으로 바라보기

학년 반 ________ 학년 ________ 반

이름 ____________________

1. 연구할 주제는 어떤 것입니까?

주제

2. 주제에 관한 내 관점이나 역할은 어떤 것입니까?

역할(관점)

3. 다음 질문에 답해 봅시다.

1. 내가 맡은 역할은 어떤 점에서 흥미 있나요?
2. 내가 맡은 역할이 주제와 관련하여 중요하다고 생각하는 것은 어떤 것인가요?
3. 내가 맡은 역할에서 찬성하는 의견에는 어떤 것이 있나요?
4. 내가 맡은 역할에서 반대하는 의견에는 어떤 것이 있나요?

32 생각하고 판단하기

학습 및 혁신 기술
- ✓ 창의성과 혁신
- ✓ 비판적 사고와 문제 해결
- ✓ 의사소통
- ✓ 협력

이럴 때 사용해요

• 결론이나 판단을 내리기 전에 다양한 아이디어나 견해를 고려하고자 할 때

이렇게 사용해요

1. 모둠이나 학급 전체에서 학생들은 논쟁적이거나 다양한 관점이 존재할 만한 개념과 관련된 아이디어들을 생각해 내고, 왼쪽란에 아이디어들을 적는다.
2. 학생들이 아이디어나 견해에 대해 열린 마음을 유지하도록 독려한다.
3. 학생들은 각 아이디어나 견해에 대한 반응을 "나의 반응"란에 적는다.
4. 최고의 아이디어, 결론, 견해라고 생각하는 것에 동그라미를 친다.
5. 주제에 관한 전반적인 생각을 반영하는 진술을 1~3개 정도 만든다.
6. 학생들은 짝 또는 모둠으로 활동하면서 반응과 요약을 공유한다. 찬성과 반대의 핵심을 찾고 표에 기록한다.

수업 팁

• 과제를 완성할 수 있도록 학생들에게 미리 선정해 둔 관점을 준다.
• 중요한 쟁점에 관해 균형 잡힌 관점을 가지는 것의 중요성을 강조한다. 쟁점의 모든 측면을 조사하였는지 생각해 보도록 떠올렸던 아이디어와 견해를 돌아보도록 한다.
• 돌아봄으로써, 학생들은 정해진 아이디어나 견해를 지지하는 증거를 제공하거나 찾을 수 있다. 필요하다면 특정 시간에 정보에 관한 간단한 조사를 할 수 있다.
• 모든 학생들이 아이디어를 공유할 동등한 기회를 가지도록 한다.

생각해 보기

• 브레인스토밍을 완성할 때까지 아이디어에 대한 반응을 유보하는 것의 좋은 점은 무엇인가?
• 다른 사람들로부터 배울 때 편견에 주의하는 것이 중요한 이유는 무엇인가?

생각하고 판단하기

학년 반 ________ 학년 ________ 반

이름 ______________________

1. 첫째 칸에 모둠의 모든 아이디어나 견해를 작성해 봅시다.
2. 각 아이디어나 견해에 대해 생각한 것을 적어 봅시다.
3. 다른 모둠원과 자신의 생각이나 요약한 것을 공유하고, 모둠원이 찬성한 것과 반대한 것을 적어 봅시다.

⊙ 주제: ______________________________

모둠의 아이디어와 견해	나의 반응

내 생각 요약

⊙ 모둠 토의 요약

모둠원이 찬성하는 것	모둠원이 반대하는 것

33 3(질문)×3(자료) 조사하기

학습 및 혁신 기술
- ○ 창의성과 혁신
- ✓ 비판적 사고와 문제 해결
- ✓ 의사소통
- ✓ 협력

이럴 때 사용해요

- 학습 주제와 관련된 질문에 대한 답을 조사하고 다양한 자료에서 얻은 정보를 합칠 때

이렇게 사용해요

1. 주제에 관한 세 가지 핵심 질문을 찾거나 토론을 통해 세 가지 질문을 만들게 한다.
2. 질문에 관해 이미 알고 있는 것이나 답을 생각하게 한다.
3. 잠정적인 답을 확인하기 위한 자료를 선정하고 자료에서 답을 찾아보게 한다.
4. 조사와 기록을 마친 후 최종 답을 결정한다.

수업 팁

- 세 모둠으로 나누어 다른 질문과 다른 자료를 사용하게 한다.
- 선택한 자료가 신뢰할 만한 것인지 자료를 선택한 사람끼리 모여 토의한다.
- 교사가 첫 번째 질문을 하고 학급에서 두 번째 질문, 개인이 세 번째 질문을 제시할 수 있다.
- 제시된 질문은 평가에 사용할 수 있다.

생각해 보기

- 질문을 만드는 것이 답을 조사하는 데 어떤 도움이 되었는가?
- 핵심 질문을 만들 때 쉬운 점과 어려운 점은 무엇인가?
- 자료에서 답은 어떻게 찾을 수 있었는가?
- 좋은 질문의 특성은 무엇인가?

3(질문)×3(자료) 조사하기

학년 반 ________ 학년 ________ 반

이름 ____________________

1. 주제를 적고 세 가지 핵심 질문에 관해 알고 있는 것을 써 봅시다.
2. 답을 찾기 위한 자료를 정하고 자료에서 답을 찾아 봅시다.
3. 모든 자료에서 정보를 사용하고, 답을 요약해 봅시다.

주제:	질문 1:	질문 2:	질문 3:
이미 알고 있던 것 또는 내가 아는 것 생각하기			
자료 1:			
자료 2:			
자료 3:			
답 요약하기			

34 결과 예상하기

학습 및 혁신 기술
- ✓ 창의성과 혁신
- ✓ 비판적 사고와 문제 해결
- ✓ 의사소통
- ○ 협력

이럴 때 사용해요

- 해결책의 결과를 예측하면서 문제를 연구하고, 문제 해결책을 선택한 후에 그 선택을 지지할 때

이렇게 사용해요

1. 문제를 일으키는 사실과 환경을 포함해 문제 상황을 묘사한다.
2. 무엇이 문제인지 해결해야 하는 문제를 정의한다.
3. 다양한 해결책을 생각해 내고 긍정적 · 부정적 각각의 측면에서 잠재적 결론을 예측한다.
4. 잠재적 결론, 문제의 자원, 상황에 기초하여, 최고의 해결책을 고르고 그것을 선택한 이유를 설명한다.

수업 팁

- 학생의 삶과 관련한 상황 및 문제를 연결시켜 생각하도록 한다.
- 상황이 다양한 문제를 가진다면, 모둠별로 다른 문제를 지정받을 수 있다.
- 서로의 의견과 아이디어를 존중하도록 한다.
- 모둠별 활동을 완성하고 결과를 학급 전체에서 공유한다.

생각해 보기

- 문제를 정의할 때 중요한 점은 무엇인가?
- 잠재적 해결책을 평가하기 위해 어떤 기준을 사용했는가? 다른 사람들도 같은 기준을 고를 것이라고 생각하는가? 왜 그렇게 생각하는가?

결과 예상하기

학년 반 ________ 학년 ________ 반

이름 ____________________

1. 문제가 되는 상황에 관한 사실과 세부 사항들을 기록해 봅시다.

2. 그 상황에서 발생한 문제를 정의해 봅시다.

3. 해결책을 3가지 생각하고 그 해결책의 잠재적 결과(긍정적 · 부정적 측면)를 예측해 봅시다.

해결책 1	해결책 2	해결책 3
↓	↓	↓
잠재적 결과	잠재적 결과	잠재적 결과

4. 가장 좋다고 생각되는 해결책에 동그라미를 치고 그 이유를 설명해 봅시다.

35 생각의 리모콘

학습 및 혁신 기술
- ✓ 창의성과 혁신
- ○ 비판적 사고와 문제 해결
- ✓ 의사소통
- ○ 협력

이럴 때 사용해요

- 명확한 핵심을 파악하여 발표 자료를 준비하거나 글을 쓸 때

이렇게 사용해요

1. 재생(▶): 주제에 관해 생각나는 많은 단어와 구를 적는다.
2. 정지(■): 가장 궁금한 세 단어를 골라 주제와 관련된 단어와 구를 만들어 적는다.
3. 되감기(◀◀): 하나를 더 선택하여 주제와 관련된 단어와 구를 만들어 적는다.
4. 빨리 감기(▶▶): 재생, 정지, 되감기 부분의 자료를 검토하여 반복되거나 유사한 단어 두 가지를 골라 적는다.
5. 채널 바꾸기(▼): 빨리 감기에서 하나를 골라 새로운 단어나 구를 만들어 적는다.
6. 볼륨(▲): 재생, 정지 채널 바꾸기를 비교하여 반복되는 단어나 구를 적는다.
7. 녹음(◉): 불륨 부분에 적힌 핵심 내용을 바탕으로 발표에 필요한 문장을 쓴다.

수업 팁

- 학생들이 많은 생각을 할 수 있도록 충분한 시간을 허락하면서도 깊고 빠르게 생각하도록 각 부분에 시간 제한을 둔다.
- 학생들이 "재생", "정지", "되감기" 부분에 생각나는 모든 것을 적게 하여 가능한 한 많은 아이디어를 얻을 수 있도록 한다.

생각해 보기

- 단어나 구를 생각하는 것이 주제의 핵심을 파악하는 데 도움이 되었는가?
- 무슨 내용을 써야 할지 명확히 떠오르지 않는 경우, 이를 해결하는 다른 방법에는 어떤 것들이 있는가?

생각의 리모콘

학년 반 ________ 학년 ________ 반

이름 ______________________

◇ 생각 리모컨을 사용하여 주제에 대한 핵심 내용을 찾아봅시다.

주제

▶ 재생

■ 정지

핵심 1	핵심 2	핵심 3

◀◀ 되감기

▶▶ 빨리 감기

▼ 채널 바꾸기

▲ 볼륨

◉ 녹음

36 결론 요약하기

학습 및 혁신 기술

- ○ 창의성과 혁신
- ✓ 비판적 사고와 문제 해결
- ✓ 의사소통
- ○ 협력

이럴 때 사용해요

- 서로 다른 두 개의 자료에서 결론을 이끌어 내는 연습을 할 때

이렇게 사용해요

1. 학생들에게 학습 주제와 관련된 두 개의 정보를 제공하거나 스스로 찾게 한다.
2. 목표를 명확하게 안내한다.
3. 주제에 관해 중요한 정보를 요약하거나 찾아서 요약하게 한다.
4. 결론은 주제에 대한 공통된 아이디어 또는 정보 간의 대립, 맞지 않는 부분을 고려하여 정하게 한다.

수업 팁

- 학생들이 쉽게 접근할 수 있는 주제를 바탕으로 사전 연습을 실시한다.
- 주제에 대해 스스로 자료를 찾을 수 있도록 검색어 등을 지원한다.
- 믿을 만한 정보인지를 판단하여 좋은 정보를 선택하게 한다.
- 개인이 찾은 정보와 요약을 바탕으로 짝과 함께 주제에 넓게 접근할 수 있도록 해도 된다.
- 모둠 내에서 결론을 공유한 후 전체 공유로 생각을 확장시킬 수 있다.

생각해 보기

- 주어진 자료의 차이점을 발견했을 때 어떤 자료를 더 좋은 자료라고 선택할 것인가? 그 이유는 무엇인가?
- 결론을 선택한 기준은 무엇인가?
- 다른 사람들의 결론과 비교해 보고 같거나 다른 까닭은 무엇인가?

결론 요약하기

학년 반 ________ 학년 ________ 반

이름 ____________________

1. 주제를 써 봅시다.

주제

2. 두 개의 자료를 읽고 해당 칸에 중요한 정보라고 생각하는 것을 요약해 봅시다. 그런 후 정보를 종합하여 결론을 요약해 봅시다.

자료 1

자료 2

결론 또는 가장 중요한 아이디어

37 원인 찾기(Round Robin Ideas)

학습 및 혁신 기술

- ✓ 창의성과 혁신
- ✓ 비판적 사고와 문제 해결
- ✓ 의사소통
- ✓ 협력

이럴 때 사용해요

- 문제가 발생하게 된 원인을 찾아 다양한 문제 해결책을 생각해 낼 때

이렇게 사용해요

1. 학습 주제와 관련하여 해결해야 하는 문제를 제시하거나 함께 결정한다.
2. 기록자와 의견을 제시하는 순서를 정한다.
3. 제시된 문제가 왜 일어나는지에 대한 근본적인 원인에 대하여 생각해 본다.(1분)
4. 한 사람씩 돌아가며 15초 간격으로 문제의 원인을 말한다.
5. 아이디어를 기록한다.
   - 아이디어에 대해 긍정적 또는 부정적으로 평가할 수 없다.
   - 아이디어가 없을 때 '통과' 또는 '패스'를 사용할 수 있으나, 다시 차례가 왔을 때 새로운 아이디어를 내야 한다.
   - 더 이상 새로운 아이디어가 나오지 않을 때까지 돌아가며 아이디어를 말한다.
6. 각자 문제 해결 아이디어를 제안한다.

수업 팁

- 바보 같아 보이는 아이디어를 가지고 가능한 것에서 재작업하도록 장려한다.
- 이것은 가장 좋은 아이디어를 고르는 모둠 토의나 학생들이 작은 모둠으로 나뉘기 전 전체 토론에서 할 수 있다.

생각해 보기

- 아이디어를 제안할 때, 아이디어를 평가하지 않는 것이 중요한 이유는 무엇인가?
- 순서대로 아이디어를 제안할 때의 좋은 점과 그렇지 않은 점은 무엇인가?

원인 찾기(Round Robin Ideas)

학년 반 ________ 학년 ________ 반

이름 ____________________

문제 상황

1. 문제의 원인이라고 생각되는 것을 순서대로 돌아가며 말해 봅시다.

문제 발생 원인

2. 문제를 해결하기 위한 아이디어를 제안해 봅시다.

38 결과에 대한 원인 찾기 (Fish-bon Map)

학습 및 혁신 기술

- ○ 창의성과 혁신
- ✓ 비판적 사고와 문제 해결
- ✓ 의사소통
- ○ 협력

이럴 때 사용해요

• 피쉬 본 맵은 사건이나 현상의 논리적인 인과 관계를 파악하는 데 유용한 전략이다. 사건의 결과나 어떤 결과에 대한 원인을 파악하고, 각 원인에 관련된 세부 내용을 파악하여 논리적인 구조로 조직할 때.

이렇게 사용해요

1. 주어진 문제의 결과에 대해 원인을 조사하거나 어떤 결과물에 대해 그 결과가 나오기까지의 과정을 알아보는 데 사용된다.
2. 사건의 원인에 대해 세부 내용을 구체적으로 생각하고 기록하거나 어떤 결과에 대해 그렇게 되기까지의 과정을 적어 보면서 결과와 원인의 인과 관계를 파악하는 데 사용된다.
3. 학년 수준에 따라 물고기 뼈가 달라지게 한다.

수업 팁

• 물고기 등뼈에 결과를 적어 본다.
• 물고기 가시에 그런 결과가 나온 원인을 차례대로 적어 본다.
• 일상생활에서 일어나는 많은 결과에 대한 원인을 파악하는 데 많은 도움이 된다.
• 교사는 이 활동 후 원인과 결과의 타당성을 따져 논리적으로 분석해 보게 함으로써 결과와 원인의 인과 관계를 따져 볼 수 있도록 한다.

생각해 보기

• 문제 해결을 위해 비교하는 과정이 얼마나 도움이 되었는가?
• 내가 생각해 낸 원인이 결과를 도출해 내는 것과 어떤 관련이 있는가?

결과에 대한 원인 찾기
(Fish-bon Map)

학년 반 ________ 학년 ________ 반

이름 ____________________

◇ 글을 읽거나 생활 속에서 일어난 결과에 대해 원인을 분석해 봅시다.

문제, 결과

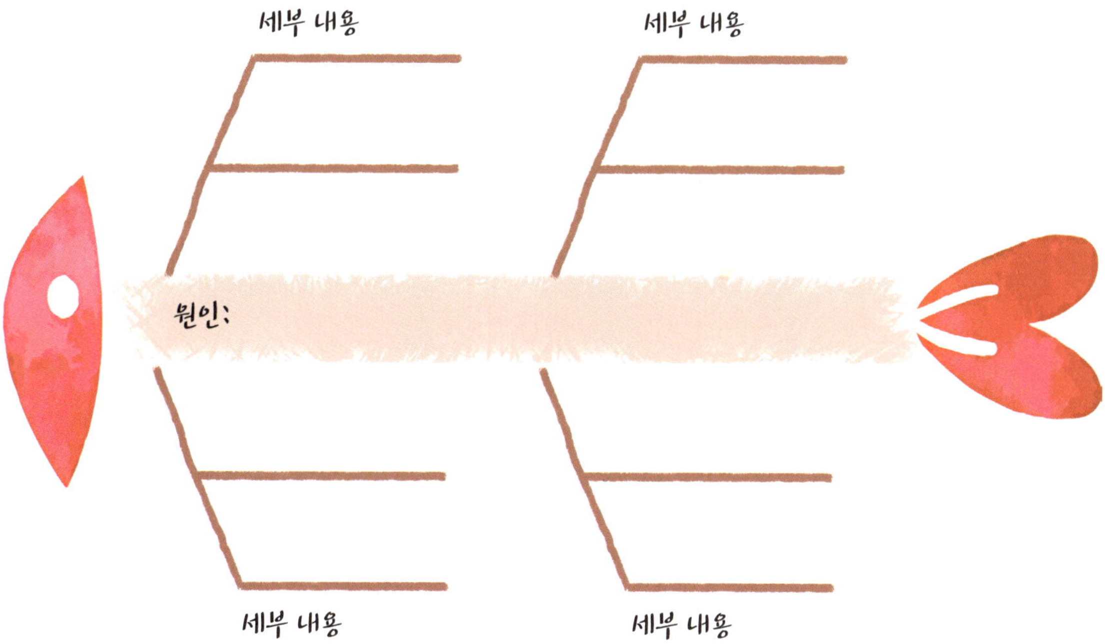

결과에 대한 원인을 적어 보자.

39 브레인라이팅 기법

학습 및 혁신 기술

- ✓ 창의성과 혁신
- ✓ 비판적 사고와 문제 해결
- ○ 의사소통
- ○ 협력

이럴 때 사용해요

- 특정 문제에 대한 근본 원인을 찾을 때
- 문제에 대한 해결책 및 개선 방안을 모색할 때
- 프로젝트 실행 계획을 세울 때
- 아이디어 도출을 위해 모둠원 전체를 참여시키려고 할 때

이렇게 사용해요

1. 해결해야 하는 문제를 선정하고, 소주제를 여러 개 정한다.
2. 4~6명 모둠으로 구성하고, 규칙 5가지를 확인한다.
   - 비판 금지 / 자유 분방 / 수량 추구 / 결합 개선 / 절대 침묵
3. 주제나 문제가 제시된 기록지에 관련 아이디어를 5분 동안 3개씩 적는다.
4. 아이디어를 적은 기록지를 옆 사람에게 전달한다.
5. 다른 사람의 기록지를 보고 빈칸에 떠오르는 아이디어를 적는다.
6. 충분한 양의 아이디어가 나올 때까지 계속한다.
7. 산출된 아이디어에 대하여 평가하고, 문제 해결에 적합한 아이디어를 선택한다.

수업 팁

- 소극적이거나 내성적인 집단에서 주로 활용한다.
- 모든 학생이 동시에 아이디어를 낼 수 있도록 소주제 수는 모둠원 수와 같게 하는 것이 좋다.
- 아이디어를 기록하는 시간이나 개수는 학생 수준에 따라 조정한다.

생각해 보기

- 주제에 대해 자유롭게 발상하여 아이디어를 내는 것이 중요한 이유는 무엇인가?

브레인라이팅 기법

학년 반 ________ 학년 ________ 반

이름 ____________________

◇ 주제에 대해 떠오르는 아이디어를 기록하고 옆 사람에게 전달해 봅시다.

주제

이름	아이디어 1	아이디어 2	아이디어 3

규칙

- 비판 금지: 창출된 어떤 아이디어도 비판하거나 평가하지 않는다.
- 자유분방: 자유로운 분위기를 조성한다.
- 수량 추구: 아이디어가 많으면 많을수록 좋다.
- 결합 개선: 제시된 아이디어를 결합 조합하여 새 아이디어를 낸다.
- 절대 침묵: 침묵한다.

40 연꽃 기법

학습 및 혁신 기술
- ✓ 창의성과 혁신
- ✓ 비판적 사고와 문제 해결
- ✓ 의사소통
- ✓ 협력

이럴 때 사용해요

- 학생들이 문제에 대해 아이디어를 구조화하고 체계적으로 활용하고자 할 때

이렇게 사용해요

1. 다이어그램 중앙의 가운데 칸에 중심 주제를 적고, 중심 주제와 관련하여 떠오르는 아이디어를 둘레에 있는 8개의 빈칸에 기록한다.
2. 생성된 8개의 아이디어는 새로운 연꽃의 중심 주제로 활용한다.
3. 다시 각 중심 주제를 둘러싼 8개의 새로운 아이디어를 둘레의 빈칸에 적어 준다.
4. 생성된 아이디어에 대해 친구들과 토의하거나 개인이 최종 결정한 아이디어를 확정하여 표시한다.
5. 예상되는 최종 결과를 글이나 그림으로 표현한다.

수업 팁

- 최대한 자유롭게 발상하여 적도록 유도한다. 나와 팀원의 의견에 대한 판단을 유예하고 브레인스토밍하는 것이 핵심이다.
- 기록하는 방법에 대한 이해를 돕기 위해 예시를 제시할 수 있다.
- 8개의 아이디어를 모두 채우는 것을 강요하지 않도록 한다.
- 색을 사용해 중심 칸을 구분하면 각 아이디어별 생각을 시각적으로 명확히 할 수 있다.
- 개인이 아닌 소그룹 활동으로도 활용할 수 있다.
- 중심 주제에 관한 배경지식을 얻기 위해 인터넷 검색을 할 수 있다.

생각해 보기

- 생각할 수 있는 모든 것을 기록하였는가?
- 최종적으로 선택한 아이디어는 주제를 효과적으로 표현하기에 적절한 것인가? 선택한 것들의 종합으로 최종적인 결과를 예상해 보았는가?

연꽃 기법

학년 반 ________ 학년 ________ 반

이름 ______________________

주제

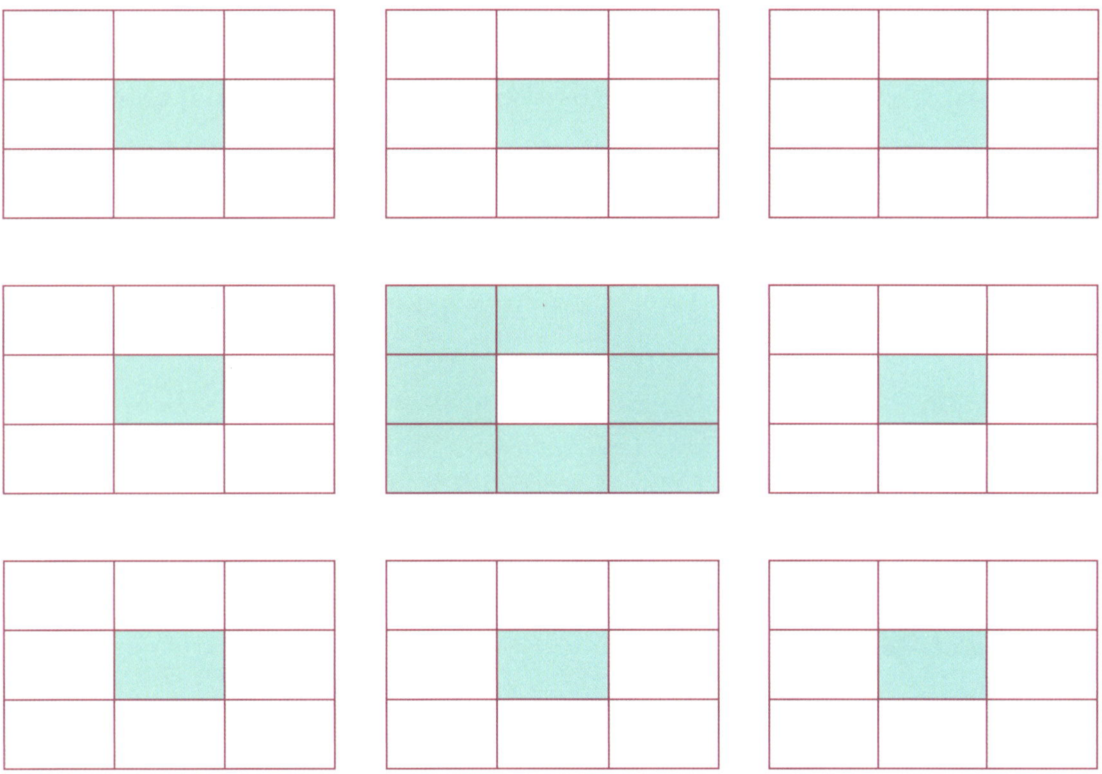

결과 예상하기(글과 그림 활용)

41 육색모자 사고 기법

학습 및 혁신 기술

✓ 창의성과 혁신
✓ 비판적 사고와 문제 해결
✓ 의사소통
○ 협력

이럴 때 사용해요

- 학생들이 의견을 다양한 관점으로 표현하거나 어떤 주제에 대한 생각을 여러 가지 관점으로 표현해 보게 함으로써 분석적 사고를 경험하게 하고자 할 때

이렇게 사용해요

1. 주어진 문제 상황에 대한 다양한 관점으로 생각하게 할 필요가 있을 때 사용한다.
2. 개인의 생각을 적어 보게 하고 모둠별로 모여서 생각 나눔의 과정을 거침으로써 생각의 차이로 인해 나의 생각이 달라질 수 있음을 알게 하고 다시 생각해 보는 시간을 갖도록 한다.
3. 학년 수준에 따라 6색 사고, 3색 또는 4색으로 조절하여 사용한다.

수업 팁

- 여섯 색으로 표현할 때 수준에 따라 다 표현하지 못할 경우도 있다.
- 자신의 생각을 다양하게 표현할 수 있도록 하는 것이 중요하다.

생각해 보기

- 문제 해결을 위해 비교하는 과정이 얼마나 도움이 되었는가?
- 어떤 기준을 통해 비교하고 분석하고 선택했는지 그 과정을 생각해 보자.

육색모자 사고 기법

학년 반 ________ 학년 ________ 반

이름 ________________

◇ 문제 상황에 대해 나의 생각을 표현해 봅시다.

문제 상황

 흰색	있었던 사실만 생각하여 말하고 자신의 의견을 내어 놓지 않습니다.	
 빨강	자신의 감정, 느낌, 짐작 등으로 문제를 어떻게 느끼는지를 말합니다.	
 노랑	앞으로의 좋은 전망, 아이디어의 실행 계획 등 구체적인 계획을 말합니다.	
 검정	잘못이나 옳지 않은 이유, 어려움 등의 증거를 제시하여 말합니다.	
 녹색	문제를 어떻게 하면 될지 해결 방법을 생각하여 말합니다.	
 파랑	이야기에 대한 결론을 말합니다.	

42 PMI 기법

학습 및 혁신 기술
- ○ 창의성과 혁신
- ✓ 비판적 사고와 문제 해결
- ○ 의사소통
- ○ 협력

이럴 때 사용해요

- 어떤 문제의 긍정적인 면과 부정적인 면을 생각해 보고 흥미로운 대안을 찾아 신중한 의사결정을 할 때

이렇게 사용해요

1. 학습 주제와 관련하여 의사결정을 위한 주제를 제시한다.
2. 주제에 대한 장점(Plus)과 단점(Minus)을 평가한다.
3. 장점(Plus)을 살리고 단점(Minus)은 보완하는 대안(Interest)을 찾는다.
4. 각 대안의 장점(Plus)과 단점(Minus) 및 흥미로운 점(Interest)을 평가한다.
5. 평가 내용에 기초하여 가장 좋은 해결책을 선택한다.

수업 팁

- 장점과 단점을 찾을 때 한쪽으로 치우치지 않도록 가급적 균형을 맞춘다.
- 포스트잇 색깔을 다르게 하여 모둠별 PMI를 진행할 수 있다.
- 새로운 아이디어를 내기보다 제안된 아이디어를 평가하여 좋은 것을 가려내는 방법으로 사용할 수 있다.
- 브레인스토밍, 브레인라이팅 등 다른 방법을 함께 사용한다.

생각해 보기

- 아이디어의 장단점을 비교해 보는 것이 어떤 점에서 좋은가?

PMI 기법

학년 반 ________ 학년 ________ 반

이름 ______________________

◇ 주제와 관련하여 좋은 점(Plus)과 나쁜 점(Minus)을 생각해 보고, 좋은 점은 살리고 나쁜 점은 보완하는 대안(Interest)을 찾아 정리해 봅시다.

좋은 점(Plus)

주제

나쁜 점(Minus)

대안(Interest)

내가 선택한 결론 및 이유

43 5 Why 생각법

학습 및 혁신 기술

- ✓ 창의성과 혁신
- ✓ 비판적 사고와 문제 해결
- ○ 의사소통
- ○ 협력

이럴 때 사용해요

- 문제 해결 활동을 시작할 때
- 정확한 문제의 본질을 파악할 때
- 가장 정확한 문제 정의에 도달하기 위하여 문제를 세밀히 조사할 때
- 주어진 문제에 대하여 가장 근본이 되는 원인을 찾을 때

이렇게 사용해요

1. 학습 주제와 관련하여 해결해야 하는 문제를 제시하거나 함께 결정한다.
   - '현재 상태'를 구체적 용어로 기술한다.
2. 왜 그런 문제가 발생하였는지 이유, 원인을 질문한다.
3. 원인이 나오면, 또 그 원인은 어떤 이유에서 발생하였는지 묻는다.
4. 계속해서 그 원인이 발생하게 된 이유를 묻는다.
5. '왜'를 4번 이상 사용하되, 더 이상 반응이 없을 때까지 질문한다.
6. 질문과 답에 기초하여 문제에 대한 자신의 생각을 정리한다.

수업 팁

- 질문에 대한 답은 내가 통제 가능한 것으로 한다. 내가 할 수 없는 것으로 답하면 의미가 없다. (예: 왜 시험 성적이 오르지 않는가? 문제가 어려워서)
- 각 질문에 대해 모둠별로 토의하여 가장 결정적이라고 생각되는 아이디어를 쓸 수 있다.
- 5Why, 로직트리, 피스본, 브레인스토밍 등을 통하여 문제의 근본 원인 및 과제의 속성을 파악한 후 다양한 문제 해결 방법을 적용할 수 있다.

생각해 보기

- 결과로부터 거꾸로 생각하는 것은 문제 해결에 어떤 도움이 되는가?

5 Why 생각법

학년 반 ________ 학년 ________ 반

이름 ____________________

1. 문제가 발생하게 된 원인 또는 이유를 질문해 봅시다.
2. 그 원인이나 이유는 또 어떤 이유에서 발생하였는지 물어보고 원인을 찾아봅시다.
3. 계속해서 그 원인이 발생하게 된 이유를 묻고 답을 기록해 봅시다.
4. 질문과 답에 기초하여 문제에 대한 자신의 생각을 정리해 봅시다.

문제 상황

Why?	Why?
답	답

Why?	Why?
답	답

종합 의견

44 디딤돌 기법

학습 및 혁신 기술
✓ 창의성과 혁신
✓ 비판적 사고와 문제 해결
○ 의사소통
○ 협력

이럴 때 사용해요

- 문제 해결을 위한 다양한 아이디어가 필요할 때

이렇게 사용해요

1. 해결해야 하는 주제를 문제의 형태로 제시하거나 함께 결정한다.
2. 주제와 무관한 하나의 단어를 선택한다.
3. 제시한 단어와 관련하여 떠오르는 대상, 물건, 속성, 기능, 특징 등 디딤돌 단어를 그림이나 낱말로 기록한다.
4. '디딤돌 단어를 연결, 결합하면 무엇을 할 수 있는가?'를 질문하며 문제 해결에 대한 아이디어를 작성한다.
5. 도출된 아이디어를 유목화하고, 아이디어를 평가, 개선하여 적절한 것을 선택한다.

수업 팁

- 아이디어 도출이 필요한 주제는 '무엇을 하면 ~을 해결할 수 있을까?' 형태의 질문으로 제시한다.
- 주제와 연결시켜 발상하는 단어는 주제와 무관하며, 학생이 일상에서 흔히 쓰는 익숙한 것이 좋다.
- 도출된 아이디어가 만족스럽지 않거나 충분하지 않으면 다른 단어로 바꾸어 추가 아이디어를 도출한다.
- 아이디어를 도출할 때, 그림을 활용하면 생각을 확장시키는 데 효과적이다.

생각해 보기

- 주제와 무관한 하나의 단어가 문제 해결 아이디어로 연결되는 과정에서 중요하게 작용하는 것은 무엇인가?

디딤돌 기법

학년 반 ________ 학년 ________ 반

이름 ________________________

1. **해결해야 하는 문제의 형태로 주제를 써 봅시다.**

주제

'무엇을 하면 ~을 해결할 수 있을까?'

2. **디딤돌 단어를 만들어 봅시다.**

제시한 그림을 보고 떠오르는 대상, 물건, 속성, 기능, 특징 등을 기록해 봅시다.

3. **문제 해결 아이디어를 작성해 봅시다.**

'디딤돌 단어를 연결, 결합하여 어떻게 하면 문제를 해결할 수 있는가?'

45 트리즈 기법

학습 및 혁신 기술
- ✓ 창의성과 혁신
- ✓ 비판적 사고와 문제 해결
- ○ 의사소통
- ○ 협력

이럴 때 사용해요

• 문제 상황에서 정확한 문제의 본질을 파악하고 문제의 모순점을 찾아 다양한 해결 방법을 생각할 때

이렇게 사용해요

1. 제시하는 상황에서 문제를 발견한다.
2. 문제에서 모순이 되는 갈등의 요소를 찾는다(A와 B는 모순).
3. 긍정적 사고로 전환하여 모순 상황(A와 B)이 해결되고 이상적인 상태가 되도록 문제를 정리한다.(A도 좋으면서 B도 좋으려면 무엇이 필요한가?)
4. 트리즈 카드(원리)를 이용하여 문제 해결 방법을 찾는다.
5. 문제 해결을 위한 가장 좋은 아이디어를 글 또는 그림을 이용하여 표현한다.

수업 팁

• 어린이용 트리즈 카드를 구입하여 다양한 관점에서 문제 해결 전략을 생각해 보도록 한다. 몇 가지의 매개자 카드를 활용할 수 있다.
• 학생들이 구체적 아이디어를 가지고 다른 사람들과 공유하도록 한다.

생각해 보기

• 긍정적 사고로 전환하는 것이 중요한 이유는 무엇인가?

트리즈 기법

학년 반 ________ 학년 ________ 반

이름 ____________________

문제

◇ 문제 상황에 트리즈 원리를 적용하여 다양한 해결 방법을 찾아봅시다.

출처: 트리즈 닥터 발명송(신정호)

트리즈 원리	트리즈 원리	트리즈 원리
↓	↓	↓

46 실타래 기법

학습 및 혁신 기술

○ 창의성과 혁신
✓ 비판적 사고와 문제 해결
✓ 의사소통
✓ 협력

이럴 때 사용해요

- 과제 해결 도구로서 해결해야 할 문제와 관련하여 구성원들의 직간접적인 성공 경험과 실패 경험을 모아 그 경험으로부터 구체적인 실행 계획을 수립할 때

이렇게 사용해요

1. 해결해야 하는 주제(문제)를 정한다.
2. 주제와 관련하여 직간접적으로 성공한 경험과 실패한 경험을 포스트잇 한 장에 한 사례씩 구체적으로 적는다. 이때 경험의 결과도 함께 제시한다.(예: 절제할 항목을 크게 써서 잘 보이는 곳에 붙여 두었더니 절제가 더 잘 되었다.)
3. 제시된 경험을 바탕으로 이상적 목표를 수립한다.
4. 이상적 목표를 달성하는 데 겪을 수 있는 장애요인을 예측한다.
5. 도출된 장애요인을 고려하여 목표를 달성하기 위해 필요한 실행 계획을 수립한다.

수업 팁

- 경험이 과제 해결에 중요한 자료가 되는 경우 유용하게 활용할 수 있다.
- 실타래 기법을 활용하기 좋은 과제 예

과목	과제명	산출물
도덕	절제의 근육 키우기	스스로 세운 목표를 달성하기 위해 했던 일과 절제를 실천한 후의 결과
	역사 해설사가 되어 경복궁 안내하기	경복궁 관련 현장체험 학습 코스 및 홍보물 개발, 경복궁 해설 운영 결과
실과	학급 쓰레기 줄이기	쓰레기 줄이기 위한 전략 및 이를 실천한 결과

생각해 보기

- 성공적인 경험 또는 실패했던 직접, 간접 경험을 과제 해결의 자료로 활용할 수 있는 과제로 적당한 것은 무엇인가?

실타래 기법

학년 반 ________ 학년 ________ 반

이름 ____________________

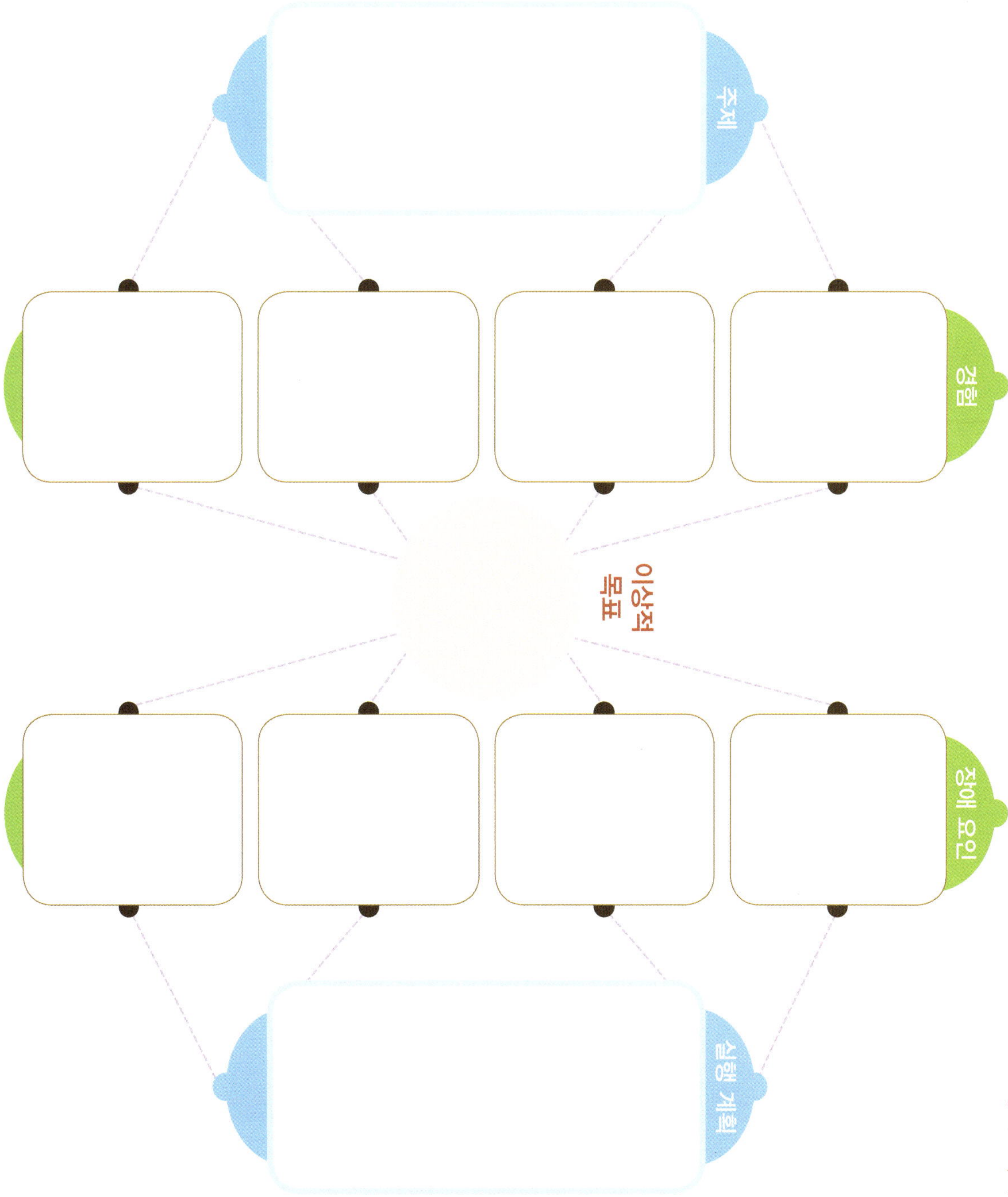

47 K-W-L 조사하기

학습 및 혁신 기술
- ○ 창의성과 혁신
- ✓ 비판적 사고와 문제 해결
- ○ 의사소통
- ○ 협력

이럴 때 사용해요

- 조사하기를 통해 풍부한 아이디어의 생성을 돕고, 이미 알고 있는 것과 알기를 원하는 것을 나눔으로써 더욱 효율적으로 조사하고 정리할 수 있도록 할 때

이렇게 사용해요

1. 조사하기와 체크리스트에 대한 개념을 설명한다.
   K – 우리가 알고 있는 것　　W – 알기를 원하는 것　　L – 알게 된 것
2. 글을 쓸 때 필요한 정보를 K–W–L 형식으로 나누어 표에 정리한다.
3. 알고 있는 것이 정확한지 확인해 보고, 알기 원하는 것에 대하여 조사하기 활동을 한다.
4. 조사한 정보를 가지고 K–W–L 표를 완성한다.

수업 팁

- 시범을 통해 필요한 정보를 K–W–L 형식으로 나누어 정리하는 방법을 소개한다.
- 조사활동은 알고 있는 정보가 정확한 것인지를 확인하고, 정보의 내용이나 작성시기가 적절한지 알아보는 과정을 포함한다.
- 정보의 정확성을 조사하면서 오개념을 바로잡을 수 있도록 한다.

생각해 보기

- K–W–L 형식으로 원하는 정보를 손쉽게 정리할 수 있는가?
- 조사하기 전 이미 아는 것에 대해 생각해 보는 것이 어떤 도움을 주는가?
- 새로운 정보를 찾는 것이 중요한가? 정보를 수집하는 방법에는 어떠한 것들이 있는가?
- 조사활동을 통해 잘못된 지식이나 오해를 찾았는가?

K-W-L 조사하기

학년 반 ________ 학년 ________ 반

이름 ____________________

◇ 필요한 정보를 K-W-L을 이용하여 조사해 봅시다.

주제

알고 있는 것

K

알기를 원하는 것

W

알게 된 것

L

48 손가락 중심생각 맵

학습 및 혁신 기술

- ○ 창의성과 혁신
- ✓ 비판적 사고와 문제 해결
- ✓ 의사소통
- ○ 협력

이럴 때 사용해요

- 중심 내용과 뒷받침 내용 간의 논리적 연관성을 파악할 때
- 분류, 분석, 예시 등의 형태로 세부 내용을 읽거나 글을 계획할 때

이렇게 사용해요

1. 주제나 글감을 정하여 중심 생각을 맵의 최상위 검지 손가락 칸에 쓴다.
2. 중심 내용 아래에 주제에 대한 간단한 부연 설명을 쓴다.
3. 하위 3개의 나머지 손가락 칸에 중심 내용을 뒷받침하는 내용을 3가지 기록한다.
4. 하위 손가락 칸에 중심 내용을 뒷받침하는 하위 내용의 예나 근거를 함께 쓸 수 있다.
5. 필요에 따라 칸을 추가, 삭제할 수 있다.

수업 팁

- 분석, 분류, 예시, 주장과 근거 등에 해당하는 다양한 형태의 내용을 논리적으로 파악할 수 있도록 한다.
- 중심 생각과 근거를 파악하여 자신이 쓰고자 하는 내용의 유형을 설계할 수 있게 한다.
- 필요에 따라 모둠활동으로 진행할 수 있다.
- 중심 생각에 따른 근거나 예시 등의 보다 풍부한 뒷받침 내용 자료를 찾기 위해 인터넷 검색을 활용할 수 있다.
- 자료의 객관성을 높이기 위해 모둠이 함께 의논하여 내용을 결정할 수 있다.

생각해 보기

- 중심 생각은 주제를 대표하기에 적절한가?
- 뒷받침 내용은 중심 생각을 지지할 수 있는 내용인가?

손가락 중심생각 맵

학년 반 ________ 학년 ________ 반

이름 ____________________

◈ 쓰고 싶은 대상을 정하여 중심 문장과 뒷받침 문장을 적어 봅시다.

대상

중심 문장

뒷받침 문장

뒷받침 문장

뒷받침 문장

49 비교하고 분석하고

학습 및 혁신 기술
- ✓ 창의성과 혁신
- ✓ 비판적 사고와 문제 해결
- ✓ 의사소통
- ○ 협력

이럴 때 사용해요

• 학생들이 문제에 대한 잠재적인 해결책을 브레인스토밍하여, 비교 분석하고, 현명한 선택을 해야 할 때

이렇게 사용해요

1. 문제를 찾거나 학생들이 공부하고 있는 주제에 대해 장단점이나 공통점 및 차이점을 찾아 비교하여 현명한 선택을 할 수 있도록 적어 보게 한다.
2. 혼자 또는 소그룹으로 활동하면서, 학생들은 잠재적인 선택을 하고 자신이 선택한 것이 바른지 돌아볼 수 있는 과정을 가져 본다.
3. 학생들은 개별적으로 자신이 가장 좋다고 생각하는 해결책을 고르고 그 이유를 설명할 수 있도록 한다.

수업 팁

• 가장 좋은 것을 선택하기 위해서는 생각을 많이 하고 비교하는 과정을 거치도록 한다.
• 교사는 비교하고자 하는 대상에 대한 의미를 정확하게 알고 활동할 수 있도록 하기 위해서 개념을 정확하게 이해시킨다.
• 선택을 했을 때 왜 그런 선택을 했는지, 선택이 옳은지 짝 또는 모둠원들과 토의하는 과정을 거쳐서 더 현명한 선택을 할 수 있게 한다.

생각해 보기

• 문제 해결을 위해 비교하는 과정이 얼마나 도움이 되었는가?
• 어떤 기준을 통해 비교하고 분석하고 선택했는가?

비교하고 분석하고

학년 반 ________ 학년 ________ 반

이름 ____________________

1. 선택을 고민하게 될 때 두 가지를 적어 보고 고민에 대한 좋은 점(공통점)과 나쁜 점(차이점)을 적어 봅시다.

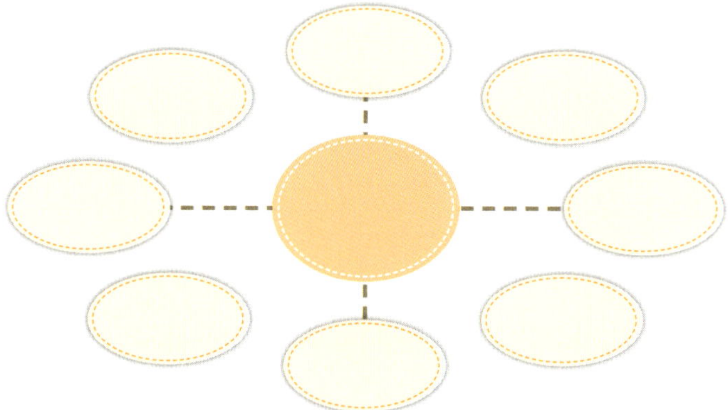

문제 상황

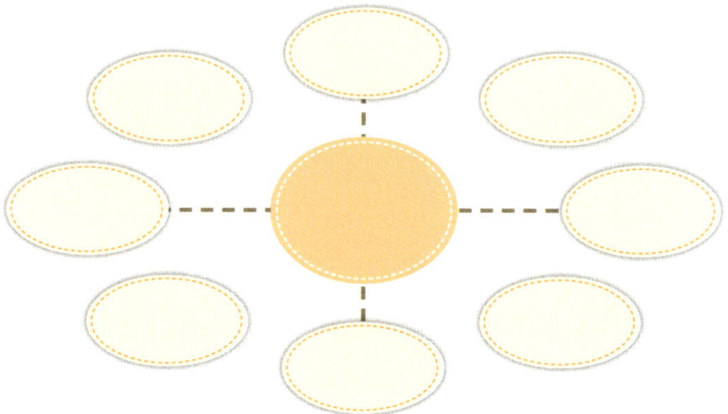

그래 결정했어.

2. 고민한 결과를 보고 내가 이 선택을 한 이유를 두 가지 이상 적어 보고 친구들과 의견을 나누어 봅니다.

____

____

50 피라미드 토론

학습 및 혁신 기술

- ✓ 창의성과 혁신
- ✓ 비판적 사고와 문제 해결
- ✓ 의사소통
- ✓ 협력

이럴 때 사용해요

- 주장을 명확하게 하고, 자신의 생각을 상대방에게 이해, 설득시키고 합의점을 찾아가는 과정을 학습하고자 할 때

이렇게 사용해요

1. 주제에 맞게 해결 방안이나 의견을 간단하게 적는다. (세 가지)
2. 1:1 토론 ➡ 짝과 둘이서 여섯 개의 방안 중에서 세 가지를 선택한다.
3. 2:2 토론 ➡ 네 명이 여섯 개의 방안 중에서 세 가지를 선택한다.
4. 4:4 토론 ➡ 여덟 명이 여섯 개의 방안 중에서 세 가지를 선택한다.
5. 선택된 의견을 적은 학생이 자신의 의견에 대해 설명하고 질문을 받는다.
6. 학급 전체가 토론하여 가장 좋은 의견 세 가지를 선택하고 학습지에 정리한다.

수업 팁

- 의견을 짝수로 정할 경우 토론하지 않고 서로 타협하여 선택할 수 있으니 세심한 주의가 필요하다.
- 더 좋은 의견을 찾아내는 것이 목적이므로, 자기의 생각보다 더 좋은 방안이 있을 경우, 의견을 바꾸어 주장할 수 있음을 알게 한다.
- 토론 과정에서 근거를 제시하는 태도가 중요하며, 근거가 부족한 방안부터 제외할 수도 있다.
- 접착 메모지를 이용해 의견을 적고, 피라미드 토론을 할 수 있다.

생각해 보기

- 나의 의견을 다른 사람들에게 어떻게 잘 전달할 수 있을까? 나의 의견과 근거에는 논리적 모순이 없는가?
- 더 좋은 의견을 결정하는 데 있어서 가장 중요하게 생각한 기준은 무엇인가?

피라미드 토론

학년 반 ________ 학년 ________ 반

이름 ____________________

◇ 1:1 ⇒ 2:2 ⇒ 4:4 ⇒ 전체 토론을 하며 더 좋은 의견을 결정해 봅시다.

주제

1. 주제에 대한 나의 의견을 적어 봅시다.

나의 의견	
	①
	②
	③

2. 짝, 모둠, 친구들과 의견을 나누고, 그 결과를 적어 봅시다.

1:1 토론 결과

2:2 토론 결과

4:4 토론 결과

전체 토론 결과

51 포토스탠딩 토론

학습 및 혁신 기술
✓ 창의성과 혁신
○ 비판적 사고와 문제 해결
✓ 의사소통
✓ 협력

이럴 때 사용해요

- 사진, 그림 등을 활용한 연상 작용을 통해 창의적인 사고를 기르고자 할 때
- 주제와 사진의 관련성을 찾아 논리적으로 이야기를 만들 때

이렇게 사용해요

1. 다양한 사진(그림)을 펼쳐 놓고 주제를 제시한다.
2. 개인별로 사진을 고른다. 새로운 사고를 끌어내는 과정이 중요하므로 주제에 맞는 사진을 일부러 고를 필요는 없다.
3. 사진을 활용하여 주제와 연관된 사고를 이끌어 내 모둠별로 이야기를 나눈다.
4. 개인별로 주제와 사진을 관련시켜 생각하고, 문장을 만든다.
5. 개인 문장을 연결하여 모둠 이야기를 만들어 발표한다.

수업 팁

- 사진자료는 다양하게 준비하고 학생 수보다 여유 있는 것이 좋다.
- 사진을 활용하여 문장을 만들 때, 왜 그렇게 생각했는지 그 이유를 자세히 설명하도록 하며 다른 사람의 의견을 주의깊게 들을 수 있도록 한다.
- 모둠 이야기를 만들 때, 단순히 문장만 이어 붙이는 방식이 아니라 주제에 맞는 이야기가 구성되도록 한다.
- 모둠별로 한 장의 사진만 골라 모둠원이 주제와 관련된 문장을 만들 수도 있다.

생각해 보기

- 다른 사람들에게 자신의 생각을 어떻게 잘 전달할 수 있을까?
- 이 활동은 다른 사람이 어떻게 생각하는지를 이해하는 데 도움을 주었는가?

포토스탠딩 토론

학년 반 ________ 학년 ________ 반

이름 ____________________

◇ 그림을 통해서 주제를 보다 창의적이고 논리적인 표현으로 나타내 봅시다.

주제

1. 주제와 관련이 깊다고 생각하는 한 장의 사진을 붙여 봅시다.

사진 붙이는 곳

2. 선택한 사진(그림)이 오늘의 주제와 어떤 관련이 있는지 생각하여 한 문장으로 나타내 봅시다.

나의 생각

52 배움 돌아보기

학습 및 혁신 기술
- ✓ 창의성과 혁신
- ✓ 비판적 사고와 문제 해결
- ○ 의사소통
- ○ 협력

이럴 때 사용해요

- 배운 내용을 요약하고 이미 아는 것들과 연결하고 질문을 하며 배운 것을 되새길 때

이렇게 사용해요

1. 학습 내용을 되돌아볼 수 있는 다양한 자료를 제시한다.
2. 이미 알고 있는 것과 핵심 내용의 연결 방법, 더 알고 싶은 것에 관한 질문에 대해 안내한다.
3. 학습지에 자료의 제목이나 출처를 적는다.
4. 자료를 복습하고 핵심, 연결, 질문을 기록하며 무엇을 배웠는지 되돌아본다.
5. 모둠 내 또는 학급 내 공유의 시간을 갖는다.

수업 팁

- 자료에서 얻은 정보를 바탕으로 요약하게 한다.
- 4인 1모둠으로 각 학생이 1개의 자료를 해결하게 할 수도 있다. 각 모둠원들이 핵심, 연결, 질문을 공유함으로써 전체 주제를 돌아보게 할 수도 있다.
- 게시물을 만들어 공유하고 모둠을 돌며 서로의 정보를 검토한다.

생각해 보기

- 자료에서 핵심을 찾을 수 있었는가?
- 이미 알고 있는 것과 새로운 것을 연결하는 것은 어떤 점에서 중요한가?
- 질문을 만드는 것은 어떤 점에서 좋은가?
- 핵심, 연결, 질문 중 어느 것을 완성하기 어려웠는가? 그 이유는 무엇인가?

배움 돌아보기

학년 반 ________ 학년 ________ 반

이름 ____________________

◇ 주어진 자료를 바탕으로 무엇을 배웠는지 돌아봅시다. 공부한 것의 핵심 내용, 이미 알고 있는 것과의 연결, 정보에 관해 가지고 있는 질문 등을 아래의 각 부분에 적어 봅시다.

자료 1: ____________________

핵심:

연결:

질문:

자료 2: ____________________

핵심:

연결:

질문:

자료 3: ____________________

핵심:

연결:

질문:

자료 4: ____________________

핵심:

연결:

질문:

53 배움 나누기

학습 및 혁신 기술
- ✓ 창의성과 혁신
- ✓ 비판적 사고와 문제 해결
- ✓ 의사소통
- ✓ 협력

이럴 때 사용해요

- 학생들이 이미 알거나 배운 것을 서로 나눌 때

이렇게 사용해요

1. 학생들은 활동을 통해 서로 찾을 정보의 세 가지 영역을 설명한다.
   – 핵심 아이디어, 이미 알고 있는 것, 예시나 활용
2. 학생들은 각 영역에서 적어도 한 가지 이상의 답을 찾도록 한다.
3. 학생들은 세 가지 영역의 정보를 주고받기 위해 돌아다니며 서로 묻는다.
4. 학생들 전체가 9개 칸을 모두 채울 때까지 계속하고 이때 중복되면 안 된다.
5. 표에 기입된 내용들로 몇 가지 예를 나눈다.

수업 팁

- 학생들에게 친숙한 주제나 내용을 가지고 활동을 구조화한다.
- 학생들이 계속 움직이도록 하고, 학생들로 하여금 한 사람에게 너무 많은 시간을 주지 않도록 한다. 타이머를 사용하여 학생들이 정확한 시간에 움직이게끔 한다.
- 이어지는 수업토론에서 이야기할 기회가 주어지므로, 활동 시간에 다른 이들과 그 답에 대한 토론을 하지 못하도록 한다.
- 이어지는 활동에서 그들이 모아 온 생각들에 대하여 의견을 소그룹으로 나눌 시간을 갖게 한다.
- 온라인 협동 기법을 이용하여 칸을 채운다. 각 영역 안에 적어도 하나 이상의 생각을 쓰도록 한다.

생각해 보기

- 어떤 영역이 다른 사람과 나누기 어려웠는가? 왜 그렇다고 생각하는가?
- 주제에 대해 이미 아는 것은 더 배우는 데 어떤 도움을 주는가?

배움 나누기

학년 반 ________ 학년 ________ 반

이름 ____________________

1. 자신의 핵심 아이디어, 내가 이미 알고 있는 것, 예시와 활용을 적어 봅시다.
2. 다른 친구들과 만나 이미 배워서 알고 있는 것들을 나누고, 아래 9개 칸을 모두 채워 봅시다.
3. 친구들에게 배웠던 것을 생각하고 새로 알게 된 것에 해당하는 칸에 동그라미를 그려 봅시다.

내가 공유할 수 있는 것			
나의 핵심 아이디어			
내가 알고 있는 것			
예시 또는 활용			
친구들로부터 알게 된 것			
핵심 아이디어			
친구들이 이미 알고 있는 것			
예시 또는 활용			

54 협력 활동 평가하기

학습 및 혁신 기술
- ○ 창의성과 혁신
- ○ 비판적 사고와 문제 해결
- ✓ 의사소통
- ✓ 협력

이럴 때 사용해요

• 모둠활동에서 사용하는 협력 기술을 되돌아볼 때

이렇게 사용해요

1. 협동 작업을 잘하는 사람의 특성에 관한 학급 토론을 한다.
2. 학급에서 "협력 활동 평가하기"를 검토한다.
3. 학생들은 "협력 기술"의 각 특성별 사례를 확인한다.
4. 모둠활동을 끝낸 후에, 모둠 구성원으로서 활동을 가장 잘 묘사한 특성 진술에 동그라미를 친다.
5. 학생들은 자신의 협력 기술이 얼마나 향상되었는지 작성한다.

수업 팁

• 활동을 반성하기 전에 지시문에서의 각 특성을 확실히 이해시킨다.
• 협력하여 작업하는 것이 왜 중요한지, 이것이 얼마나 중요한 특성인지 물어본다.
• 학생들이 중요하다고 생각하는 부가적인 협력 기술을 추가하도록 한다.
• 모둠활동을 촬영하고 학생들이 개인적 협력 기술을 평가하도록 비디오를 검토한다.
• 다른 모둠이 힘께 활동한 비디오 영상에서 모둠원들의 협력 기술을 분석하게 한다.
• 자신의 기술에 대한 평가에 사용할 온라인 설문조사를 만들고 학급 전체의 수행을 분석한다.

생각해 보기

• 가장 어려운 협력 기술은 무엇이었는가? 협력 기술을 발달시킬 수 있는 구체적인 방법에는 어떤 것들이 있는가?
• 중요한 기술이 함께 활동하는 데 왜 효과적이었으며, 앞으로의 활동에 어떤 영향을 줄 것인가?

협력 활동 평가하기

학년 반 ________ 학년 ________ 반

이름 ______________________

◇ 모둠이나 짝 활동을 잘하기 위해서는 인성 외에 듣기 및 말하기 기술도 필요합니다. 각 기술에서 자신을 가장 잘 설명하는 것에 동그라미를 쳐서 최근의 협력 활동에 대해 자신을 평가해 보고, 더 나은 팀원이 되는 방법을 생각해 봅시다.

협력 기술	1-미흡	2-보통	3-우수	4-뛰어남
활동에 도움이 되는 것				
주어진 과제 완성하기	과제를 수행하지 않음	과제를 미완성함	과제를 하나, 과제 수준을 뛰어넘지 못함	철저한 방식으로 과제를 수행함
정보 공유하기	모둠과 공유하지 않음	요구받을 때 공유함	요구받지 않고 스스로 공유함	스스로 정보를 공유하고 다른 이들에게도 요구함
적절한 질문 하기	질문하지 않거나 적절하지 않은 질문을 함	주제에 있는 질문을 함	주제와 관련된 질문을 함	모둠의 학습을 확장하는 질문을 함
개인의 능력				
집중해서 듣기	다른 사람의 말을 듣지 않음	때때로 들음; 과제를 하는 시간 중 일부	다른 사람의 말을 적극적으로 듣고 흥미를 보임	다른 사람의 말을 적극적으로 듣고 적절히 응답함
호흡 맞추기	토론을 혼자 주도하거나 동의할 수 없는 행동을 함	모둠에 동의할 때만 함께 작업함.	다른 사람의 관점을 계속해서 고려함	팀 플레이어; 모둠이 합의에 이르도록 노력함
세심함 보이기	다른 사람의 의견이나 감정에 무감각함	때때로 다른 사람의 둔감한 태도에 반응함	모둠원들의 감정에 관심을 기울임	긍정적인 방법으로 일하도록 모두를 격려함
말하기 기술				
생각 표현하기	중얼거리거나 조용함	구조화된 방법으로 표현하지 못함	생각이 잘 구조화되나, 명확하게 전달되지 못함	명확하게 말하고 잘 구조화된 생각을 공유함
차례에 맞게 말하기	토론을 혼자 주도하거나 차례에 관계없이 말함	요구될 때 말하나, 때때로 차례를 지키지 않음	적절한 때에 말하는 차례를 지킴	적절한 때에 말하는 차례를 지키고 다른 이들도 말하게 함

55 나의 이해도 평가하기

학습 및 혁신 기술

- ○ 창의성과 혁신
- ✓ 비판적 사고와 문제 해결
- ○ 의사소통
- ○ 협력

이럴 때 사용해요

• 학생들이 읽고, 보고, 들은 정보에 대한 자신의 이해도를 살펴보게 할 때

이렇게 사용해요

1. '내가 무엇을 이해했지?'라는 질문에 답하면서 무엇을 배웠는지 요약한다.
2. '내가 무엇을 이해하지 못했지?'라는 질문에 답하면서 학생들은 이해를 위한 더 많은 정보와 이해하지 못한 이유를 함께 나눌 수 있다.
3. '내가 더 얻고 싶은 정보는 무엇인가?'에 대한 답을 하면서 학생들은 새로운 질문을 하고 배움을 확장시킬 수 있다.
4. 학생들은 그들의 전반적인 이해 정도를 1~10으로 평가한다.
5. 학생들이 만들어 낸 새로운 질문은 모둠 또는 학급 토의를 할 때 사용할 수 있다.

수업 팁

• 단순한 사실을 묻는 질문보다 더 깊게 사고할 수 있는 질문을 하도록 격려한다.
• 학생들의 사전지식을 확인하고 생각을 확장할 수 있도록 돕는 교수 전 활동으로도 사용할 수 있다.
• 학생들이 배운 것에 대해 다시 돌아보고 배운 것을 얼마나 잘 이해했는지 생각해 보기 위해 토의를 할 수 있다.

생각해 보기

• '왜 내가 이해하지 못했다고 생각하는가?'라는 질문을 하는 것이 어떻게 도움이 되는가?
• 활동의 마지막에 이해의 정도를 어떻게 결정했는지 설명하라. 왜 그렇게 평가했는가?

나의 이해도 평가하기

학년 반 ________ 학년 ________ 반

이름 ____________________

◇ 배운 것을 되돌아보는 것은 주제에 대해 더 깊게 생각하는 데 도움을 줍니다. 공부한 주제에 대한 다음 질문에 답해 봅시다.

주제

1. 이 주제에 대해 무엇을 내가 이해하였는가? 이전에는 몰랐는데 새로 알게 된 지식은 무엇인가?

2. 내가 아직 이해하지 못한 것은 무엇인가? 왜 내가 이해하지 못했다고 생각하는가?

3. 내가 더 얻고 싶은 정보는 무엇인가? 주제에 대해 여전히 가지고 있는 질문은 무엇인가?

4. 이 주제에 대한 이해 정도에 동그라미 쳐 봅시다.

   1 = 나는 전혀 이해하지 못했다.
   5 = 나는 질문이 많다.
   10 = 나는 완전히 이해했다.

1 2 3 4 5 6 7 8 9 10

나의 이해도 평가하기

학년 반 ________ 학년 ________ 반

이름 ____________________

◇ 배운 것을 되돌아보는 것은 주제에 대해 더 깊게 생각하는 데 도움을 줍니다. 공부한 주제에 대한 다음 질문에 답해 봅시다.

주제

1. 이 주제에 대해 무엇을 내가 이해하였는가? 이전에는 몰랐는데 새로 알게 된 지식은 무엇인가?

내가 이해한 것	
새롭게 알게 된 것	

2. 내가 아직 이해하지 못한 것은 무엇인가? 왜 내가 이해하지 못했다고 생각하는가?

내가 이해하지 못한 것	
그렇게 생각한 이유	

3. 내가 더 얻고 싶은 정보는 무엇인가? 주제에 대해 여전히 가지고 있는 질문은 무엇인가?

얻고 싶은 정보	
새로운 질문	

4. 이 주제에 대한 이해 정도에 동그라미 쳐 봅시다.

1 = 나는 전혀 이해하지 못했다.
5 = 나는 질문이 많다.
10 = 나는 완전히 이해했다.

1 2 3 4 5 6 7 8 9 10

참고문헌

강명희 외(2013), 21세기 초등학생의 핵심역량 측정도구 개발, 교육방법연구 25(2), 373-402.

교육부, 과학과 교사용 지도서 3학년(2016.2).

교육부, 국어과 교사용 지도서 1학년(2016.2).

교육부, 국어과 교사용 지도서 4,5학년(2016.2).

교육부, 도덕 6 교과서, 2015.

교육부, 도덕 6 교사용 지도서, 2015.

교육부, 사회과 교사용 지도서 6학년(2016.8).

교육부, 수학과 교과서 6학년(2016.2).

교육부, 수학과 교사용 지도서 5,6학년(2016.2).

교육부, 초등학교 교육과정(2009.2).

교육부, 통합교과 교사용 지도서 1학년(2016.2)

김경용(1994), 기호학이란 무엇인가, 민음사.

김경자, 온정덕(2014.9). 이해중심 교육과정. 교육아카데미.

김동일 외(2009), 대학생 핵심 역량 탐색_서울대학교 사례를 중심으로, 아시아교육연구 10(2), 111-135.

김현미(2013), 21세기 핵심역량과 지리 교육과정 탐색, 한국지리환경교육학회지 21(3), 1-16.

김혜숙 외(2011), 생각을 키우는 토론수업 레시피, 교육과학사.

미래창조과학부(2017), 지능정보화사회 중장기 종합 대책. 2017년 7월 1일 인출. http://blog.naver.com/with_msip/220977708582

박태호 외(2015), PCK 수업설계 Ⅱ. 아카데미프레스.

소경희(2007), 학교교육의 맥락에서 본 역량의 의미와 교육과정적 함의, 교육과정연구 25(3), 1-21.

소경희(2012). 역량중심 교육을 위한 교육과정 설계 방안으로서 '과정–탐구' 모형 활용의 가능성과 의미 탐색. 교육과정연구 30(1), 59–79.

소경희 외(2013). 주요국의 핵심역량 중심 교육과정 운영 실태 조사 연구. 교육부.

소꿉놀이(2016), 아이들과 함께하는 교육연극, 우리교육.

원진숙 외(2014), 핵심 역량 기반 창의 인성 교육을 위한 초등 국어과 쓰기 교육 방법, 작문연구 20, 73–107.

윌리엄 스타이그(1994), 생쥐와 고래, 이상경 역, 다산기획.

유현숙 외(2011), 고등교육 미래비전 2040 수립을 위한 정책 연구, 한국교육개발원 연구보고 CR 2011–24.

윤현진 외(2007), 미래 한국인의 핵심역량 증진을 위한 초 · 중등교육 교육과정 비전 연구(I), 연구보고 RRC 2007–1.

이광우 외(2009), 미래 한국인의 핵심역량 증진을 위한 초 · 중등 교육과정 설계 방안 연구, 연구보고 RRC 2009–10–1.

이근호 외(2012), 미래사회 대비 핵심역량 함양을 위한 국가 교육과정 구상, 한국교육과정평가원 연구보고 RRC 2012–4.

이소윤 외(2015), 9번째 지능, 청림출판.

이홍민 외(2003), 핵심역량 핵심인재, 리드리드출판.

진용성(2017), 인지적유연성의 국어교육적 적용방안, 미발표 논문.

최상덕 외(2011), 21세기 창의적 인재 양성을 위한 교육의 미래 전략 연구, 한국교육개발원.

최상덕 외(2013), 미래 인재 양성을 위한 핵심역량 교육 및 혁신적 학습생태계 구축(I), 한국교육개발원 연구보고 RR 2013–20.

최상덕 외(2014), 미래 인재 양성을 위한 핵심역량 교육 및 혁신적 학습생태계 구축(II), 한국교육개발원 연구보고 RR 2014–16.

클라우스 슈밥, 제 4차 산업혁명, 송경진 역, 새로운 현재. 2016.

한국교육개발원 역(2012), 21세기 핵심역량_이 시대가 요구하는 핵심스킬, 학지사.

황보현 외(2012), 화성시 독서토론 직무연수교재.

황치성 외(2014), 청소년의 미디어 이용과 21세기 핵심역량, 한국언론진흥재단.

21st Century Fluency Project. (n.d.). *The fluencies*. Retrieved from http://www.21stcentury fluency.com/fluencies.cfm

Casner-Lotto, J., & Barrington, L. (2006). *Are they really ready to work? Employers' perspectives on the basic knowledge and applied skills of new entrants to the 21st century U.S. workforce*. Retrieved from http://www.p21.org/documents/FINAL_REPORT_PDF09-29-06.pdf

Costa, A. L. (2008, February). The thought-filled curriculum. Educational Leadership, 65(5), 20–24.

Greenspan, A. (2000, April 11). *The evolving demands for skills*. Remarks at the U.S. Department of Labor National Skills Summit, Washington, DC. Retrieved from http://wdr.doleta.gov/research/pdf/greenspan411.pdf

Kempster Group. (2008, November). *California ICT digital literacy assessments and curriculum framework*. Retrieved from http://www.ictliteracy.info/rf.pdf/California%20ICT%20Assessments%20and%20Curriculum%20Framework.pdf

Partnership for 21st Century Skills. (2003). *Learning for the 21st century: A report and mile guide for 21st century skills*. Retrieved from http://www.p21.org/images/stories/otherdocs/p21up_Report.pdf

Partnership for 21st Century Skills. (2009). *P21 framework definitions*. Retrieved from http://www.p21.org/documents/P21_Framework_Defi nitions.pdf

World Economic Forum. (2015). The 10 skills you need to thrive in the Fourth Industrial Revolution, 2017년 7월 3일 인출. https://www.weforum.org/agenda/2016/01/the-10-skills-you-need-to-thrive-in-the-fourth-industrial-revolution

저자 소개

Sue Z. Beers

Iowa 중부지역의 학교발전연합회 사무차장을 역임하고 있다. 이 연합회는 그 지역에 있는 160여 개의 학교들이 주축이 되어 만든 단체로 교실 수업 개선을 위한 학습자료와 학습방법을 개발하였다. Beers는 또한 ASCD의 임원이다. 그녀는 국내 및 국외에서 범교과 읽기와 쓰기, 21세기 핵심 학습역량, 교사의 수업 전문성 신장을 위한 수업코칭, 교육과정 수립, 수준별 수업과 평가 등의 분야에 대한 자문 및 교육 활동을 활발히 하고 있다.

Beers는 이 일을 하기 전에 중학교 및 고등학교에서 교육매체 및 교육과정, 지역 교육정책 수립 분야의 컨설턴트로, 유명한 교육 출판사의 작가이자 편집자로도 활발한 활동을 하였다.

여섯 가지 ASCD 액션 툴과 워크숍의 저자인 Beers는 복잡한 수업현안(아이디어나 전략)들을 교육 현장의 눈높이 맞게 풀어내어 적용하는 능력이 탁월하다. 교실에 있는 모든 학생이 배움의 즐거움을 느끼고 행복해야 한다는 것이 그녀의 신념이다. 이 책은 바로 그녀의 신념을 바탕으로 탄생하였다.

편역자 약력

박태호
한국교원대학교 대학원 박사
한국교육과정평가원 연구원
유타주립대학교 방문 교수
현) 공주교육대학교 교수

공희자
2002 한세대 교육대학원 특수교육전공 석사
2004 한세대 문학대학원 사회복지전공 석사
저서: 아하 학생배움중심의 PCK수업설계 Ⅱ(공저)
　　CORE질문을 활용한 배움중심 사회수업(공저)
현) 경기도 수원시 명인초등학교 수석교사

권현선
2004 서울교육대학교 교육대학원 초등미술전공 석사
저서: 아하 학생배움중심의 PCK수업설계 Ⅱ(공저)
　　CORE질문을 활용한 배움중심 사회수업(공저)
현) 경기도 안양시 해오름초등학교 수석교사

오순이
2002 한국교원대학교 교육대학원 초등컴퓨터교육전공 석사
저서: 아하 학생배움중심의 PCK수업설계 Ⅱ(공저)
　　CORE질문을 활용한 배움중심 사회수업(공저)
현) 경기도 안양시 청계초등학교 수석교사

심민희
2003 한국교원대학교 교육대학원 초등국어교육전공 석사
현) 경기도 수원시 일월초등학교 수석교사

김현정
2000 춘천교육대학교
현) 경기도 수원시 화홍초등학교 교사

이진희
1999 공주교육대학교
저서: CORE질문을 활용한 배움중심 사회수업(공저)
현) 경기도 수원시 천일초등학교 교사

위수지
2016 한국교원대학교 교육대학원 초등미술교육전공 석사
현) 경기도 의왕시 의왕초등학교 교사

진용성
2015 한국교원대학교 일반대학원 초등국어교육전공 석사
고려대학교 국어교육과 박사과정
저서: 인문고전과 썸타기, 김유정의 문학산맥(공저)
현) 경기도 하남시 하남풍산초등학교 교사

4C 핵심역량에 기초한
미래형 교실수업

Teaching 21st Century Skills: An ASCD Action Tool

발행일 2017년 7월 20일 초판 발행
저자 Sue Z. Beers | **편역자** 박태호, 공희자, 권현선, 오순이, 심민희, 김현정, 이진희, 위수지, 진용성
발행인 홍진기 | **발행처** 아카데미프레스 | **주소** 413-756 경기도 파주시 문발동 출판정보산업단지 507-9
전화 031-947-7389 | **팩스** 031-947-7698 | **이메일** info@academypress.co.kr
웹사이트 www.academypress.co.kr | **출판등록** 2003. 6. 18 제406-2011-000131호

ISBN 979-11-6136-002-7 93370

값 20,000원